信仰之旗

被抹去的歷史

胡格諾教徒的苦難與自由

塞謬爾·斯邁爾斯 著
孔繁秋 譯

他們在火刑中侍奉上帝，
而我們在陽光明媚的日子向他們表達敬意，
塞謬爾·斯邁爾斯談信仰力量

Huguenots In France

with Memoirs Of Distinguished Huguenot Refugees And A Visit To The Country Of The Vaudois

為維護自由權利、反抗皇權與教權專制，
手無寸鐵的小農階級拿起武器，與路易十四為敵；
胡格諾教徒遭受太多不幸與壓迫，無力再去爭取自由……
塞謬爾·斯邁爾斯以深入的研究講述那段被抹去的歷史

目錄

目錄

序言

「他們以遭受迫害的高貴方式來堅持他們的宗教信仰，他們在火刑中侍奉上帝，而我們則在陽光明媚的日子向他們表達敬意。」

—— 湯瑪斯・布朗爵士

6 年前（即西元 1868 年），我出版了一本書：《胡格諾教徒：他們在英國和愛爾蘭的村落、教堂以及工業》（*The Huguenots: Their Settlements, Churches and Industries in England and Ireland*）。該書的日的在於解釋佛蘭德爾和法國的新教徒，大規模移民到英國定居的原因，並描述這群外來移民對英國工業和英國歷史所產生的影響。

為此，對法國宗教改革的歷史，直到胡格諾教徒散居各地，以及法王路易十四（Louis XIV）在廢除《南特詔書》的名義下，簡短概述一番對新教的鎮壓迫害是有必要的。

根據路易十四簽署的法令，新教所信奉的宗教是非法的，信奉該教的教徒要受到最嚴厲的懲罰。從此，那些拒絕「改變宗教信仰」和有移民途徑的眾多法國新教徒，就不得不離開法國，想方設法到別的地方去尋找個人自由和宗教自由。

難民們在不同的國家尋求庇護。來自法國朗格多克地區和東南省分的大多數移民，穿越邊境後進入瑞士並在那裡定居下來，爾後，他們又陸續進入普魯士、荷蘭和丹麥這些邦國，以及英國和愛爾蘭。來自法國北部和西部海濱省分的大多數移民，直接遷移到英國、愛爾蘭、美洲和好望角。在以前的著作中，我曾試圖盡可能準確地描述那些移居到英國和愛爾蘭的移民，而我那本書的美國編輯，則補充說明了那些移居到美國的胡格諾教徒的情況。

除了在路易十四的武力迫害之前，及在《南特詔書》廢除後接著而來的大規模迫害中，設法逃離法國的胡格諾教徒之外，還有大批胡格諾教徒仍然留在法國，他們缺乏逃離法國的途徑。這些人就是那些較貧苦的人民，即農民、小農場主、小製造業主。為了阻止這些人移居國外，他們中許多人的財物被洗劫一空。無論他是否在武力逼迫下改變他們的宗教信仰，他們連在本國維持生計都困難，更別說有錢移民國外了。正是為了要給予那些人民一個解釋，以作為我前一本著作的補充，才使本書的寫作得以完成。

要準確地估算出那些離開法國以逃避路易十四的殘酷迫害，以及無處可逃、不得不留在法國受苦受難的胡格諾教徒的人數，是不可能的。在瀏覽已經公開的、有關法國的政治或宗教事實的相互矛盾的陳述時（甚至到最近為止），上述情形會動搖人們對歷史的信任。一個早已流傳開的普遍印象是，巴黎在西元 1572 年發生過一場名為「聖巴托羅繆」的大屠殺；但即使是這樣的歷史事實近來也被否認了，甚至被淡化消解為僅只是一場政治上的爭論而已，然而，不可否認的事實是：西元 1685 年《南特詔書》被廢除了，這被辯護為一項高尚的立法行為，甚至還為路易大帝贏得了聲望。

因《南特詔書》的廢除而導致有多少法國公民被他們的國家驅趕出去，在這個問題上，不會有兩個作家持相同的數目。一位博學的羅馬天主教徒查理斯．巴特勒先生說只有 50,000 人「離開」法國；可是同樣反對宗教改革的卡普菲格先生，他查閱過這一時期的人口統計報表（即便管理人員為免遭怠忽職守的指責而使自己的回答盡可能的少之又少），他估計移民人數為 230,000，其中，牧師 1,580 人、年長的老人 2,300 人、紳士 15,000 人，其餘的幾乎全由商人和手工業者組成。

這些被卡普菲格先生引用的數字，是在取消《南特詔書》幾年後統計出來的，不過自那以後，移民活動又毫無中斷地持續了許多年。查理斯．科克勒先生說，無論人們對西元 1572 年的聖巴托羅繆大屠殺（聖巴托羅繆大屠殺：指西元 1572 年聖巴托羅繆節法國天主教派對基督教新教胡格諾派的大屠殺。）感到多麼恐怖，早先開始的宗教迫害和伴隨著西元 1685 年廢除《南特詔書》法案而來的迫害，一直「把法國陷入長期的聖巴托羅繆恐怖之中長達 60 年之久」。在這期間，據信超過 100 萬的法國人要麼逃離路易十四的王國，要麼被屠殺、監禁，要麼就被送往他們想方設法從中逃跑的海船上服苦役。

聖東基省的行政長官，一位不喜歡誇大移民數目的國王的官員，在一份西元 1698 年的報告中說，在大規模的移民停止的很久之前，他的省就失去了 10 萬名宗教改革者。朗格多克地區損失更大；布蘭維爾斯則報告說，除了那些成功逃離該省的移民外，因為屠殺、絞刑和車裂等非正常死亡，使該省損失了不少於 10 萬人。

逃到英國定居的法國移民人數，也許可以從這一事實中推論出來：在 18 世紀初期，僅在倫敦一地就有不少於 35 座法國新教徒的教堂，而當時倫敦這座大都市的人口還不及當今（指 1870 年代）的四分之一；此外，在英國的坎特伯雷、諾威奇、南安普頓、布里斯托爾、愛克塞特等地，還有大批的法國人村落；在都柏林、里斯本、波塔林頓和其他愛爾蘭小鎮也是這樣。

當時，對有關《南特詔書》取消後，堅持留在法國的新教徒的龐大數目，仍然存在不同看法。一個胡格諾教派的牧師和長老代表團在西元 1682

年拜訪諾阿耶公爵時，告知他在法國有 180 萬個新教徒家庭。在這次拜訪活動 30 年後，路易十四宣稱法國不存在任何類型的新教徒了；新教已被完全鎮壓下去。任何被發現信奉新教的人會被視為「不可救藥的異端分子」，並被判處監禁、苦役或其他新教徒該受的懲罰。

在經過了 75 年的時光之後 —— 在這期間，新教（雖然被依法鎮壓）想方設法過著一種地下生活（新教徒往往在夜晚，有時在白天，選擇山洞、山谷、沼澤、森林、廢舊採石場、空曠的河床，或正如他們自己所稱的「在荒漠中」進行聚會 —— 他們終於能抬頭挺胸地生活在白天的陽光之下了。西元 1787 年，拉博 · 聖艾蒂安站在巴黎的國民議會上，公開為他的新教徒同胞 ——「200 萬有價值的公民」—— 主張權利。終於，路易十六對他們頒布了寬容飭令，這距離路易十四廢除《南特詔書》剛好 100 年。然而這一舉措被證明對國王來說實在是來得太遲了，對法國來說則是來得太晚了，法國早已被路易十四及其耶穌會顧問的不寬容給毀掉了。

在法蘭西遭受了所有這些劫難之後 —— 在她的人民遭受了君主的暴政和教士們的不寬容所帶來的酷刑之後，仍然值得懷疑的是，法蘭西是否已經從她的經歷和苦難中學到了足夠的智慧。一個世紀以前，法國被那些掌管著該國全部教育的耶穌會教士們拖進了毀滅的廢墟。現在他們又恢復了的陣地，耶穌會成員如今又像過去的耶穌會成員一樣。西元 1793 年的無套褲漢（無套褲漢，Sans-Cullotes：18 世紀法國大革命時期貴族階級對革命群眾流行的稱呼。）就是耶穌會教士的門徒。最近，愛德格 · 奎耐先生對他的同胞發表了下述言論：「滲透進你們心中和你們的事務之中的耶穌會和神父的幽靈，已經毀掉了你們。它腐蝕了生命的活力；它把你交給自己的敵人……難道這種情形要永遠持續下去嗎？看在上帝的份上，至少別讓我們看見一個耶穌會共和國，成為我們這個世紀的加冕禮。」

在這些談及毀滅的預言中，我們知道弗約先生坦率地承認，他要在全世界推行教宗集權思想的政策。他非常願意恢復過去實行過的火刑、絞刑和分屍等酷刑，以防止宗教事務領域的言論自由。「對我來講，」他說，「我坦率地承認我的遺憾是：不但約翰．胡斯沒有被儘早燒死，而且路德也沒有被燒死。我更遺憾的是，沒有什麼君王虔誠和狡猾得足以對新教徒發動一場十字軍討伐。」

弗約先生也許因為他大膽說出自己所思和想做的事情而該贏得某種尊敬。在我們中間有許多人也想做同樣的事，卻缺乏這麼說的勇氣 —— 他們像弗約先生一樣相當憎恨宗教改革，恨不得立即摧毀個體自由的原則。

有關弗約先生建議的對新教發動十字軍討伐的事，人們從「虔誠而陰險狡詐的」路易十四曾經費盡心思地做出的事情中可見一斑。人們發現，在鎮壓新教，或者說在宣揚天主教方面，路易十四的措施最終被證明是多麼地無效。路易十四發現：製造殉道者比製造背教變節者要容易得多；他發現絞刑、流放、苦役、砍頭並不是使人改變信仰的最成功的措施。

在一般的法國歷史書中，有關胡格諾教徒以「地下教會」來過隱居生活的這段歷史，幾乎沒有被論述和探討過。那些支持朝廷觀點的作家，因為知道路易十四希望把這段歷史從法蘭西抹去，於是作家們將這個事件從歷史中抹去了。在英國出版的大多數法國歷史書籍，幾乎很少論及這件事。

還需補充說明的是，本書的部分內容 —— 即「卡米撒起義」和「信仰的避難所 —— 訪問韋爾多教派」這兩部分 —— 最初發表在《良言》（*Good Words*）雜誌上。

塞繆爾．斯邁爾斯

西元 1873 年於倫敦

序言

第一章　廢除《南特詔書》

西元 1685 年 10 月 18 日，法國國王路易十四簽署了廢除《南特詔書》的法令，4 天後這一法令正式公布。

雖然廢除《南特詔書》[01] 是國王的個人行為，可是，這項行動卻是一個受人歡迎的舉措：法國的天主教會贊成它，大多數法國人擁護它。

在他剛執掌統治大權之初，國王曾莊嚴地發誓：他將繼續執行亨利四世 (Henry IV of France) 的宗教寬容飭令。當時，胡格諾教徒 [02] 是他治下的國度裡最勤勞、最有進取心和最忠誠的臣民。不過，在後來成為國王妻子的曼特農夫人，和國王的耶穌會懺悔神父佩勒・謝茲兩人的鼓吹下，國王克服了道義上的猶豫不決，最終簽署了廢除《南特詔書》的法令並將其公布。

年邁的掌璽大臣泰利埃對這一舉措極度興奮，以致他在對國王的這一法令蓋上巨大的法國國璽時，禁不住以西面 [03] 的話大聲呼喊：「主啊！如今可以照祢的話，釋放僕人安然離世了，因為我的眼睛已經看見了祢的救贖。」

3 個月後，被譽為「莫城之鷹」的波舒哀大人在泰利埃的葬禮布道會上進行宣道；在這個過程中，他以自己的話證明了法國天主教會對廢除《南特詔書》的巨大興奮。「讓我們，」他說，「熱情洋溢地衷心讚頌路易國王的虔敬。讓我們的歡呼響徹雲霄，讓我們把加爾西頓大會上 36 位神父曾經說過的話，再次告訴這位新興的君士坦丁大帝，這位新興的狄奧多西一世，這位新興的馬西昂，這位新興的查理曼大帝：『您批准了這一信仰，您根除了異端分子；它是為維護您的統治而值得做的，它是您統治的正當

---

[01]　《南特詔書》(*The Edict of Nantes*)：西元 1598 年法國國王亨利四世在法國西部港口城市南特頒布的法令，給予胡格諾教徒政治上一定的權利；該法令於西元 1685 年被路易十四廢除。

[02]　胡格諾教徒：指 16 ～ 17 世紀法國基督教新教徒，多數屬於喀爾文宗。

[03]　西面：《聖經・路加福音》中記載的在耶路撒冷見到嬰兒耶穌的虔誠老者。

屬性。衷心感謝您，陛下，異教不再存在。全能的主啊！您無須依靠任何人就能完成這個奇蹟。天上的主啊！請保佑地上的國王吧！這既是教會的祈禱，也是主教們的祈禱。』」

曼特農夫人也受到了天主教會的頌揚。「所有善良的人們，」謝茲神父說道，「教宗、主教們和所有教士們，都對曼特農夫人的勝利歡欣鼓舞。」夫人擁有了教士事務總監的頭銜。按照聖・西律（由她成立的機構）教養院的女士們的說法，「紅衣主教們和主教們深知，除了透過她，沒有別的辦法可以接近國王。」

人們普遍相信：曼特農夫人為收買國王同意簽署廢除法令而開出的價碼是：教士們收回他們對她與國王結婚的反對意見；還有，在《南特詔書》廢除後不到幾天，雙方就在巴黎大主教的撮合下，在凡爾賽祕密結婚，當時在場的有佩勒・謝茲神父和雙方更多的見證人。但路易十四從未公開承認過曼特農是他的妻子——也從未把她從一開始與他相處時所固定的那種屈辱地位中拯救出來。

宮廷裡的人們對國王消滅胡格諾教徒的打算都一致稱頌不已。「消滅他們」成了朝廷大臣開玩笑的口頭禪。曼特農夫人在寫給諾阿耶公爵的信中提到：「他們希望儘快把這些傢伙從朗格多克地區趕盡殺絕。」

那本《書簡集》的作者塞維涅夫人也經常談及胡格諾教徒。她似乎曾把他們歸入罪犯或野蠻動物之列。在胡格諾教徒反抗鹽稅的起義中，塞維涅夫人當時住在低窪的布列塔尼，一位朋友寫信給她：「妳可真笨！」「不。」，塞維涅夫人回答說，「我們沒有那麼笨——絞刑將極大地恢復我的活力！朝廷現在僅僅抓了24個或30個反抗者，但他們將全部被消滅。」

在《南特詔書》被廢除後頭幾天，她就寫信給巴黎的堂兄比西：「你已經毫無疑問地看到了國王廢除《南特詔書》的法令。沒有比這個法令所包含的內容更好的東西了，也從來沒有任何國王做過這種事情，將來也不會有任何國王做這樣的事情，這是一個非常值得記憶的行動。」比西在回信中說：「我無法表達我對國王那旨在剿滅胡格諾教徒的行為之崇敬心情。在全國展開的向胡格諾教徒的進攻和聖巴托羅繆大屠殺，已經給胡格諾教派獲得了某種聲望。國王陛下已經逐漸地在消除這個名聲，他剛剛公布並得到龍騎兵和波爾達魯[04]的支持，廢除法令不久，將會給他們致命的打擊。」

在隨後一封給比西伯爵的信中，塞維涅夫人告訴他「為了追擊和懲罰那些可憐的胡格諾教徒，她的女婿格里尼翁先生在多菲內山區，進行了一場可怕的、令人筋疲力竭的征程，那些胡格諾教徒為了避免被滅絕的厄運，紛紛從洞裡走出來，像鬼魂似的四處逃竄，消失得無影無蹤。」然而，朗格多克地區的總督德．巴維爾的所作所為，則使塞維涅夫人更加心花怒放。在他的一封信中，他說：「我今天早上判處了 76 個可憐人（胡格諾教徒）的死刑，並把他們送上絞刑架。」所有這些都使塞維涅夫人十分欣慰。

塞維涅夫人對廢除《南特詔書》的法令也欣喜萬分。「國王。」她寫信給比西，「在反對胡格諾教徒方面已創造出了一些偉大的奇蹟；被國王用來使胡格諾教徒歸順到天主教的權威，對胡格諾教徒自己和他們的孩子都將是最為有益的，孩子們將受到純正的信仰教育；這一切都將為國王帶來天堂的福音。」

---

[04]　波爾達魯當時剛從巴黎的聖路易教堂被派到蒙彼利埃，以幫助龍騎兵做新教徒的信仰改宗轉化工作，以把他拉回到天主教的陣營裡。——原注

即使是最初由胡格諾教徒創立的法蘭西學院，也公開贊成國王取消《南特詔書》的行為。塔列蒙神父在法蘭西學院的一次演說中，當他談及胡格諾教徒在夏朗德的教堂剛剛被暴民摧毀的事情時，他大聲呼喊：「毀得好，太棒了！這是目前為止，法國所看到過的最好的勝利紀念品。」尚・德・拉封丹（Jean de La Fontaine）則把胡格諾教徒描述為已經「奄奄一息，正在苟延殘喘。」湯瑪斯・科爾內耶也讚美國王在「扼殺宗教改革」方面的熱情。巴比爾・多爾特雖說是漫不經心，卻是真正地把新教移民比作是古代的以色列人出埃及。「法蘭西學院後來倡議把廢除《南特詔書》作為一首詩的主題而舉行徵文比賽，不管是好是壞。豐丹納幸運地獲得了這個獎。」

那位睿智的拉・布魯耶爾（Jean de La Bruyère）在讚美廢除《南特詔書》方面貢獻了一條優美的箴言。基諾寫了一首詩來頌揚廢除行為；德祖利埃夫人受到極大鼓舞，深情地唱起了「消滅異教」之歌。洪賽神父將整個事件當成一個美妙的奇蹟來談論：「夏朗德的教堂被毀掉了，不再有新教在王國的土地上活動；這是一項奇蹟，這是一個我們從來不敢奢望在有生之年能看到的奇蹟。」

廢除《南特詔書》也受到下層階級的歡迎，他們四處出擊，大肆洗劫和摧毀新教徒的教堂。他們也跟蹤胡格諾教徒和他們的牧師，以便弄到他們逃避或違反廢除法令的證據，然後將他們抓起來，這樣，他們就能受到天主教教會的稱讚和得到國王的獎金，這獎金是被拘捕的胡格諾教徒被沒收的財產。巴黎地區各大教堂的教長和行政長官，透過為這位剷除異教的國王樹立一尊銅像，來代表大眾的感情；他們打造並分發了許多獎章來紀念這一偉大的事件。

廢除《南特詔書》也受到了龍騎兵的歡迎。為了讓新教徒「轉」變信仰，龍騎兵被允許隨意駐紮在胡格諾教徒的家裡。當時，龍騎兵的軍官和士兵的薪水都十分微薄，因此，他們被允許免費住別人的房屋。他們將占據的房屋裡的所有東西，都像屬於自己的財物一樣處理，在他們占領房屋期間，把房屋用於私人目的遠遠多於軍事目的。

廢除《南特詔書》也受到那些渴望便宜購買土地者的贊同。由於法令規定，除非胡格諾教徒改宗歸信天主教，否則他們不能擁有地產，因而有許多土地被沒收並被賣掉。那些一心想著擴大地產的土地投機商和顯貴們，時常在翹首等待著好買賣的來臨。甚至在廢除《南特詔書》之前，為了逃離法國，胡格諾教徒就在出售他們的土地了。曼特農夫人致函她姪兒（她為姪兒從國王那裡獲得了一筆 80 萬法郎的巨額賞金）：「我請求你精打細算地使用即將得到的這筆賞金。波爾多的地產也許可以一文不付地獲得；胡格諾教徒的淒慘處境將迫使他們出售更多的土地。你也許輕而易舉就能在波爾多獲取巨大的財產。」

廢除《南特詔書》更是令法國天主教會心滿意足。教宗當然贊成這種行為。特．德姆斯因法王強迫胡格諾教徒改變信仰，而在羅馬的感恩節上引吭高歌。教宗英諾森十一世發簡短的賀信給路易十四，信中表達了天主教會對國王行為的一致讚賞。「在陛下所奉獻的、所有表達本真的虔誠證據中，最不引人注目的是你的熱忱，這確實使你值得被稱為最虔誠的國王，也正是這種熱忱，引導你廢除那些支持你王國裡異端分子的法令。」

耶穌會教士們更是被廢除《南特詔書》刺激得洋洋得意、歡欣鼓舞。廢除法令的頒布是他們與曼特農夫人、謝茲神父共同密謀策劃的結果，主要是透過曼特農夫人和佩勒．謝茲神父對國王施加影響。廢除《南特詔書》使得耶穌會教士們可以把新教徒的孩子，送往耶穌會創辦的學校和女修道院學習，法律強制規定這些孩子的學費由耶穌會教士來支付。為了提供必要的設備，幾乎所有未遭毀滅的新教徒的教堂，都被轉讓給耶穌會教士們，並把它們轉變為修道士學院和女修道院。

甚至連被稱為「天主教最後的神父」的波舒哀，也都從沒收胡格諾教徒財產的過程中分了贓。在《南特詔書》被廢除幾天之後，波舒哀就向國王申請，要求得到位於他主管教區內的胡格諾教徒的洛特耶和莫爾色夫兩座教堂的材料設備，國王陛下下令把那些東西授予波舒哀。既然新教已被鎮壓，而且國王在全國各地的軍官也宣布成千上萬的胡格諾教徒正在改變自己原來的信仰，那麼，對法國的耶穌會教士而言，剩下的就只是一個淨化過程了。因為他們的宗教成了受國家支持的國教。

誠然，法國還存在詹森教[05]信徒——雖然他們被教宗宣布為異端，且因他們反對耶穌會教士所宣揚的教義和道德說教，而使他們顯得與眾不同——他們也遭受了迫害，當時，詹森教的波爾羅亞爾女隱修院的某些成員遭到流放，最後，這些成員被處死。即使是這樣，詹森教信徒也贊同對新教徒的迫害。詹森教最傑出的教義詮釋家、偉大的阿爾諾特雖然曾經被流放到低地國家，但他宣稱：「雖然路易十四採取的措施相當粗暴，卻一點也沒有不公正的味道。」

官方宣布新教被消滅了，不過詹森教也被弄得斯文掃地、聲名狼藉，除了羅馬天主教以外，在法國不再存在任何合法的宗教。可是，無神論依然確確實實地被允許存在。然而，當時的無神論還不是一種宗教。與新教徒不同的是，無神論者建立與天主教相對抗的教堂，任命與天主教相對抗的牧師。無神論者雖然對國王的宗教以沉默來表示他們沒有任何反對意見——也只好視而不見，或許是把蔑視掩藏在心中了。

[05] 詹森教：17 世紀天主教的一個分支教派，認為人性由於原罪而敗壞，人若無上帝恩寵便為肉慾所擺布而不能行善避惡。

因此，實際情況就是：朝廷和教士對無神論比對新教或詹森教要更加寬容。真正值得一提的是：有一次，路易十四反對任命一個人為外交使團的代表，原因據說是被提名者是一位詹森教信徒；但後來發現這個人只是一個無神論者，路易十四很快就收回了反對。

在廢除《南特詔書》的日子裡，除了天主教以外，國王和天主教會都絕不寬容任何其他宗教，天主教在法國的勢力，從來沒這麼強大過。它牢牢地控制了法國人民的心靈。天主教的領導人和教士們從來沒有這麼炙手可熱過，事實上，法國有史以來，從未像今天這樣產生過像波舒哀、波爾達魯、弗萊希埃和馬西隆這麼多的布道天才。

當時，由於法國天主教被賦予了不受限制和日益增長的巨大權力，這些權力在實際生活中帶來了巨大災難。在廢除《南特詔書》後不到 100 年的時間裡，天主教就喪失了對人民的影響力，並遭到人們的鄙視、唾棄。產生於天主教內部的自然神論者和無神論者反而後來居上，伏爾泰、盧梭（Jean-Jacques Rousseau）、狄德羅（Denis Diderot）和米拉波，被人們視為比波舒哀、波爾達魯、弗萊希埃，或是馬西隆都要偉大的人物。

雖然我們提及過諸如波舒哀之類的教士們，都是極富感染力的演說家，不過他們當中沒有一個人膽敢對國王採取的、迫使新教徒接受天主教教義的殘忍措施提出質疑。毫無疑問，許多天主教徒也悲嘆國王對胡格諾教徒採取的暴力行為；但他們很大程度上屬於少數派，人微言輕，沒有能耐讓他們的反對意見被當權者感受到。他們中的有些人認為，強迫新教徒接受天主教的聖餐是一種邪惡的瀆神行為——強迫胡格諾教徒接受被天主教徒視為是基督真正肉身的聖餅，而胡格諾教徒只能把它當作一塊麵包來接受，天主教的神父們企圖透過這種行為來施加影響，可是這種神奇的力量連他們自己都不相信。

菲烈隆贊成耶穌會教士採取的這種以暴力措施使人改宗歸信的做法，但他被人們視為是可恥的詹森教信徒，而且他寫作這方面的著述，在很長一段時間裡一直不為世人所知，直到西元 1825 年才首次出版。聖西門公爵也是個詹森教信徒，也持有同樣的觀點，這反映在他的《回憶錄》裡；不過這些回憶錄由他的家人祕密保存，幾乎在他死後一個世紀都沒有出版。

這樣，天主教成了勝利者，廢除《南特詔書》顯然受到除了胡格諾教徒以外的所有人贊成。國王被來自法國各地的、有關卓有成效地迫使胡格諾教徒改宗歸信的彙報弄得沾沾自喜 —— 這個地方是 5,000 人改變信仰，那個地方是 10,000 人改變信仰，他們發誓斷絕過去的信仰，接受天主教的聖餐 —— 有些是立刻見效，有些是時斷時續。

「國王，」聖西門說，「因他的權力和他的虔誠，而自我慶幸不已。他相信自己已經改寫了使徒們的講道時代，他把這一切榮耀歸於自己。主教們撰寫以他為題材的頌詞；耶穌會教士對他的讚美響徹在布道詞中……他大口地吸食他們的毒液。」[06]

《南特詔書》取消後，路易十四還活了 30 年。因此，他有充分的機會親眼觀察到他推行的政策造成的後果。他死於耶穌會教士之手，他的屍體上蓋著十字架的紀念品。被聖西門稱為「著名而致命的女巫」的曼特農夫人最終拋棄了路易十四。國王死了，沒有一個人為他灑下一滴眼淚。

在他統治期間，路易十四流放或殺掉了大約 100 萬臣民，這些被他傷害的人永遠不再尊敬他。許多人把他看作是一位自負的暴君，他透過讓別人為他服贖罪的苦役，來拯救自己的靈魂。他使他的王國債臺高築，沉重

[06] 見《聖西門公爵回憶錄》，貝勒．聖．約翰譯，第三卷第 260 頁。—— 原注

的賦稅壓彎了人民的腰。他摧毀了法國的工業，而這工業又主要是靠胡格諾教徒支撐的。當他走到生命的盡頭時，他遭到人們的普遍憎恨；當他把自己的靈魂交給耶穌會教士時，他那埋在聖德尼的屍體，則在人民的一片憎惡中被拖進了墳墓。

然而，直到最後，天主教會仍對他充滿信任。馬西隆大人在他的葬禮布道會上進行了布道；雖然他的言詞披上了朝廷的外衣。他說：「路易十四對天主教懷著多麼強烈的熱忱啊！熱情是他獲得權力的最高美德，而刀劍則是聖壇的支柱和教義的捍衛者！多麼華麗的國家理由！雖然國王的統治機構被眾多公民的騷亂削弱了，商業貿易也由於毀掉他們的實業或剝奪他們的財富而衰敗了，然而，無論你怎樣反對路易十四（這個人類智慧那鼠目寸光的化身），你也是白費功夫。危險增強了國王的熱情，上帝的傑作嚇不倒人類，他甚至相信他透過剷除謬誤的統治而鞏固了自己的統治。褻瀆神明的教堂被摧毀了，蠱惑人心的講壇被毀掉了，極具欺騙性的預言被擊碎了。在路易國王發動的第一波攻擊中，胡格諾教派這些異教徒就倒下了、就消失了，並很快地隱藏起來，或穿越大海，帶著他們所信仰的荒謬的神明、他們的痛苦和他們的憤怒逃往異國他鄉。」[07]

當胡格諾教徒在迫害中被趕出法國時，無論他們曾經表現出什麼樣的脾氣，有一點是肯定的：他們帶走了某些遠比憤怒更為有價值的東西。他們帶走了他們的美德、虔誠、勤勞和勇敢，而這些被證明是所有國家裡財富、精神、自由和品格的泉源。他們把這些東西帶到荷蘭、普魯士、英格蘭和美洲——那裡是這些高貴的被流放者選擇避難的地方。

在下面的章節裡，我們會看到胡格諾教徒是否有任何機會，去懷抱那種被馬西隆大人認為是「憤怒」的東西。

---

[07]　《在路易十四葬禮上的講話》——原注

第二章
廢除《南特詔書》所引發的災難

廢除《南特詔書》對整個法國的新教徒造成了沉重的打擊，許多新教公民被迫害致死。他們根據《南特詔書》所享有的所有良心自由，都被國王的法令剝奪得一乾二淨。他們被剝奪了一切權利和自由；他們的社會生活遭到破壞；他們的職業被禁止；他們的財產可以隨時被沒收；並且他們被視為是卑下的、可憎的和行為野蠻的動物。

從廢除《南特詔書》的那天起，路易十四和他那信奉胡格諾教的臣民之間的關係，就變成了赤裸裸的暴君和受害者之間的關係。留給後者的唯一出路，就是從自己的祖國逃離出去；當然也確實有為數不少的胡格諾教徒成功地逃離了法國。

廢除《南特詔書》宣告法國信奉胡格諾教的臣民，從此以後必須改宗歸信「國王的宗教」；並且這項法令是在整個王國的範圍內頒發的。國王的首相盧瓦在給各省省長的信中寫道：「陛下希望這項最嚴厲的戒令，能夠普遍地為那些不遵奉他的宗教的人們所知曉。對那些渴望成為最後一個得到愚蠢榮耀的人，必須最大可能地採取最嚴厲的措施。」

胡格諾教徒被禁止在公開場合按其宗教形式做禮拜，否則會遭到死刑的懲罰；他們也被禁止私下裡在自己的家中做禮拜，否則將會被判處終生監禁。如果他們被偷聽到在唱他們所喜愛的讚美詩，就會被處以罰金、監禁或苦役。在天主教徒列隊行進的時候，他們被強迫從其房子裡掛出旗幟，以示區別；但是當科珀斯·多米尼被燒死在大街上的時候，他們卻又被禁止從自己房子的窗戶裡向外張望，否則將受到嚴厲的懲處。

胡格諾教徒還被嚴格禁止用其宗教信仰來教育子女。他們被命令將子女送到天主教神父那裡接受洗禮，並進行羅馬天主教信仰的教育。倘若他們違反一次此命令，就會受到罰金 500 里弗爾的處罰。男孩們在耶穌會教會學校接受教育，女孩們在女修道院接受教育，所需費用均由其父母承擔。西元 1685 年 10 月，國王又發布了一項法令，命令每一位 5 歲及 5 歲以上的孩子，必須遠離其新教徒父母，接受政府當局指定的一項職業。不僅對於孩子，而且對於其父母來說，在通常情況下，此項法令都意味著他們被判處了死刑。

法國境內所有的新教寺教堂都遭到毀壞。受驅逐的牧師被限令在 15 日之內遷出法國。與此同時，要是在此期限之內，發現他們有「不軌舉動」，就會被送去服終生苦役。要是他們已和新教徒結婚，其婚姻會被宣布為非法，而他們的子女則被視為是私生子。要是在這 15 天之後，他們還停留在法國境內，這些牧師就會被判處死刑。

沒有政府和神父的介入，新教徒們不能正當地生育、生活和死亡。賢明的新教徒女主人被禁止履行她們的職責；新教徒醫師被禁止行醫；新教徒的外科醫生和藥劑師受到壓制；新教徒的律師、公證人和法學家也被取締職業。新教徒也不能從事教學，他們所有的學校，不管公立還是私立，都被關閉。新教徒不再被政府的財政部門所僱用，也不允許當稅收員。或者甚至不許在公共部門任職，在其他一切政府機關也是如此。甚至連新教徒的食品雜貨商也被禁止營業。

至於新教徒的圖書管理員、書商和出版商，那就更加不復存在了。事實上，這也是對法國新教徒文化的一次大清洗。所有的聖經、福音書和宗教指導書籍，都被收集起來，並公開付之一炬。幾乎所有的村鎮都燃起了熊熊大火。在構斯，為了燒毀那些搜集、上交給神父並判定要毀掉的新教書籍，就花了整整一天的時間。

新教徒也被禁止出租馬匹，新教徒的馬夫們也被禁止開設騎術課程。

新教徒傭工不許外出做工，新教徒女主人也不得僱用他們，否則會受到嚴厲的懲處。若是誰聘用了新教徒作傭工，就會被送去服終生苦役。他們甚至不得僱用「新的改宗歸信者」。

如果沒有證明其所信奉的宗教是天主教的證書，技工就會被取締工作。新教徒學徒也受到壓制。新教徒的洗衣婦被從河邊的洗衣坊趕了出去。事實上，為了對付這些可憐的拒絕歸信「國王的宗教」的胡格諾教徒，所採用的貶黜和淩辱手段是無所不用其極的。

甚至當新教徒臨終之時，也還是麻煩不斷。神父們有權衝入房間，一直來到其床前，向這些可憐的人提供臨終聖餐，要求他們皈依天主教。如果臨終者拒絕領受，在死後他便會受到侵擾，從其房間裡拉出去，赤裸著被拖過大街，最後被埋在水溝裡，或者被扔進垃圾堆裡去。在廢除《南特詔書》的法令頒布前的幾年裡，對胡格諾教徒的迫害就在漸漸增強，許多胡格諾教徒也意識到自己的出路所在，於是，紛紛逃離法國，來到瑞士、德國、荷蘭和英國。

但是在廢除《南特詔書》的法令頒布之後，當局就嚴格禁止從法國移民出境，一經發現即沒收他們的全部物品和財產。任何人只要被發現有逃離法國的意圖，就會被沒收所有的一切，並在監獄裡度過餘生；半數的人是透過賄賂密探來實現自己逃離法國的目的，而那些密探也因而成為政府裡面最活躍的力量。這個法令也同時規定此前逃離法國的業主，應在 4 個月之內返回，否則他們的所有財產就會被沒收。

在國王的臣民之中，最願意遵守國王命令的，是那些舊的胡格諾貴族家族，諸如布永、科利尼、羅昂、特雷穆瓦耶、蘇利和拉・福斯。這些大諸侯，在騷亂的封建主義浪潮中一開始意欲擁護新教，現在則準備改變其宗教取向，從而對君主唯命是從。

那些小貴族則更加忠誠和始終如一。他們中的許多人拋棄財產，從邊界逃離出去；而不是斷然放棄自己的良心所認同的宗教，天天生活在對上帝的欺騙之中。這個階層的另一部分，則在宗教信仰上首尾兩端。他們選擇了唯一能夠確保其財產不被沒收的道路，也就是假裝皈依了羅馬的天主教；這樣，正如我們可以發現的那樣，這些所謂的「新的皈依者」，一方面，受到充滿猜疑的對待；另一方面，又被認為是不值得尊重的。

大量的胡格諾工匠、商人和工廠勞工，紛紛關閉他們的店鋪和廠房，變賣家產，不惜一切代價把其所有換成現金，逃離法國邊界進入瑞士——或者在那裡定居，或者經由瑞士前往德國、荷蘭和英國。

這股移居浪潮使法國的人口數量急劇銳減，使法國的財富迅速枯竭，因此對之阻止是十分必要的。事實上，對於法國人來說，遠離家鄉就是一場災難——法國人，與其故土的連繫是如此緊密，以致他們在別的地方不能建立其移民殖民地——離開法國，放棄父輩的房子，放棄溫暖的火爐，放棄其親戚，放棄其種族，這需要破壞多少原有的生活結構啊！然而，在大多數情況下，他們還是被迫背井離鄉，離開自己所深愛的法國。

然而他們若是想要回來的話，卻是易如反掌的事情。國王只是要求他們「皈依」而已。他堅持說他們要忠於國家，也就必然要信奉「他的宗教」。在廢權法令發布後的一天 , 也就是西元 1685 年 10 月 19 日，拉 · 雷勒，當時的巴黎警察局副警督，就向胡格諾教徒的商人和勞工發布了一道通知，要求他們馬上皈依。許多人都害怕了，並馬上依從。第二天，又向胡格諾教徒的有產者發布一道通告，要求他們在接下來的日子裡集合起來，並公開宣稱他們已經皈依。這些措施的結果，就是產生了大量言行不一的偽君子，而不是心悅誠服的篤信者。

這些措施也對最弱小、最無原則的人們產生了作用。最堅強、最有獨立意識和最有主見的胡格諾教徒，並不想成為口是心非者。消極地決定要保留原我，如果他們不被許可在自己的國土上享受精神上的自由，他們就決意到別的國家尋求這種精神自由。就這樣，自從廢權法令公布後，從法國各地移居出境的人數馬上就快速增加。所有通往邊境或海岸的道路都擠滿了難民，他們形形色色 —— 有時夾雜在全副武裝的男子群中，有時又孤立無群；他們披星戴月向前趕路，白天則躲進樹林裡埋頭大睡。他們打扮成乞丐、珠寶首飾商、吉普賽人、士兵和牧羊人；婦女們表情呆滯，許多女人穿著男人的衣服，絞盡腦汁地偽裝自己。

為了抑止這股移民狂潮，當局採取了許多暴力手段。出境的所有道路都布滿了崗哨。城鎮、公路、橋梁、渡口，都受到監視；誰能夠阻止和帶回逃亡者，就能得到一筆賞金。許多人被抓住，並戴上鐐銬，沿著更為醒目的公路被押送回來 —— 這樣做的目的無非就是對別的新教徒來個殺雞儆猴 —— 並被投入到馬賽、布列斯特以及別的要塞的監獄裡。在被押送途中，他們還要在途經的各個城鎮遭受各式各樣的侮辱。旁觀者們向他們身上投石、吐痰，並辱罵他們罵。

不管是乘坐法國船隻，還是乘坐外國船隻，有許多人都經由海路逃離。儘管嚴禁法國水手修習改良的宗教，否則會被處以罰金、肉體懲罰；舉行新教禮拜的船隻將被扣留，然而在看見了那些寧願逃離祖國，而不願違心放棄自己的宗教信仰，也不願成為偽善者的新教徒的悲慘境遇之後，那些法國船長、小船主、漁夫和海岸領航員也都產生了惻隱之情。在他們的幫助之下，許多移居者成功地離開法國。大量的移民，匆忙地駕著小舟駛向茫茫大海，從此以後音信全無。他們一定是淹死在大海之中了。

在夜深人靜之時，也有不少英國船隻載著逃難的胡格諾教徒駛離法國海岸。在西部海港，不少胡格諾教徒也帶著貨物乘坐外國船隻逃之夭夭。他們躲在木桶或者酒桶裡，只在上面開了一個小孔以作呼吸之用；還有的祕密地溜進來，躲在貨物堆裡。當新教徒的這種逃離方式被披露後，法國政府又對此做了防範。國王發布一道命令，規定任何船隻在駛往外國之前，都要往其通氣孔裡薰蒸致命的氣體。這樣，躲藏在裡面的胡格諾教徒不是被熏出來，就是被熏死。

與此同時，為了使胡格諾教徒改宗歸信，政府當局做出了巨大的努力。國王、大臣、龍騎兵、主教和神父為之絞盡腦汁。風采迷人的德·賽韋尼侯爵夫人說道：「所有的人都派出去了，所有的人手頭都有忙不完的事情 —— 他們之中，最重要的就是由龍騎兵輔助各省的地方法官和省長。這真是人們預想和實踐過的、最壯麗的和最美妙的事情。」

龍騎兵在令胡格諾教徒改宗歸信方面的作用，要遠遠大於教士的作用。有時候在一個小時之內，一小隊龍騎兵就可以讓 100 甚至更多的人改宗歸信。穆里雷克用這種方法，在一週之內就使數千人改變信仰。阿什菲爾德團在一月之內就把整個普瓦圖省都改了過來。

德·諾阿耶對自己的皈依成果感到非常滿意。他在 24 小時之內就把尼姆歸順了過來；第二天他又去歸順蒙彼利埃；他還希望在短短幾週之內就把整個朗格多克低地地區從異教的瘟疫中解救出來。在廢權法令公布後不久，他在一份報告中吹噓說自己已經讓 350 名貴族和紳士、54 位牧師，還有 25,000 名來自不同階層的人改宗歸信。

很容易解釋龍騎兵歸順工作的迅捷有效性，其中主要的原因就在於，龍騎兵們在新教徒房子裡可以自由住宿。士兵們知道他們住進新教徒房子裡的目的所在，他們在各方面都放縱自己，酗酒、詛咒、亂叫亂喊、打罵異教徒、欺侮他們的妻女，使他們蒙受了各種無法想像的暴行和凌辱。

龍騎兵令異教徒改宗歸信的方法種類繁多，有一種方法是借鑑瑞士沃州所採用過的迫害手段。它包括：把受害者的腳強行浸在灌滿沸油的靴子裡；或把他們倒吊起來，有時候甚至忘了把他們放下來，就讓他們這樣死去。龍騎兵還強迫他們不停地喝水；或者迫使他們一動不動地坐著，在他們的頭上不斷地慢慢滴水，直到他們發瘋而死。有時候龍騎兵們還會把炙熱的煤炭放在受害者的頭上；或者使用一種類似於蘇格蘭姆指夾的刑具來折磨受害者。為了試圖完成歸化，龍騎兵們所採用的許多做法，都是極其駭人聽聞的，甚至無法用語言來描述。

當然總有許多人不願意改宗歸信，監獄裡也總是人滿為患。關在監獄裡的犯人們，總是缺衣少食、飢寒交迫。寒冬時節，他們也沒有取暖的火爐；黑夜降臨，他們也沒有照明的燈籠；病魔纏身，他們也沒有診療的醫生。除了獄警，前來探訪的只有神父和教士，他們是來請求犯人們與原來的宗教信仰一刀兩斷的。當然有許多人（包括虛弱的女人、年老者和身體不強壯的男子）死在了監獄裡面。由於不堪忍受令人髮指的監獄氛圍，被囚禁的犯人們紛紛奢求死神的降臨；現在，死亡對於他們來說是一種解脫。

受到默許的、更令人倍感凌辱的方法也被廣為採用。透過給予神父一筆比他們先前的俸祿更為優厚的年金，路易試圖賄賂他們；而盧瓦則不斷地賄賂新教徒的律師和公證人。舉例來說，他寫信給一位任職斯特拉斯堡市政官的異教徒說：「你願意皈依嗎？那樣的話我會給你6000里弗爾——你還不願意皈依？我會把你解職的。」

當然，不少用於令胡格諾教徒改宗歸信的努力，都被事實證明是很有成效的。首相下令，允許龍騎兵自由入住胡格諾教徒的家中，神父的請求和威脅，所有的這一切，都有助於恐嚇新教徒們。毫無疑義的是，對於被送去終生服刑的害怕，對於失去其所有的一切財物的擔心，對於預知家破人亡的驚恐，對於自己的孩子被神父強行送到最近的修道院和女修道院裡去撫養和教育的憂慮，所有的這些都需要被新教徒考慮進去，從而也就增加了歸順者的人數。

這些迫害是令人難以忍受的。所有的公共權力和權力機構都被用來對付個人生活、個人興趣和個人信仰，因此只有極少數人才能與之進行持久的反抗。而那些折磨，無論是迅如暴雷的或是緩緩而降的，都是許多受害者的身體條件所無法承受的。即使是龍騎兵自由入住異教徒家中，這樣一種最輕微的折磨 —— 他們被允許在那裡大喊大叫、大吃大喝、又打又罵，僅僅這些就足以使得許多人立即宣布自己願意皈依。

事實上，在所有的這些折磨之中，對於皈依者來說，肉體上的疼痛只是其中最可怕的一件事情而已。有一位受審入獄的囚犯，當他知曉了身邊的夥伴日日夜夜所不得不承受的種種折磨後，他說能夠忍受這些磨難「足以使得人們遵守佛教教義或穆斯林教義，更不用說遵守教宗制度了」；毫無疑問，正是暴力和苦難，而不是國王對臣民的愛意或教宗對教民的愛意，使許多胡格諾教徒願意皈依。

透過採取所有可以用來使胡格諾教徒改信歸宗的手段，諸如暴力的、恐嚇的、辱罵的和金錢賄賂等，天主教會吹噓說在 3 個月之內，就有將近 50 萬人重新皈依羅馬教會。但是這些「新的皈依者」並沒有從他們的皈依之中得到什麼好處。他們被強迫參加各種彌撒，也依然得不到多少信任。甚至那些使他們皈依的龍騎兵，也稱這些皈依者在自己的信仰問題上是懦夫和叛徒。雖然他們盡己所能力圖逃避懺悔，卻無法如願。如果他們不懺悔的話，在神父的背後就有罰金、沒收財物和監獄在等著他們。

在教堂裡為他們開闢了專門的區域，在那裡他們如同麻瘋病人一樣被隔離開來。有人拿著名冊站在門口點名，他們必須按照規定進行應答。在整個儀式中，對於他們來說，最為突出的問題就是要被強制拿著蠟燭、聖水和聖油等諸如此類的東西；而這些對於胡格諾教徒來說，都是可憎的忌諱。他們也被要求參加聖禮，而這種聖禮原來是被新教徒們視為是對神聖的主的一種可笑嘲弄。

聖西門公爵在他的回憶錄中，提及路易十四對胡格諾教徒所採取的「沒有絲毫理由和絲毫必要性」的殘忍又不人道的手段後，把這種在感恩禮拜中所採取的暴力手段，視為是褻瀆的和辱聖的罪惡，儘管幾乎所有的主教都助長了這種暴力手段的運用。他說道：「從這些裝模作樣的皈依之中，他們這些胡格諾教徒們被強迫贊同自己並不認可的理念；在吃麵包的時候，雖然他們心裡明白這只是在吃令人厭惡的麵包而已，可是他們必須接受自己在吃聖徒的肉體這個觀念。這是由諂媚和殘酷所產生的、最常見的令人憎恨之事。從折磨到皈依，再到聖餐，這期間只有 24 小時的間隔；並且儀式執行者也是皈依者的指導者和見證人。那些最終表現得好像歸順的人，在其日常行為舉止之中，總是與他們虛情假意的皈依相矛盾。」

事實上，許多新皈依者發現在法國的生活根本令人無法忍受，因此決定仿效那些出逃的胡格諾教徒，儘快地處理完自己的物品，儘快地離開這塊國土。他們來到國外的第一件事情，就是參加同胞的聚會，進行「偵察」，或者傾訴他們參加彌撒和假裝皈依羅馬天主教會的悔恨之情。在廢權法令發布兩年之後的 1687 年 3 月，在倫敦斯利德尼德爾大街的胡格諾教堂，其所舉行的一次宗教聚會上，有 497 位成員來到這裡。而這種宗教聚會，是他們以前在暴力的重壓之下假裝放棄了的。

牧師中發誓棄絕原先宗教信仰的人為數並不多。有些人因為害怕和愚鈍，一開始就放棄了原有的宗教，不過他們總是毫無例外地回到他們原來的宗教上去。若是他們遵守天主教義、成為天主教徒，就可以得到一筆相當可觀的年金。國王答應將他們的收入增加三分之一；而他們若想成為律師或法學博士，國王還可以免除他們常人所需的 3 年學習和所需的文憑要求。

總體上來說，大多數牧師都離開故國遠走高飛。約有 700 名牧師來到瑞士、荷蘭、俄羅斯、英格蘭和其他別的地方。也有少數牧師冒著無處不在的死亡威脅，留下來為農民舉行新教徒式的宗教集會；對於每一位牧師來說，舉行這樣的宗教集會，一旦被抓住，那也就意味著絞刑。無論是誰，只要他直接抓住了、或者幫忙抓住舉行這樣宗教集會的牧師，就可以得到數額 5,500 里弗爾的獎金。政府也發布公告，宣布無論是誰，只要被發現參加這樣的宗教集會，將會受到死刑的處罰。

然而，不論有無牧師在場，這種新教徒的宗教集會仍然不斷地在舉行。新教徒們絕大多數都是在夜裡舉行宗教集會，並且絕大多數也是在被毀壞的新教徒的教堂遺址上舉行的。但是這樣一來，也就使他們處於更大的危險之下，因為密探們非常警覺，隨時準備告發他們，逮捕他們。

最後新教徒終於挑選在更為隱蔽的偏僻之處進行集會、祈禱和讚美，為此他們經常要長途跋涉。令人驚訝的是，即使如此，他們也經常被龍騎兵分批截住。龍騎兵把他們中的一部分人吊在緊鄰著集會地附近的樹上，然後把另一部分人投入監獄；這些人會從監獄裡被轉送到工廠去服苦役，或者被吊在最近的絞刑架上公開示眾。

弗爾克朗．雷伊是早期最為有名的殉道者。他在尼姆出生，並在那裡長大，當時年僅 24 歲。他剛完成了自己的神學學業；可是沒有哪一個宗教會議委任他為牧師，也沒有哪一所教堂邀請他去布道。在他的傳教活動中，唯一可以得到的報酬就是死路一條；然而他卻決意地去布道。他第一次參加宗教集會是在尼姆附近，就在那裡，他的住處被龍騎兵突襲，並受到嚴重侵擾。在這樣繁華的城鎮附近活動，對於他和他的宗教同道們來說，實在是太危險了。因此他下一步就來到卡斯翠和沃那基。此後他接受了去更偏遠的塞文山區繼續布道的邀請。

在接受此次邀請之際，他就預感到將要降臨於自己身上的危險：儘管如此，他留下了一封信給父親後就出發了。

在這封信中，他說此次布道完全出自他本人的意願，如果需要的話，他會為了真理而獻身：「啊！倘若我能夠躋身於上帝預定的、用來讚美其榮耀，和為上帝的事業而獻身的人群之中，那我將會多麼幸福啊！」

他的傳道簡短而令人愉悅。在塞文山區，他在大街小巷裡遊走，把年邁的信徒聚集起來，向他們祈禱和布道，鼓勵他們看在基督的份上忍受一切。他這樣工作了大約 6 個星期，直到有一個一直陪伴在身邊的密探（他將這個密探視為與他一樣虔誠的胡格諾教徒）為王室的賞金所動，告發了他，並把他交到龍騎兵的手裡。

起初雷伊被投入設於安杜茲的監獄之中。在經受了當地法官簡短的審訊之後，他在 30 個士兵的押送之下，被轉移到阿萊斯；在那裡他面對著更進一步的訊問，要求他公開承認在那些願意傾聽他傳道的地方，他都進行了布道。他被告知：在尼姆，他違反了法律，進行與國王的意志相反的布道。他對此回答說：「我服從萬王之王的法律。我應當服從上帝，而非塵世間的凡人。我這麼做是對的，你們對我願怎麼處置就怎麼處置，我已經做好了隨時去死的準備。」

神父們、法官們和其餘有影響力的人，都努力勸導他改變自己的主張。如果他與過去決裂，他們答應給予巨大的恩惠；地方行政長官巴維爾當面告訴他，要是他拒絕接受他們的條件，他將會被處死。即使在那個時候，他還是回答說：「我並非只是為了自己而活著，我是為了基督而活著。」他是那樣地堅強。按照命令，他被送去嚴刑拷打後，依然沒有屈服。接著他又被送到劊子手的面前。他說：「我被暴打了一頓，他們如同上帝一樣仁慈。」

在去執行死刑的路上，兩個修道士走在他身邊，勸他懺悔，並且要幫助他邁向死亡。他說：「不要管我，你們的安慰令我惱火。」在見到了設於博凱爾的絞刑架之後，他喊道：「鼓起勇氣，鼓起勇氣！我的人生之旅就要終結。在我面前，我已看見了通向天堂的梯子。」

修道士想要和他一起登上梯子時，他說：。「回去，我不需要你們的幫助。我可以從上帝那裡得到足夠的幫助，用以走完我人生之旅的最後一步。」當他登上絞刑架的平臺時，他就要當眾做臨終前的信仰告解。但是當局事先做了安排，用以阻止其臨終告解。在他剛要張嘴的時候，軍鼓聲震天而起，淹沒了他的聲音。他激動的表情和姿態已經表明了一切。幾分鐘之後，他死去了；當他的臉上彌漫著死亡的蒼白之色時，從那裡還能反射出他為之獻身所帶來的幸福與寧靜。「這才是名副其實的殉道者。」有許多人，甚至是親眼目睹他死亡的天主教徒都這麼說。

當眾絞死牧師，被認為會阻止胡格諾教徒舉行更多的宗教儀式。而看見自己同胞被吊死在最近的樹上，他們牧師的頭顱滾落在斷頭臺上，則被認為會威懾他們不敢在偏遠地區繼續舉行宗教集會。尤其是在朗格多克、維維勒和法國東南部的許多省分裡，這些舉措與日俱增，作用日漸增大。

西元 1686 年（也就是弗爾克朗．雷伊在博凱爾被絞死的那一年）至西元 1698 年（也就是克勞德．布魯遜在蒙彼利埃被絞死的那一年）之間，被公開處死的牧師不超過 17 人，即：在尼姆處死了 3 名，在聖．希波呂托和塞文山區的馬西亞格處死了 2 名，在蒙彼利埃的伯魯處死了 12 名。伯魯也是法國南部的新教徒們被公開處死的首選之地。

關於在此之前約一個世紀的時間裡，對胡格諾教徒所進行的大屠殺，人們後來也對此議論紛紛。聖巴托羅繆大屠殺被公認為只是胡格諾教徒所引發的一次政治爭論，而在這次大屠殺中他們的境遇也最為悲慘。在此事件中遇難者的人數被削減到一個極小的數目。當時還出現了一種在羅馬鑄造的勳章，勳章上面刻著題詞：殺盡胡格諾教徒。上面的圖案，一邊是上帝，另一邊是一位驅逐和殺害一群異教徒的飛翔天使。上帝和此事有無關聯呢？對此人們也心存疑慮。

關於聖巴托羅繆大屠殺，人們可能還心存種種異議；不過對於在廢除《南特詔書》的法令頒布前後所發生的宗教迫害，則是再清楚不過了。這些迫害持續進行了半個多世紀，其後果就是把 100 萬最優秀的、最勇敢的和最勤奮的法國人，從法國的國土上趕了出去。在朗格多克，僅僅這麼一個省分，根據布蘭維耶的說法，就有不少於 10 萬人不正常死亡；他們之中有十分之一被燒死、絞死，或葬身於車輪之下。

可是並不能由此就認定：只是路易十四和他的神父們破壞了法國、摧毀了法國的精華，而其他的法國人對此毫不知情。所有的法國人都知曉反對胡格諾教徒的公告、飭令和法律。博諾伊特例舉了在廢權法令公布之後的這 10 年期間，由路易十四所頒發的 333 部公告、飭令和法律。正如我們看到的那樣，它們在接下來路易十五的君主統治時期，還繼續發揮作用。

查理斯．科克雷爾先生說：「我們已經有了一個聖巴托羅繆的恐怖之夜！外國人可能怎麼也不敢相信，法國所遵守的法律典章，也是在與他們一樣的精神指導之下建構出來的，就在這些法律典章之下，在這個國家裡竟然維持了 60 年的聖巴托羅繆的日子！若是他們還不能把我們稱作是最野蠻的民眾，他們的法官們就完全可以斷言說我們是最為言行不一的。」

然而德．費利絲不願相信廢除《南特詔書》的法令在法國流布很廣；他把法國民眾視為更加具有愛國熱忱的人。他無法相信法國政府針對胡格諾教徒所犯下的種種暴行是蓄意而為的，也是有罪的。他認為這只是國王、教士和法庭的事情！但是他忘記了：無論在哪裡，上述這些暴行都得到了士兵和民眾的支援。不僅如此，他還補充說，要是這個廢權法令受到普遍歡迎的話，「這就會勢不可擋地出現針對羅馬天主教會的譴責，這樣它就能教育和改革法國。」

然而，不論如何，無可置疑的是，在耶穌會教士們擁有獨占性地教育國家這一權力的漫長時期裡，他們真的也改革了法國：因為，在西元 1793 年，為他們所教導的人民，也以一個世紀之前他們對待胡格諾教徒的方法，來對待國王、耶穌會教士、神父和貴族們。

第二章　廢除《南特詔書》所引發的災難

第三章　克勞德・布魯遜

── 胡格諾教的宣導者

假使要詳細地描述胡格諾教徒所遭受的各種殘酷迫害，以及他們在「廢除法案」頒布前後的這麼多年裡所遭受的痛苦折磨，那將會占用太大的篇幅，而且也會因為重複描述類似的殘酷迫害的例子而顯得冗長乏味。因此，為了壓縮對整個過程的詳細描述，我們認為比較好的辦法，就是簡單介紹那一時期法蘭西帝國的歷史，並將歷史的介紹和某位非常著名的胡格諾教派的領袖人物的生平連繫起來。我們在這裡選取的人物就是克勞德·布魯遜（Claude Brousson）—— 他是朗格多克省人，是胡格諾教派的積極提倡者、牧師，並最終為自己的信仰獻出生命的殉道者。下面就詳細介紹他的生活、他對信仰的虔誠、他所經受的考驗，以及他頑強的毅力和忍耐力。

克勞德·布魯遜於西元 1647 年出生於尼姆，他的父母在他很小的時候就為他規劃了人生的道路，那就是希望他長大成人後能夠從事法律工作。他在本地的大學裡接受相關教育，並於畢業時取得了法學博士的學位。

當他開始職業生涯的時候，剛好是路易十四發布法令，限制胡格諾教徒的活動時。在當時。雖然那些新教的鼓吹者們還沒有被明文禁止活動，但是，他們早就在各式各樣的壓力下遭遇著重重困難。儘管如此，克勞德·布魯遜仍然在卡斯特爾、卡斯特勞德雷和土魯斯等地實習了一段時間的業務，並表現出卓越的才能。他經常被聘請去為那些信仰新教的牧師們提供辯護，並且在《南特詔書》被廢除前的一段時間裡，還經常抗議當局公然在現存的法令下，鎮壓新教徒的聚會以及把他們的教堂夷為平地的暴行。

西元 1682 年，克勞德·布魯遜被捲入了一場抗議活動。事情的起因是當局試圖對尼姆地區的新教牧師們和教會長老們提起訴訟，透過指控他們，藉此獲得一項命令，把這個城市僅存的最後一所新教徒的教堂摧毀掉。[08] 當局為摧毀這所教堂而找的藉口，便是有一名來自鄉下的女僕，她身為天主教徒，居然參加了新教徒們的宗教儀式，而且從這所教堂的一位叫博洛爾先生的牧師手裡領取了聖餐。

布魯遜為這一案子辯護。在他的辯護詞結尾部分，他評論說，由於尼姆的新教徒人數非常多，因此牧師們不可能熟悉所有的教徒，尤其是不可能熟悉那些偶爾的來訪者和陌生人；牧師們對那個女孩一點都不熟悉，根本不知道她信仰的是羅馬天主教。因此，綜合以上的事實，「我們可以推斷那個女孩很有可能是被故意派往教堂的，以便能夠為實施對新教徒的迫害製造一個藉口。」

由於布魯遜的據理力爭，案子被擱置，一直都沒有宣判。在同一年，當局又提出了另外一件訴訟，目的是毀壞烏澤斯地區新教徒的教堂。此外，還有一件訴訟是為了破壞位於蒙彼利埃的新教徒們的大教堂。至於他們所找的藉口，則和前面的如出一轍。

有一位名叫保勒的新教徒牧師，在收買之下經受不住引誘，背棄了新教，轉而信奉羅馬天主教。作為報償，他被任命為蒙彼利埃長駐法庭的顧問。可是他的妻子和一個女兒拒絕跟他一樣放棄信仰，變節脫教。儘管他的女兒才 10 ～ 11 歲，卻還是被送到位於德拉爾羽斯的一個女修道院。小女孩在那裡受了很大的迫害，但她堅持自己的立場，不肯屈服。在被禁閉

[08] 約翰．洛克在這段時間曾經經過尼姆，他說：「尼姆的新教徒們現在只剩下一所教堂，其他的教堂都在 4 年前由國王下令斷斷續續地拆除了。新教徒們曾經自籌資金為病人修建了一所醫院，但這所醫院又被政府奪走了。儘管在形式上還是為病人保留一個房間，可是從來就沒有使用過，因為那些信仰天主教的神父們，經常時不時地來騷擾。儘管受到這些挫折和壓制（當時是西元 1676 年，「廢除法案」尚未通過），不過新教徒中並沒有多少人因此而背棄自己的信仰；當我向他們提出這個問題時。其中的一個人告訴我，那些信奉羅馬教宗的天主教徒，要麼是因為受武力威脅，要麼是因為受金錢引誘。」 —— 參見《洛克的一生》，第 100 頁。 —— 原注

了 12 個月之後，她被釋放了。5 年之後，她又一次被捕，並被送到另一個女修道院。不過，由於她在修道院院長和聽她告解的神父的威逼利誘之下，始終堅定不移，她再次獲得了自由。

但是，有一個節變的牧師 —— 他在許多年之前就背棄了自己的新教信仰，並成為德拉爾羽斯地區全部修女的首腦，和聽她們告解的神父 —— 偽造了兩份文件。第一份檔案聲稱在女修道院的時候，那個叫保勒的女孩子已經同意信奉羅馬天主教；而另外一份檔案的內容，則是她斷絕新教信仰的書面誓言。這個變節的牧師聲稱，已經將保勒小姐發誓放棄新教信仰的情況，通知了蒙彼利埃的伊沙克．杜波迪牧師，後者是法國教會裡最著名的牧師之一；不過，伊沙克．杜波迪仍然讓保勒小姐參加聖禮。如果這一情況屬實的話，則伊沙克．杜波迪的行為違背了當時的法律規定。借助這一事件，羅馬天主教的神職人員在土魯斯的議會裡，控告伊沙克．杜波迪和保勒小姐，作為懲罰，他們中的前者被宣布監禁，後者則不得不懺悔，以苦行贖罪。

教堂被摧毀是類似這樣指控的通常結果。該省的中將諾阿耶公爵在西元 1682 年 10 月 16 日進駐這座城市，並有一支龐大的武裝力量隨行。在緊接著召開的一次國會會議上，摧毀蒙彼利埃新教徒教堂的提議被列入了考慮。4 個新教牧師和幾個教會中的長老拜訪了諾阿耶公爵，希望在他們向參議院議長呈遞保留教堂的理由之前，能夠暫緩摧毀教堂的行動，他們的請求遭到了拒絕。

其中的一位代表，對這一事件的不合理性提出質疑，並鹵莽地詢問諾阿耶公爵是否知道在法國有 1,800,000 戶新教徒家庭，他們的力量不可低估。聽到這個提問後，諾阿耶公爵扭頭對他手下的警衛隊隊長說：「在我們坐等這 1,800,000 戶新教徒家庭有什麼舉動之前，你是否能先把這些紳士們送到監獄去？」[09] 在收到國王的委託命令之後，蒙彼利埃的新教大教堂很快就被夷為平地。國王在他的命令中，要求在 24 小時之內把這所教堂鏟平，「但是，」在給諾阿耶公爵的信中，他又附加說，「若你能在兩個小時之內就把這件事情完成，我將更加欣慰。」

在教堂被摧毀之後，再努力為這些野蠻行為做任何辯護，都是不必要的了。可是，保勒小姐 —— 她曾經因為被編造信奉羅馬天主教而受到迫害 —— 又被要求承認那兩份編造的檔案真實性。保勒小姐仍然被囚禁在土魯斯，儘管當局對她輪流採用威逼和利誘手段，以便促使她承認那兩份檔案是真實的，但她堅決否認它們的真實性，並且要求拿來一支筆，在每份檔案下面她都寫道：「我保證上面的簽名不是出自我的手筆 —— 伊沙貝．保勒。」

當然，這兩份檔案都是捏造的，但是它們達到了目的。蒙彼利埃的新教徒教堂已經化為一片廢墟，而伊沙貝．保勒又一次被投入監獄。在聽說了這件事之後，布魯遜評論說：「這就是所謂的在對人們定罪之後，再對他們提起訴訟的做法。」

這類迫害事件一再重複發生 —— 教堂被摧毀，宗教信仰被壓制 —— 迫使塞文山區、維維勒地區和多菲內地區的新教徒們聯合起來，以便共同努力，遏制這股不正義的洪流。基於這個目的，28 個代表於西元 1683 年 5 月聚集在布魯遜於土魯斯的住處，召開了一次會議。由於國會即將採取行動，摧毀在蒙托班和南部其他城市新教徒的教堂，再加上布魯遜是被迫害的胡格諾教派的著名宣導者，因此，這些代表們可以在不激起天主教神父們的嫉妒，和不引起警方警惕的情況下，聚在他的房間裡仔細商討

[09] 當被從監獄裡放出來之後，高爾迪爾逃到了柏林，並成為那裡的一個龐大新教徒團體的牧師。伊沙克．杜波迪則逃到了英國，並被任命為倫敦的沙沃伊教堂的牧師之一。 —— 原注

大計。

這次新教徒代表們聚會的結果，是為胡格諾教徒提供了一項建議，這項建議體現在一個措施之中，這個措施後來被稱之為「方案」。「方案」的首要目標，就是勉勵新教徒真正皈依他們的信仰，並且向他們指出這種皈依所意味的美好生活；讓信徒們經常向聖靈進行禱告，以便使得他們在宗教活動中，和閱讀《聖經》及對《聖經》進行沉思冥想的時候，能夠保持堅定的態度；鼓勵教徒們為了共同的信仰團結成一個集體；「讓他們接受普遍的教導，把自己奉獻給上帝，在任何地方，上帝都應該建立起真正的紀律，儘管這些紀律和塵世的統治者頒布的法令剛好相反。」

與此同時，布魯遜向國王呈遞一份請願書，謙恭地懇求他允許胡格諾教徒按照自己良心的指引和平地信仰上帝，這份請願書的副本還被送到盧瓦和帝國的其他牧師手中。針對這次和其他的請願，布魯遜評論說：「我確信整個世界和我們的子孫後代，都會驚訝於這麼多恭恭敬敬的請願，這麼多對迫害的抱怨，以及這麼多促使他們轉變態度的充分理由，居然都沒有產生任何對新教徒有利的後果。」

那些被禁止活動，並且所在的教堂遭到破壞的牧師們受到邀請，參加一些祕密聚會。聚會的地點一般在田野或樹林裡——既不在公共場合，也不在他們那些遭到摧毀的、歷史悠久的教堂廢墟旁邊。聚會的目的是信仰上帝，透過禱告和哼唱讚美詩，互相激勵對方虔誠信教，接受布道，並在一起慶祝聖禮。

在接下來的 6 月，塞文山區和維維勒地區也相應地舉行了各式各樣的聚會。在聖伊波利特，當地新教徒的教堂被摧毀了，大約有 4,000 名信徒在城市附近的一塊平地上聚會，由牧師向他們進行布道——「讓凱撒所做的事歸於凱撒，讓上帝所做的事歸於上帝。」這次聚會以一種極其嚴肅認真的態度進行。當時在場的一位羅馬天主教的神父，在向尼姆負責處理這類事務的主教報告消息時，也不得不承認牧師在布道時，並沒有任何煽動性的言語，他布道的內容完全跟主教本人可能進行的布道內容相同。

龍騎兵立刻被派往聖伊波利特結束這些聚會，並且試圖「改變」這些新教徒的信仰。這個城市裡居住的幾乎都是新教徒，龍騎兵在每間房子裡都駐紮了人員；人們很快就變成了「新的改宗歸信者」。

由於龍騎兵的強行駐紮，塞文山區的居民們遭受了重大損失 —— 並且安杜滋、索伏、聖．吉爾曼、維剛以及剛滋地區，和聖伊波利特地區的狀況一樣，也全部駐紮了龍騎兵。我們可以單從聖伊波利特一個地方的居民，被強行要求繳納的費用專案上，就可推測出其他地方損失的大致狀況：

——

給蒙特波沙軍團提供 65 天的兵舍安排	50,000 里弗爾
給紅色騎兵隊的 3 個連，提供 95 天的兵舍安排	30,000 里弗爾
給維爾勒弗騎兵隊的 3 個連，提供 30 天的兵舍安排	6,000 里弗爾
給朗格多克省的藍色騎兵隊的 3 個連，提供 3 個月又 9 天的兵舍安排	37,000 里弗爾
給克拉瓦特騎兵隊的 1 個連，提供 14 天的兵舍安排	1,400 里弗爾
給 309 個連的騎兵和步兵提供運輸	10,000 里弗爾
給騎兵隊提供給養	60,000 里弗爾
由於士兵的破壞造成的家具損失，以及被沒收的財產損失	50,000 里弗爾
總計	244,400 里弗爾

在維維勒地區和多菲內地區，被迫害的新教徒在「方案」的旗幟下，也舉行了聚會。這些聚會重複進行了幾週之後，各地的羅馬天主教神父們開始向他們的主教求援，以便抑制和鎮壓這類異端活動。瓦能斯地區的主教丹尼爾．克斯馬告訴他們不必著急，因為他已經採取了必要的措施，而且他還得到通知 —— 有 20,000 名士兵現在正向南部進軍。目的就是鎮壓新教徒的活動。

在抵達目的地之後，龍騎兵在四處分散開來，以便隨時監視和鎮壓有可能舉行的任何聚會。第一次聚會活動發生在 8 月 8 號，地點是在夏多杜伯勒，這是德洛姆地區的一個專門從事製造業的村莊。由於一隊龍騎兵的突然出現，聚會被打斷了。但是絕大多數參加聚會的人都設法逃跑了，那些不幸被抓住的人，則被吊死在附近的樹上。

大約在兩週之後，在波朔頓又舉行了一次聚會，在這次聚會中，有許多參加者來自波爾多 —— 波爾多是離波朔頓大約半里格（長度單位，一里格約 3 英里或 5 公里）遠的一個村莊。當聚會進行到禱告的時候，有情報說龍騎兵已經進入波爾多，並且正在那裡野蠻地洗劫。波爾多的村民們立刻出發去保護他們的家園。龍騎兵在路上遇到他們，並且突然發動襲擊。一部分村民手中有武器，但是大部分村民只能用石塊抵抗。當然，由於實力懸殊，他們被制服了。許多人被士兵們當場用劍刺死，那些被抓住的立刻就被絞死。

逃走的一部分村民躲藏在穀倉裡。士兵在那裡發現了他們，於是向穀倉開槍射擊，並在村民努力想從火焰中衝出去時，殺死了他們。一個名叫大衛．夏米爾的年輕人被抓住了[10]。大衛．夏米爾的父親是胡格諾教派的

[10]　就是這個年輕人的祖父，為亨利四世起草了著名的《南特詔書》。夏米爾家族的大部分成員離開了法國，其中的幾個是倫敦和美國馬里蘭的牧師。 —— 原注

積極宣導者，他和法國的一些最有名的新教徒都有連繫。他被帶到臨近的城市蒙特利馬爾，在接受簡單的審訊之後，他被宣布用車裂活活處死。刑罰是在他父親的門前執行的，這位年輕人最後以驚人的勇氣和毅力，忍受了這麼恐怖的酷刑。

有關新教徒在遭受這麼多的鎮壓之後，仍然保持頑固態度的報告，源源不斷地送到路易十四那裡，從而促使他採取更加積極的行動來鎮壓新教徒。他任命聖盧斯元帥為該地區的總指揮官 —— 這是一個不知道憐憫為何物的人，他生命的樂趣就在於進行屠殺，由於他的凶殘野蠻，他被稱之為「異教徒的劊子手」。

於是，瓦能斯地區的主教丹尼爾．克斯馬，現在有了聖盧斯及他的兩萬名龍騎兵來撐腰。聖盧斯從盧瓦那裡得到的指示是這樣的：「對政治犯的特赦不再適用於維維勒地區，因為那裡的人在知曉了國王對他們的寬宏大量之後，仍然不斷地進行叛亂。總而言之，你的任務就是開展一場屠殺，讓那個地方變得一片荒涼，以便這個例子可以教訓其他的胡格諾教徒，讓他們明白反抗國王會有多麼危險的後果。」

這對聖盧斯來說是一件非常愜意的工作 [11] —— 在鄉村間奔走，叫囂

[11] 在此後的西元 1691 年，聖盧斯又被派往愛爾蘭，在詹姆士二世對威廉三世的戰爭中擔任指揮官。在那裡，他遭到了士兵們的反抗，其中許多士兵是被放逐出法國的胡格諾教派的信徒。因此，他沒有像上次在維維勒地區那樣大獲全勝，在那裡，他的反對者大多數是農民和工人，他們的武器則是從路邊撿起的石頭。聖盧斯和他的衛戍部隊被趕出了阿特龍恩，在那裡，一名信奉胡格諾教派的士兵第一個突破了衛戍部隊。威廉三世的軍隊雖然在人數上比聖盧斯少 8,000 人，但追趕著聖盧斯和他的愛爾蘭軍隊到了沃格利姆地區。在那裡，他的東道主幾乎擺開了固若金湯的架勢 —— 駐軍的左邊是沃格利姆城堡，右邊是一個深深的沼澤地，還有一個大約是 2 英里長的沼澤地延伸在部隊前方。在這種地形下，愛爾蘭軍隊的營地受到完全的保護。然而，英國的軍隊和由信奉胡格諾教派的士兵組成的軍隊發動了英勇的攻擊，殺開一條通道，突擊進入愛爾蘭軍隊的營地，並大敗聖盧斯的軍隊，將他們趕走。而聖盧斯自己則被一顆炮彈炸死了。這次戰役的勝利，大部分應歸功於由信奉胡格諾教派的士兵們組成的 3 個兵團的英勇善戰。這 3 個兵團是由盧維尼侯爵指揮的（他是一個被放逐的信奉胡格諾教派的貴族），作為這次勝利作戰的結果，他被加封為愛爾蘭貴族，擁有了嘎爾威伯爵的稱號。 —— 原注

著，屠殺著，任意糟蹋財物，鎮壓新教徒的聚會——他手下的士兵們一邊追趕著受害者，一邊高叫著：「要麼就是做彌撒，要麼就是死！」

以這種方式追蹤新教徒簡直就像「在一個四周有圍欄的場地裡打獵」。當士兵們發現新教徒們聚在一起集會時，立刻毫不猶豫地開槍射擊，儘管很多新教徒可能手無寸鐵。如果他們無法逃跑的話，就只能受死。大概有 300 ～ 400 名新教徒，其中包括老人、婦女和孩子，被當場擊斃。

瓦能斯地區的主教丹尼爾·克斯馬在這些血腥的屠殺中非常活躍。當他每次去勸說人們改變信仰時，他會首先派遣聖盧斯和他的騎兵隊去打前鋒。然後，他自己才會親自出馬，去教導人們「改變信仰」，當然，他的這種教導半是透過小恩小惠，半是透過金錢。他自己坦白說：「雖然我的努力並不是每次都無功而返；可是我必須承認，和我的所作所為相比，龍騎兵在人們心目中的恐怖形象，以及他們對龍騎兵駐紮進異教徒家裡的恐懼心理，對促使人們轉變信仰發揮更大的作用。」

在整個塞文山區，到處上演著同樣的景象。倘若想要詳細地描述一下這個地區的軍事行動，我們會發現這是一部赤裸裸的野蠻史：驅散正在進行的聚會；絞死那些被發現參加聚會的人們；在駭人聽聞的折磨中，把抓到的胡格諾教的牧師們，用車輪牽扯四肢活活處死；把那些牧師們留下的住房和房子裡的日常用品銷毀掉。在這裡讓我們單獨來看一看霍梅爾的例子，他是位於索約的教堂裡以前的牧師。

霍梅爾被抓住了，並因在他所屬的教堂被摧毀之後，仍然對人群布道而被判定有罪。由於這一過錯，他被宣布用車輪牽扯四肢活活處死。他被押送到位於維維勒的杜爾龍接受這一懲罰，在這個地方，耶穌會教士們有一個學院。他首先被用火紅的烙鐵烙了 40 下，等全身的骨頭都破碎之後，被扔在一邊自生自滅，40 個小時之後，他終於咽氣了。在接受這種痛苦折磨的過程中，他說：「我覺得自己是幸福的，因為我可以為我熱愛的事業奉獻自己。為了拯救我，無上榮耀的主可以從天堂降落，忍受卑鄙無恥的死亡；而我難道會因為要苟延殘喘，延長這可憐的生命而背棄耶穌基督、背棄他的子民嗎？」

當他全身的骨頭因車輪轉動而裂碎時，他對妻子說：「再見了，我親愛的妻子，儘管妳看到我的骨頭被裂成碎片，但我的靈魂卻充滿了難以描述的歡樂。」當他生命的呼吸終於停止後，他的心臟被挖出來，並送到夏倫堪公開示眾，以恐嚇那些和他從事相同職業的胡格諾教徒。他的屍體則以類似的方式被懸掛在波夏特爾示眾。

當地的統治者諾阿耶提及，有一次他到監獄裡處決犯人，看到那些備受折磨的囚犯，在獄中表現出來的英雄氣概時，說道：「這些倒楣蛋都是帶著為事業獻身的必死的決心，走向絞刑架或車輪的，除了希望能夠死得痛快一點之外，他們不乞求任何的憐憫或恩惠。他們懇求士兵的寬恕，可是沒有人會向國王請求寬恕。」

現在我們回過頭來再說克勞德．布魯遜。在他為蒙特班地區的胡格諾教徒做了那次動人的辯護之後 —— 這種雄辯的結果當然是教堂被下令摧毀 —— 並且除此之外，還連累了另外 14 所教堂陸續遭到破壞，克勞德．布魯遜終於明白了一個事實，那就是羅馬天主教和國王的怒火，是永遠得不到平息的，除非他們把他所信奉的宗教澈底摧毀掉，否則，他們是不會滿意的。

克勞德．布魯遜不斷地受到優厚職位的引誘，條件是只要他背棄自己的信仰，改信羅馬天主教，他就能夠得到擔任國會顧問人員的優厚職位，這個職位所擁有的權力和法官的權力一樣大。不過，克勞德·布魯遜的良心，並不是能夠用金錢或其他優厚的物質待遇可以收買的。同時，他還發現現在所從事的這份，為那些遭受厄運的胡格諾教徒擔任辯護人的工作，再也不可能在沒有個人人身危險的情況下繼續了，況且他的辯護並不能為他們帶來任何幫助（因為事實證明是如此）。因此，他非常遺憾地決定停止工作一段時間，並回到出生地尼姆隱居，以便獲得安全和休息。

然而，他在尼姆僅僅居住了大約 4 個月。聖盧斯和諾阿耶就帶著他們的龍騎兵橫掃整個朗格多克省的上部地區，以此來達到威懾那裡的胡格諾教徒的目的。尼姆地區的新教徒們沒有參加「方案」；他們殘存的教堂仍然開著，替信徒們提供服務。但是他們呈遞了一份畢恭畢敬的請願書給國王，懇請他考慮他們的問題。他們在請願書中說，由於羅馬天主教和新教有著這麼多的共同點，因此，摧毀一種肯定會連帶地摧毀另一種——例如，朗格多克繁榮的製造業大多是由新教徒從事的，現在，它們就因為宗教上的迫害而迅速地走向衰落。因此，他們懇請尊敬的國王陛下，能夠允許他們不因為宗教信仰而受到侵擾，能夠沒有麻煩地從事他們的職業；最後，他們祈求國王陛下以他的虔誠、他父親般的仁慈、他公正的準則，給予他們信仰宗教的自由。

他們的請願沒有產生任何結果。國王和他手下的那些神職人員以及神父們的心，因為這次請願而變得更強硬了。尼姆地區的兩個牧師，和其他幾個朗格多克下部地區比較有影響力的紳士們，把上述請願書的副本，送到了朗格多克的統治者諾阿耶公爵那裡。諾阿耶公爵以一種非常傲慢的態度對待這幾個代表，並對他們的請願不屑一顧。在給國王的首相盧瓦的信中，諾阿耶公爵寫道：「我真詫異於這些倒楣蛋的厚顏無恥，沒有任何一絲猶豫，我就把他們都送進了聖．埃斯伯利特城堡關押起來（這所監獄位於塞文山區），並告訴他們如果他們在朗格多克能夠聽話的話，就不會被送到那裡了。」[12]

尼姆地區現在和維維勒一樣，新教徒的活動也被取締了，並且被斥責為「妄圖暴動者」。為了鎮壓那裡的所謂暴動，並抓住幾個被認為曾經參與起草那份請願書的同謀，一支由 400 名騎兵組成的隊伍，浩浩蕩蕩地進入了尼姆地區。當局想抓人的黑名單上就有克勞德．布魯遜。成百上千的人都知道他在城裡的住處。可是，儘管龍騎兵當眾宣布要逮捕克勞德．布魯遜（士兵的聲音也透過他所住房間的窗戶傳到了克勞德．布魯遜自己耳中），並懸重賞獎勵那些告發的人，卻沒有任何人想要背叛他，出賣他。

在尼姆待了 3 天之後，克勞德．布魯遜全身變裝，穿過了法國邊境。幾天之後，他在瑞士找到了一個安全的隱身場所。

伯諾爾和伊卡德這兩個新教的牧師，也是龍騎兵要抓的黑名單上的人物之一，他們也逃到了瑞士。伯諾爾在洛桑定居，而伊卡德則成為在荷蘭的某個胡格諾教派教堂裡的牧師。儘管這兩位牧師逃離了法國，但是他們留在那裡的所有財產卻被全部充公。在尼姆，塑造了他們兩個人面目猙獰的雕像，這兩座雕像被吊在尼姆公共廣場的絞刑架上示眾，並象徵性地由劊子手執行死刑。當地的地方官員和龍騎兵都參加了這一場虛擬的絞刑儀式，並進行慶祝。

克勞德．布魯遜在洛桑待了一段時間，他一開始想要從事律師職業，不過很快就放棄了這一打算，決定把自己奉獻給幫助那些被迫害的胡格諾教徒這一事業。跟朱利爾和其他在荷蘭的人一樣 —— 他們都是逃亡到歐

[12] 當時，朗格多克省的監獄裡早就擠滿了被捕的新教徒，人滿為患，不得不把成百的犯人送到位於馬賽的監獄裡。 —— 原注

洲的胡格諾教徒，在那裡詳細描述了路易十四和他手下那些盲目追隨他的神職人員，以及龍騎兵駭人聽聞的暴行——克勞德・布魯遜寫作和出版了一本著作，對象是羅馬天主教會和世界上所有國家的新教徒。這本書的書名就是《法國宗教改革的狀況》。此後，他專門寫了一系列信件給法國的羅馬天主教神職人員，對他們進行勸告。

可是，他的勸諫沒有產生任何作用。年復一年，對新教徒的迫害越來越殘酷，最終到西元 1685 年，《南特詔書》被澈底廢除，宣告無效。在這一年的 9 月，克勞德・布魯遜聽說他的家鄉尼姆的新教徒活動受到鎮壓，他們的教堂則被一個由轉變宗教信仰的女性組成的團體占據了。此外，他還聽說那些拒絕背棄信仰的新教徒的妻子和女兒們都被抓了起來，並被關押在女修道院和神學院。至於她們的 300 多名丈夫和父親，也被抓了起來，並在同一天內被送到位於馬賽的監獄裡囚禁。

逃到瑞士的胡格諾教派的信徒人數急劇上升[13]，並且他們通常是身無分文、窮途潦倒。因此，在洛桑專門成立了一個委員會，來幫助這些移民，盡可能地為他們在各個州安頓下來提供方便，或者是幫助他們遷移到其他地方。克勞德・布魯遜從一開始就是這個委員會的積極參與者。他們工作的一部分，是調查北部地方的新教徒的生活狀況，並找到可以將移民們轉移到那裡去的地方，此外還在各地收集為轉移這些移民而捐獻的資金。

西元 1685 年 11 月，在廢除法案公布之後的 1 個月，克勞德・布魯遜和拉・波特一起為了這個目標前往柏林。拉・波特是塞文山區的一位牧師，由於和「方案」有關，他被逮捕了，但就在死刑宣判之前，他逃出了

---

[13]　在大約 3 個星期之內，就有不少於 17,500 名法國的移民進入洛桑。有 200 名新教牧師去了瑞士，在能夠轉移到其他方之前，他們中的大多數都先在洛桑落腳。——原注

法國。在柏林，他們兩個人受到勃蘭登堡地區的選帝侯[14]非常熱誠的接待，後者早就曾經給那些信奉胡格諾教的移民們提供過巨大的幫助，並表示他個人願意盡一切努力來保護他們。克勞德．布魯遜和拉．波特在那裡遇見了尊敬的大衛．安西隆大人，他曾經在梅滋擔任了 33 年的牧師，[15]現在是柏林選帝侯的牧師。此外，他們還遇見了被從蒙彼利埃驅逐出來的高爾迪爾，被從沙莫爾驅逐出來的阿巴迪 —— 他們都是那裡的胡格諾教堂的牧師。總之，他們這次拜訪了大量被驅逐的牧師，和來自法國所有省分的新教徒移民。

選帝侯建議布魯遜應該趁在柏林的時候，做一下法國新教徒的狀況總結，並做成書面資料，以激起新教徒的統治者們和北部國家的人們對這一事件的興趣，並促使他們提供援手。布魯遜聽從了這個建議，並完成一份書面資料，將它公開出版。這份資料的題目就是「為了上帝的事業，放棄了一切東西的法國新教徒，給其他新教徒的信件，附帶一封給信奉新教的國王、選帝侯、統治者和地方執政官的特別信。」選帝侯以自己的名義寫了一封信，並把它和布魯遜的書面資料放在一起，傳送給歐洲大陸的所有

[14] 德國有權選舉神聖羅馬帝國皇帝的諸侯。 —— 譯注

[15] 安西隆是一位學識非常淵博的人。他的個人圖書室是當地最好的一個，裡面收集的圖書都是經過精挑細選的。在他被從梅滋驅逐出去之後，這個圖書室被耶穌會教士洗劫一空。梅滋現在是德國洛林地區的一部分，在當時，這座城市或許沒有像其他城市一樣受到那麼瘋狂的迫害。但是，在西元 1685 年的耶誕節那一天，當地的居民卻滿懷恐懼。以為發生在聖巴托羅繆的血腥屠殺，即將在他們身上重演，衛戍部隊的士兵們整個晚上都被武力所控制。新教徒們的教堂被全部拆除，牧師們則被驅逐出境，許多人也跟著他們一起到了德國。在梅滋的衛戍部隊裡，有著數不清的信奉新教的士兵。有鑑於此，國王的命令是，和他的其他臣民一樣，這些信奉新教的士兵也必須轉變信仰。許多軍官都辭職了，並轉而效忠於奧蘭治的威廉，還有許多士兵開小差溜走了。為了促使他們轉變信仰而提供的物質上的引誘是這樣的：普通的士兵和龍騎兵 —— 每人 2 個西班牙金幣，騎兵 —— 每人 3 個西班牙金幣。阿爾沙斯地區的新教徒則受到了不同的對待，因為他們構成當地人數的絕大多數。阿爾沙斯地區和斯特拉斯堡地區，都是最近才被路易十四吞併的，因此有必要在那個地區特別謹慎小心，要是採用暴力的話，無疑會在那個省引起一場革命，促使那裡的人們逃往德國 —— 他們說的本來就是德國的語言。由於這個原因，盧瓦只能透過物質引誘而不是暴力行動來達到他的目的；並且他的確是成功地收買了一些非常有威望、非常有影響力的人物。 —— 原注。

信奉奧古斯伯格基督教派（Augsburg Confession）的君主手中。因此，主要是因為選帝侯的從中斡旋，才使得胡格諾教派在德國的幾個州和瑞典及丹麥，獲得了建立宗教集會的權利。

布魯遜在柏林繼續待了將近 5 個月，之後他起程前往荷蘭了解那個國家移民的進展狀況。他在那裡遇到許多自己的同胞。大約有 250 名胡格諾教的牧師逃到荷蘭避難，有不少商人和製造商，在這個國家建立起自己的分支機構和分支企業；還有許多信奉胡格諾教的士兵逃出來之後，轉而為奧蘭治的威廉服務。還在荷蘭的時候，布魯遜大部分時間都是和他的兄弟住在一起，後者是一位被驅逐出境的胡格諾教徒，現在是一名定居在阿姆斯特丹的商人。

在為被迫流亡的胡格諾教兄弟們，做了能夠做的一切之後，布魯遜回到了洛桑，在那裡，他重新繼續以前的工作。他想到了很多仍然留在法國的新教徒的狀況——他們像沒有牧羊人帶領的羊群一樣四處徘徊，被剝奪了思想上的引導、書本和宗教信仰——他們是那些貪婪的狼群的獵物。他突然產生了這樣一個念頭，即那些離開他們的信徒、從法國逃走的新教牧師們的做法是否真的正確，即便這樣做，他們的確可以獲得自身的安全，保全自己的生命。因此，在西元 1686 年，他撰寫並出版了《給那些現在在新教國家的法國牧師們的一封信，商討有關他們自己國家教堂的荒廢和他們自己的流浪。》

在這封信中，他寫道：「假使在迫害者的逼迫下，你不是選擇退卻，而是繼續留在那個國家；假使你躲藏在森林和山洞裡；假使你從這個地方轉移到另外一個地方，冒著生命危險指導和鼓勵人們，重振他們的士氣，直到敵人的打擊帶來的陰影消失；假使你能夠勇敢地面對犧牲——事實上，那些這麼做了的人在你們不在的時候，努力地在履行你們的職責——或許你們發現的這些堅定不移的例子、或者是充滿熱忱的例子、或者是虔誠的例子，可以激勵你們的信徒，使他們重新恢復勇氣，並遏止你們敵人的怒火。」因此，他極力鼓動那些離開法國的新教牧師們，在危險的時候回到信徒的身邊。

這個建議要是真正得到執行的話，無疑是宣判所有的牧師死刑，把他們都推向死亡的深淵。布魯遜不是牧師，他會在每天都有可能被戴上鐐銬和送上絞刑架的危險中，回到法國嗎？那些流亡在國外的新教牧師們，針對布魯遜的這封信為自己進行了強烈的辯護。當時定居在德國的伯諾特針鋒相對地回覆了一封「為牧師們撤退的歷史及其原因辯護」的信件。另外一個沒有署名的牧師，則攻擊布魯遜的指責只是一個宗教狂熱者的囈語，認為他干預了不屬於他職責範圍之內的事情。「你譴責牧師們沒有冒著生命危險回到法國，」伯諾特反擊說，「那麼你自己為什麼又不第一個回到法國去呢？」

布魯遜和他所說的話一樣勇敢。他雖然不是一名牧師，可是他也可以回到那些被遺棄的信徒們身邊，鼓勵他們，並且安慰他們。他再也不能從自己在洛桑的流亡生活中感受到快樂了。在夜晚，他彷彿聽到了被囚禁在康斯坦斯城堡裡的犯人們痛苦的呻吟聲，以及被關押在土侖和馬賽監獄裡，那些人們身上所戴鐐銬的嘈雜聲。他的靈魂在譴責著自己，彷彿在別人遭受痛苦的時候，自己卻在享受夜晚安靜的睡眠是一種罪過。對於他來說，現狀已經變得再也無法忍受，他因此喪失了健康。有一段時間，他的身體糟得不能再糟。但是，在某一天，他突然從床上坐了起來，對他的妻子說：「我必須出發；我應該去安慰那些在殘酷壓迫下痛苦呻吟的弟兄們，去減少他們的苦難，並為他們加油。」

他的妻子跪倒在他腳下，祈求說：「你這樣做等於去送死，請你為我和你年幼的孩子們想一想吧！」她一次又一次地勸說他、懇求他改變主意，留在洛桑。布魯遜熱愛他的妻子和孩子們，不過他認為有一種更神聖的職責，召喚著他離開。當他的朋友們告訴他，這樣做的話，將會被抓進監獄並處以絞刑時，他回答說：「當上帝允許他的信徒們為宣揚福音而死，那麼這種死亡所發揮的教育作用，遠遠要比他們活在人間布道所產生的作用要大。」任何勸說都不能改變他的主意，任何危險都不能使他止步。他將懷著兄弟般的愛，懷著傳道者的信仰，懷著殉道者的勇氣，去幫助那些被壓迫的新教徒們。

布魯遜知道自己即將從事的工作的危險性。正如我們所看到的，在他之前，已經有許多人做了無數的努力，要將新教徒們團結在一起，並透過公共禱告和布道撫慰他們的靈魂。那些從事這項事業的人並不是牧師，只是他們以前所在教堂的私人成員。其中一些人非常年輕，並且都沒有受過一般意義上的、正規的神職教育。伊沙克・威達爾是這些人中間最為成功、最為著名的一個。他是一名瘸腿的年輕人，是塞文山區聖伊海波利特附近的一位機械師。他主動為信徒們舉辦的宗教儀式有非常多人前來參加。在僅僅傳教了 6 個月之後，他就死了 —— 在當時的環境下，他的死亡非常正常，因為在他之後，幾乎所有和他從事相同工作的人，都是先被殘酷折磨，然後被絞死。

我們在前面早就提到過弗爾克朗・雷伊，他在傳教了大約 9 個月之後，也被處死了。在同一年，梅盧埃斯和羅謝爾也被相繼處死，後者曾經是某一個新教教堂的讀經師。伊曼努爾・達爾格斯是塞文山區沙勒城的一個受人尊敬的居民，他同樣也被戴上了殉道者的桂冠。自從「廢除法案」頒布以來，伊曼努爾・達爾格斯就一直在高山和溪谷裡，在樹林中和山洞中，為信徒們宣講福音，致力於把所有他能夠召集到的人們團結在一起。

他是在西元 1687 年被處死的。另外還有 3 個人 —— 格蘭西耶、梅謝爾和埃斯克洛別爾 —— 他們都獻身於傳教事業，被當作奴隸運到美國。此外，還有一個叫大衛・馬札爾的 12 歲小男孩，他有著驚人的記憶力，經常默誦經文，他和父親以及其他經常參與宗教聚會的信徒們，一起被送到中美洲加勒比海的島嶼上。

最終，布魯遜聚集了一群願意和他一起回到法國的胡格諾教徒，他們的目的就是要把新教徒們再次團結在一起，和他們一起禱告，甚至在條件允許的時候對他們布道。布魯遜的夥伴們包括這些人：弗蘭西斯・維文斯，從前是塞文山區的一個校長；安東尼・伯特澤勒，一個木匠，他的兄弟是一個傳教士，最近才被判處死刑；還有另外 7 個人，他們的名字分別是巴普斯、拉・皮埃爾、色雷恩、東伯列斯、布東、班遜和德・布盧克先生，後者是一名年邁的牧師，從前曾經是塞文山區某個教堂的牧師。他們準備在西元 1689 年 7 月分成 4 個小隊，從不同的地方穿越邊境進入法國。

第四章　克勞德・布魯遜的傳奇故事

布魯遜在好友德．布盧克牧師的陪同下，於 7 月 22 日離開洛桑。團體的其他成員已經先於他們穿越了各地的邊界。最後，他們都安全地抵達了目的地 —— 位於法國南部的塞文山區。他們準備在埃古阿爾的附近安頓下來，這是一個很難進入的地區中心 —— 潮溼、寒冷，卻為他們的宗教信仰和躲避當局迫害，提供了良好的容身之地。同時，這個地區四周還被許多小山村環繞，居住在這些山村裡的居民絕大多數都是新教徒。

團體的人數很快就銳減了。年邁的牧師德．布盧克發現：在這個物質匱乏和困頓的山區，他無法勝任工作。他患了病，再也無法四處旅行，因此，團體的其他成員勸說他辭去職務，離開這裡。

當局的迫害則是導致他們人數減少的另一個原因。當奉行另一種宗教儀式的地下團體，重新開始活動的消息傳出去時，當局立刻加派武裝力量到這個地區，並懸賞巨額獎金，要求捕捉團體的首腦人物。士兵們在鄉間巡查，並且在花錢僱傭的奸細的幫助下，很快就成功地抓到了班遜和東伯列，當時這兩個人都在位於塞文山脈的安都賽北部地方的聖保羅城。班遜和東伯列都在尼姆接受了審訊，並被戴上鐐銬施以酷刑，兩個人都是四肢血肉模糊，全身上下沒有一處完整的地方。然後他們被押到死刑執行地，一路上他們祈禱著，大聲唱著讚美詩，以大無畏的勇氣和為信仰而獻身的精神，完成了一生的使命。

當布魯遜剛到達塞文山區時，並沒想過要直接對人們傳道。固有的謙遜使得他不可能僭取牧師的地位和職權。他僅僅會在有需要時，在新教徒的家庭聚會或其他一些小團體活動中，應大家的要求朗讀《聖經》，並發表自己的意見，用自己的感悟勉勵大家。此外，他還把自己長期沉思冥想《聖經》所得出的一些結論抄錄出來，分發給大家，讓它們在人群中廣為傳播。

當發現他的語錄受到人們的歡迎，許多人自動地聚在一起聽他朗讀《聖經》和宣說教義時，布魯遜的內心產生了一股強烈的欲望，這欲望驅使他去擔任這些民眾的公共思想導師，尤其是在當地的牧師一個又一個地由於政治迫害而犧牲時，他就更強烈地想要承擔起這一職責。

當第一次有人向他提出應該成為一名傳道士的建議時，已是布魯遜到達塞文山區將近 5 個月的事了，由於當地的一場大雪，他被困在山中 —— 當時他暫時寄居的地方是一個羊圈。有許多人積極贊成要求布魯遜成為傳道士的提議，維文斯就是其中的一個。維文斯花了許多時間進行個人禱告，尋求上帝對他即將從事的事業的支持。此外，他還在幾次聚會中禱告，這幾次聚會的主要目的，就是要說服布魯遜並使他確信，上帝將很樂意將祂的聖靈澆灌在他身上，並且支持他，使他能夠成為這一偉大召喚的忠實信徒，並為實現偉大的目標而堅持不懈。

布魯遜最終同意並相信了職責和良心呼喚著他，盡自己最大的努力幫助這個山區被壓制和被迫害的新教徒。「同胞們，」當人們聚集在他身旁領取聖餐時，他這樣對他們說：「弟兄們，我從你們的上方看過去，並聽到萬能的主透過你們的嘴向我召喚，要求我擔負起這一重大神聖的職責；我不敢對主的召喚表示不順從。在主的庇護下，我將遵從你們虔誠的心願，把自己的一生奉獻給這一偉大的事業，並將用我生命中所有剩餘的時間，為增加主的榮耀和安慰那些珍貴的靈魂而付出我的辛勞，做出孜孜不倦的努力。」

就這樣，在四周充斥著步槍射擊聲和葡萄彈的轟鳴聲中，在他身邊的弟兄們一個又一個地倒下時，布魯遜接受了擔任塞文山區牧師的職務。他不斷地被那些耶穌會所收買的奸細跟蹤，因為耶穌會教士千方百計地想要逮捕他，置他於死地。同時，不管他到哪裡，都會被國王的龍騎兵所追蹤，即便他流浪到最荒涼、最沒有人跡的地方，他們也不會放過他。

在他被正式授予神職之後沒幾天，他所從事的職業的危險性就表現了出來，因為他的同事奧利弗．蘇威勒被抓了，逮捕的理由是因為他在聖．讓．加德隆格當眾向人們宣讀福音。奧利弗．蘇威勒立刻被押送到蒙彼利埃，並在西元 1690 年 1 月 15 日被處以死刑。

在同一年，塞文山區的另一位牧師杜馬斯也被逮捕，並被龍騎兵捆在一匹馬上，以便押往蒙彼利埃。由於路上非常顛簸，杜馬斯的腸胃受到了很大的損害，同時這種恐怖的押送人犯的方式，也使得他的四肢都被撕裂了，因此，在還沒有到達慣常的殉難地之前，杜馬斯就在半路喪失了生命。

接著發生的就是大衛．瓜特被處死。大衛．瓜特也是一名被當局追蹤的牧師，他在塞文山區已經流浪了好幾年。他先是被車輪碾碎，然後被處以絞刑。負責對他執行處決的盧弗勒雷爾說：「刑罰雖然碾碎了他的骨頭，卻不能碾碎他那顆堅強的心：他死於他所信奉的異教。」在大衛．瓜特之後，當地的一個市民班勒梅爾先生，在伯盧以相同的方式被折磨並被處死。

就這樣，在布魯遜開始從事他在塞文山區的危險事業的第一年，所有的這些人都被帶走、被處死、被毀滅、或者是被監禁。

大約是在同樣一個時間，有 3 名婦女被國王的總督巴維爾逮捕，並被判處刑罰。這 3 名婦女之所以被抓，是因為她們到那些貧困的新教徒的家中，從事精神指導的工作，為他們讀《聖經》，並且和他們一起禱告。其中的伊沙貝．勒德西爾年僅 18 歲，瑪麗．林達特比她還小一歲，她們兩個人都是農民的女兒。這兩個人在尼姆被帶到巴維爾的面前。

「什麼！難道妳們真的是傳教士中的一個嗎？」巴維爾問勒德西爾。「大人，」勒德西爾回答說，「我規勸我的弟兄們不要忘記他們對上帝的職責，當條件允許的時候，我在祈禱中為他們尋求上帝的幫助，若是您將這種行為稱之為傳教的話，那我的確是一個傳教士。」「但是，」省長說，「妳應該知道國王陛下禁止這種行為。」「是的，大人。」女孩回答說，「我完全知道這件事，不過，國王們的國王，天上人間無所不在的上帝，祂要求我們這樣做。」「妳應該被判處死刑。」這是巴維爾的結論。

最終，省長給了這個女孩更殘酷的命運。她被宣布在康士坦斯城堡裡監禁終身。在這個城堡裡，到處迴蕩著婦女們的抽噎聲，大多數的婦女被戴上了鐐銬，她們由於順從自己良心的指引信奉上帝，而不得不在那裡度過悲慘的一生。

與勒德西爾的命運相似，林達特也被宣判在索緬勒斯城堡監禁終身，並且被認為是死於那裡。但是，沒有任何確切的消息，知道她到底是什麼時候死的。當一個婦女被抓走，並被監禁在國王的某一座陰森恐怖的城堡裡時，她的朋友們就對她的生命喪失了希望，認為她澈底消失了。同時被抓走的第三個婦女安娜．蒙特喬伊受到了更為殘酷的對待。她之所以被抓，是因為被發現在一次新教徒的祕密聚會中服務。當局徒勞地要求她發誓放棄自己的信仰，在失敗之後，宣判了她死刑，並當眾執行。

在被正式授予神職之後不久，布魯遜就從塞文山脈北部地方撤離了，因為在那裡對新教徒的追捕變得越來越瘋狂。他轉移到了附近的村莊和平原，但即便是在這些地方，他也有保持高度警惕的必要。因為駐紮在朗格多克省的騎兵數目大量增加，使得他們有能力經常巡邏整個省，並且當局還明文公布花多少金錢收購布魯遜的腦袋，這更增加了龍騎兵搜尋這位逃跑牧師的積極性。

布魯遜通常由胡格諾教的朋友，提供龍騎兵巡邏的方向，搞清楚龍騎兵的去向，一龍騎兵離開之後，他們就利用這個空隙匆忙召集信徒聚會。這些聚會都在很隱祕的地方舉行 —— 諸如山洞或是岩石的凹陷處等等。聚會的時間一般都定在晚上，他們會在聚會地附近的樹上點幾盞燈，以便照明。哨兵們分布在臨近地區巡邏，所有的路口都有人站崗。聚會結束之後，人們朝不同的方向散開，而布魯遜則立即離開這裡到另外的地區，他通常在夜晚趕路，以躲避龍騎兵的盯梢。透過這種方式，他每週可以主持三到四次聚會，此外，在安息日他還主持兩次聚會 —— 第一次是在早上，第二次是在晚上。

有一次，聚會在位於尼姆和安都塞中間的布瓜南舉行，布瓜南屬於加登地區。在這次聚會中，一個信奉新教的貴族也參加了 —— 這位貴族是最近才改變信仰的，為了保留他的財產，他宣誓放棄自己的宗教信仰。在整個儀式進行的過程中，這位貴族都站在傳教士附近。當時恰好有一位被當局收買的奸細也混在這次聚會中，他馬上把這個消息報告上級。儘管這位信奉新教的貴族的名字無法查出來，但是省長並不就此甘休，為了恐嚇其他的聚會參與者，省長下令抓走附近地區 6 位主要的土地所有者 —— 雖然他們中有幾個人從來沒有參加過任何類似的聚會。除了把他們的財產全部充公以外，這 6 個人中的兩個被押往監獄，另外的 4 個則被宣判在里昂接受終身監禁。

由於這些接踵而來的事件，布魯遜現在感到他給朋友們帶來了太多麻煩，害他們陷入極其危險的境地。出於對朋友們安全的考慮，布魯遜又一次開始設想離開法國。龍騎兵殘酷地鎮壓那些信奉新教的人們，他們駐紮在當地居民的家中，毫無顧忌地掠奪他們的財產，並任意敲詐當地的居民。同時，他們還對新教徒的祕密聚會繼續保持高度警惕，一刻都不放鬆搜尋。一旦有什麼風吹草動，他們就會在事先安插在人群中的牧師或奸細的帶領下，趕到那些即將有祕密聚會的地方。除了絞死那些被發現參與聚會的人以外，他們的主要目標是抓傳教士們，尤其是布魯遜和維文斯。他們相信只要這兩個人被抓住並被做掉以後，鄉間的秩序就會好得多。

布魯遜知道自己可能隨時會被逮捕並被送進監獄，長期以來他一直在思考這樣一個問題，即當龍騎兵真的來抓他時，他是否應該反抗。開始的時候他還隨身帶了一把劍，但最終放棄了佩帶武器，決定澈底地把自己的命運交給天意，由上帝來決定他的生死。同時，他還要求所有那些出席由他主持聚會的人們不要佩帶武器。

在這一方面，維文斯的做法顯然和布魯遜不同。維文斯認為用暴力來對抗敵人的暴力是正確的，並且萬一龍騎兵隊真的來抓他的話，他覺得隨身攜帶武器將會方便得多。然而事實上，他只在一個場合使用過武器，這是他第一次使用武器，同時也是最後一次。由於當局懸賞 10,000 里弗爾逮捕布魯遜和維文斯，或者是 5,000 里弗爾逮住其中的任何一個，因此在重賞之下，整個省都展開了積極的搜捕活動。最終當局掌握了維文斯的行蹤，因為維文斯的一個很有名的追隨者瓦爾德龍被抓了，並被上了鐐銬，在嚴刑拷打下，他吐露了維文斯藏身的地方。一隊士兵按照他的招供前往搜尋，並發現維文斯和另外 3 個人躲藏在阿萊山脈地區附近的一個山洞裡。

當士兵們到達山洞的時候，維文斯正在禱告。在感覺到不對勁之後，他的手立刻拿起了槍。當士兵們向山洞喊話，要求他們投降時，維文斯射出了一顆子彈，此刻他並不知道對手的確切人數。接著他又連接開了兩槍，每一次都射死了一個士兵。如此他就暴露了自己所在的位置，最後被一陣亂槍射中，倒地而死。山洞中的另外 3 個人和士兵們對抗了一會，對士兵們要求投降的喊話置之不理，於是外面的士兵答應，若是他們投降，一定會饒了他們的性命。這 3 個人懷著對迫害者的絕對信任、忠誠和堅毅，相信了士兵們的話，並投降了。但事實證明他們被欺騙了，士兵們違背了自己的諾言，幾天之後在阿萊山脈地區把這 3 個人都絞死了。維文斯的屍體被帶到這 3 個人身邊。省長對維文斯的屍體進行審判，宣布拖著他的屍體遊街示眾，然後把屍體燒為灰燼。

在塞文山區兩年的流浪和傳教生活中，由於極度勞累和物質上的匱乏，令布魯遜的健康受到很大的損害，身心憔悴。他不僅希望當地的人們能在高壓統治中喘一口氣，還希望可以給自己放一個假，以便放鬆一下。對他來說，短暫地放鬆一下是絕對必要的。因此，他來到了尼姆，這是他的出生地，當地的許多人都認識他。在那裡，要是人們想出賣他，他們可以輕而易舉地得到 5,000 里弗爾的賞金。不過由於新教徒彼此之間有著很深的信任，所以布魯遜感到他在同鄉中非常安全，就跟他最後兩年時間待在塞文山區的山地人中一樣安全。

很快地，布魯遜隱居在尼姆的消息就傳到了那些搜尋他的龍騎兵的耳中，接著就傳到了省長的耳中。於是，一場新的追捕活動又展開了。在搜查的過程中，在格恩先生家發現了一封有布魯遜親筆署名的信。格恩先生是一名年邁的牧師，他從瑞士退休後，就到尼姆繼續他的教職，因為他認為這項職業比較適合自己。由於在他的家中發現布魯遜的親筆信，格恩被逮捕了，並被帶到省長面前。他被宣判處決，並被押送到蒙彼利埃，在那裡，他結束了自己 70 歲的生命 —— 當他就義的時候，鑼鼓跟以往一樣喧鬧不休，沒有人能夠聽清他的臨終遺言。格恩在尼姆時所住的房子被夷為平地，當局以此來懲罰房屋的主人，因為他為格恩這個異教徒提供了容身之地。

在尼姆停留了一個月之後，布魯遜的朋友們催促他趕緊離開這座城市。他成功地越過邊界，回去重新繼續他以前的工作。他的第一次聚會是在加登的一個很寬敞的地方舉行的。這個地方位於瓦能斯、布里隆和聖·莫里斯·尼姆之間，離尼姆大約 10 英里。儘管出於避免當局大規模的逮捕活動的意圖，他只要求臨近地區的新教徒們參加這次聚會，實際上卻有不少人從烏澤斯和尼姆趕來參加聚會，再加上從塞文山脈北部地方的 30 個村莊裡連續不斷趕來的人群，使得這次聚會的規模大大擴大。宗教儀式大概從早上 10 點鐘開始，直到半夜都還未結束。

從四面八方湧來的人群規模是如此龐大，導致國王的士兵們很快就探聽到了這次聚會的消息。因此，他們在深夜飛速地騎馬趕往聚會的地點，但直到聚會解散的時候，他們才到達那裡。有一隊士兵悄悄地埋伏在灌木叢中，那是參加聚會的新教徒們返回烏澤斯的必經之地。他們收到的命令是「讓那些參加異教徒非法聚會活動的人付出血的代價」。當回家的人群走近時，士兵們開了槍，射死和射傷了幾個人。此外，他們還逮捕了大約 40 個信徒，其中的男人都被送往監獄終身監禁，婦女則被押送到位於卡爾卡升的拘留所 —— 因為當時康士坦斯城堡人滿為患，無法再容納更多的犯人。

在這次事件後，政府當局變得更加迫切地想要抓到布魯遜。他們在全國各地發布通緝令，並把逮捕布魯遜的報酬一增再增，以此引誘人們。他們另外又特派了 6 隊士兵，專門負責追蹤布魯遜的去向，搜尋烏澤斯和阿萊山脈之間的每一片樹林，並仔細查找每一個山洞。好在每一次，布魯遜的朋友們都及時地向他通知有危險逼近，使得他能夠安全地逃離危險地，轉移到另外的地方。

儘管如此，敵人還是越逼越近，好幾次他都差點被抓。一天早晨，由於前天晚上露宿在野地裡，在冬天的冷雨和寒風中煎熬了整個夜晚，布魯遜準備潛入某個村莊烘乾衣服，突然他發現了一隊士兵。他躲在灌木叢中避開這隊士兵，在那裡，他又看見另一隊士兵從他躲藏的灌木叢前經過，離他藏身的地方沒幾步遠。這些士兵們分成 4 個小分隊，分散到各個方向進行搜查，其中的一隊士兵被派往搜查布魯遜本來想進入的那個村莊，他們搜遍了村子裡的每一間房子，如果布魯遜已經進入那個村莊的話，後果自然是可想而知了。

新教徒們的第二次聚會，是在離尼姆西部大約 8 英里的索緬勒斯舉行的。當士兵們趕到的時候，已經太晚了，他們沒辦法破壞這次聚會。但是，他們看到了一些參加完聚會回家的信徒。其中有一名老婦人被看到剛從聚會的地點離開，因此士兵們在她走回自己的村子時開槍射擊。當這位老婦人掙扎著想要站起來時，其中的一個士兵拿起自己的槍托，使勁地砸在她的腦袋上。

塞文山區那些被追捕的牧師們一個又一個地犧牲了。伯納德．聖．保羅是一個年輕人，他曾經有一段時間實習過傳教士的職務，西元 1692 年他被處決了。他的一個兄弟都．伯隆在同年也被處決，因為他不願遵從天主教的教義，寧願為此而獻出自己的生命。第二年，保羅．科勒拉克也被處決了，他在馬塞拉格被車輪碾碎四肢 —— 就在馬塞拉格附近，他主持了他一生中最後的一次宗教儀式。在致命的一擊發生前的幾個小時內，科勒拉克的胳膊、大腿和腳都被鐵絲勒得支離破碎，鮮血淋漓。他以大無畏的英雄氣概忍受了所有這些折磨。當他英勇就義的時候，年僅 24 歲。他從 20 歲的時候開始從事傳教活動，到最後犧牲時，僅僅為自己所熱衷的事業奮鬥了 4 年。

布魯遜的健康狀況每況愈下。他的足跡曾經出沒過的每個地方都受到了嚴密的監視，因此他經常得在岩石的窟窿裡或是灌木叢中過夜，忍受風吹雨淋 —— 有時候他甚至不得不和一隻野狼爭奪棲息的山洞。他經常發現自己因為飢餓而頭昏眼花，或者是沒有得到充足的睡眠或休息，而感覺隨時都有可能死去。儘管如此，即便是在最危險和最困苦的時候，他都一直惦記著那些追隨他的人們，並願意為他們永恆的幸福而努力奮鬥。

由於布魯遜無法面見所有渴望聽到他親自傳道的人們，因此他把布道的一些主要內容用文字寫了出來，以便它們可以在人群中傳閱。亨利·布東是布魯遜僅存不多的、從最初就伴隨他從瑞士來到這裡，並且沒有被龍騎兵抓去的幾個朋友之一，由他負責代替布魯遜為那些信徒們主持聚會，並宣讀由布魯遜專門為他們準備的布道內容。

為了隨時可以將布道內容寫下來，布魯遜隨身帶著一塊小木板，他把它稱之為「荒漠中的書桌」。只要將這塊木板放在膝蓋上，他就可以工作了，當然，大多數時候都是在灌木叢中或者是山洞裡。他抄錄了 17 份布道內容，並把它們送到路易十四那裡，以便向他表明「他在沙漠中傳道的內容，除了上帝的意思外，沒有任何別的東西；並且他只是勸誡人們要服從上帝，為上帝增加榮耀。」

這些布道內容很快就於西元 1695 年在阿姆斯特丹公開出版，並被加上了這樣一個標題 —— 「沙漠中神祕的精神食糧」。人們可能會以為，在遭受了這麼多年的殘酷迫害後，他們的心中應該會充滿對這個世界的譴責和仇恨。但事實剛好相反，他們的心中充滿的只有愛。只有當他責備自己的聽眾，對他們的宗教信仰和他們的上帝，不再保持忠誠時，布魯遜的話語才會像烈火那樣燃燒。

最終，由於敵人的怒火是如此熾烈，再加上布魯遜的健康狀況實在令人擔憂，布魯遜又一次考慮是否應該離開法國。常年累月地在野外受凍，讓他的肺受到很大的損害，嗓子也壞了，再也無法堅持布道。此外，他還聽說留在洛桑的家人們需要他的幫助。他唯一的兒子已經長大了，需要接受教育。或許布魯遜已經太久地忽略了自己的家事，儘管他對妻子的謹慎持家和細心周到有著完全的信心。

因此，大約是在西元 1693 年末，布魯遜開始為離開塞文山區做安排。他從 12 月初出發，並在兩個星期之後達到洛桑。此時他已經為自己的神聖職責和特殊使命，在危險的環境中奮鬥了 4 年又 5 個月。當他到家的時候，整個人就像剛從死亡線上掙扎回來似的。他的健康受到了如此大的損害，導致這個臉色蒼白、憔悴不堪、身上滿是日晒雨淋痕跡的男人站在妻子面前時，她幾乎認不出這是自己的丈夫。事實上，他看起來就像是一堆殘骸。

布魯遜在瑞士待了大約 15 個月，在這期間，他在胡格諾教派的教堂裡布道；寫了許多和布道有關的信件和教義；並且，當他的健康狀況有起色時，他又一次開始了前往外國的旅行。他首先前往荷蘭，當他剛抵達那裡時，就得到了巴普斯被施以殘酷的刑罰後，在蒙彼利埃的刑場被處決的消息。巴普斯是他的朋友，6 年前他曾經陪伴布魯遜到塞文山區傳播福音。現在，那些最初陪伴他的朋友已經所剩無幾了。

在聽到巴普斯英勇就義的消息後，布魯遜在寫給一位追隨者的信中這樣說：「巴普斯肯定犧牲好幾天了；由於他不可能在限定的時間外再延長自己的生命，那麼怎麼樣才能使得他生命的最後時刻更加幸福、更加光輝呢？他不屈不撓的精神，他溫和的脾氣，他的耐心，他的謙遜，他的信仰，他的希望，還有他的虔誠，影響了所有的人，甚至包括審判他的法官，和那些卑鄙地誘捕他的虛偽牧師，還有逮捕他的士兵和所有那些目睹了他就義過程的人們。再也不可能有比他的殉道更能打動人心的布道了；我一點都不懷疑他的犧牲將結出豐碩的果實。」

當他待在荷蘭的時候，布魯遜利用機會在阿姆斯特丹印刷出版了他的布道和許多牧師的信件。在此之後，他繼續前往英國訪問那些日益減少的胡格諾教派朋友。他還希望能夠透過一些私人的問訊，打聽一下把數目越來越多的法國移民 —— 當時他們都暫時寄居在瑞士 —— 運送到英國定居的可行性。在倫敦，他遇到了許多來自法國南部的朋友 —— 他們都是當地的牧師，其中包括來自尼姆的格拉維勒爾，來自蒙特班的沙杜爾，以及來自蒙彼利埃的 4 名牧師 —— 兩個杜伯迪和兩個伯多 —— 他們都是父親和兒子的關係。布魯遜曾經在土魯斯的法院裡，為這兩對父子辯護。此外，他還遇到了來自卡斯特爾的拉．古赫和來自里昂的德．于克迪，以及來自蒙特雷東的魯西安和來自聖．甘登的梅斯達耶爾。所有這些人都以身為胡格諾教派所屬教堂的牧師定居在倫敦。

在英國僅僅待了大約一個月之後，布魯遜就被召回荷蘭，在他沒有事先請求這個職位的情況下，他被任命為位於海牙的瓦盧恩教堂的傳教士。儘管他的工作非常輕鬆 —— 因為他有幾個同事可以幫助他處理公務 —— 並且薪水足以維持他的開支，因為他畢竟是生活在一個需要用錢的社會中，他的妻子和家庭都需要用錢 —— 然而布魯遜很快就在這麼安逸的環境中變得不安起來。他仍然惦記著那些「生活在沙漠中」被遺棄的胡格諾教徒，他們沒有老師，沒有牧師，沒有任何精神上的支持。

當他開始從事牧師的職業時，他曾經發誓要把自己的時間和精力，花在支持和幫助那些受苦受難的胡格諾教徒身上；然而現在他卻安逸地生活在外國，遠遠地離開了那些他認為應該為之提供服務的人們。這些想法時常在他的腦海裡迴旋，使得他的精神非常痛苦；最終他在新工作崗位上，不能獲得任何心靈的平靜和內心的滿意了。因此，在海牙的教堂裡僅僅服務 4 個月之後，布魯遜決定放棄這份職務，他要為在法國的那些遭受鎮壓和痛苦折磨的本國胡格諾教徒奉獻自己。荷蘭政府在得知他即將從事的新工作的危險性和了解他的自我犧牲精神後，同意即便在他辭職的情況下，仍然為他保留瓦盧恩教堂傳教士工作的那份薪水，並將它付給他的妻子，後者自此之後就定居在海牙。

布魯遜決定從北部進入法國，並且去訪問那些他從未涉足的地區。出於這個目的，他請了一位嚮導，把自己的行程交給他去安排。在當時，由於新教徒們不堪忍受當局的迫害，紛紛逃離法國，並且這種狀況一直持續了許多年，因此有許多人就以嚮導作為自己的職業，他們不僅為那些逃離法國的新教徒服務，也為那些進入法國的人提供服務。這些為祕密潛入法國的新教牧師們提供服務的嚮導，都是滿懷熱忱和勇氣的壯士 —— 他們非常忠誠，並且將自己的生命置之度外 —— 此外，他們還對法國這個國家極其熟悉。他們知道這個國度裡所有的森林、淺灘、山洞的分布狀況，以及一路上有哪些地方可以提供天然的躲避場所。他們沿著山脈、懸崖、小道以及沙漠，精心設計了迂迴的路線。此外，他們還知道城鎮和村莊裡哪些人家比較可靠，在哪些人家胡格諾教徒可以放心地休息和過夜。他們還認真研究過怎樣化裝成不同的身分，並針對各種身分準備了相應的話語和回答，以便應付各式各樣的盤查。

布魯遜所僱傭的那位嚮導叫作詹姆士．布盧曼 —— 他是一名年老的胡格諾教徒，以從事商業為生，在大清洗運動中曾被驅逐出境，現在的職業則是護送胡格諾教派的牧師們返回法國，並護送那些信仰胡格諾教派的男子、婦女和小孩逃離法國。[16] 布魯遜和他的嚮導大概是在西元 1695 年

[16]　有關這些逃離狀況的具體描述，可以參見作者的另一本著作《胡格諾教徒：他們在英國和愛爾

的 8 月末出發。他們途經列治，並往南旅行，在穿過了阿爾德勒的森林後，在色丹附近進入法國。

色丹在近代史上，以法國曾經在這裡遭受一次非常巨大的挫折和屈辱而著名，然而在大約兩個世紀以前，這裡卻是一個非常繁榮的地方。這座城市是新教徒的一個文化中心，此外，還有相當多的由新教徒創辦的工業也集中在這裡。法國最知名的四大胡格諾教派學院之一，就坐落在這裡。這所學院在大清洗運動發生不久前的西元 1681 年遭到了鎮壓，學院的主要導師貝勒、阿巴迪、巴斯納治、布拉治以及朱利爾都被驅逐出境。學院原先的校舍和建築物都被耶穌會教士占據了 —— 後者是胡格諾教派的死敵，兩者不共戴天。

與此同時，色丹還是著名的羊毛製品工業基地，這裡的羊毛製造業最初是由信奉新教的弗萊芒家族創立的。除了毛織品之外，這裡還生產武器、耕作的農具以及各式各樣的鋼鐵製品。[17]

在大清洗運動中，新教徒們收拾起他們的工具和財產，匆忙逃離了邊境，他們在低地國家定居下來，在那些國家，他們可以安全地開展工業生產，發展自己的事業。經過這一番洗劫後，色丹從此衰敗了，並且一直默默無聞，直到我們所生活的當代，由於各地的旅遊者們想看看這個偉大的法國軍隊曾經投降的地方，這裡的狀況才稍有改變。當布魯遜抵達色丹的時候，殘留下來的新教徒們，大多居住在基萬勒和戴里近郊的鄉村裡。他訪問了幾個新教徒家庭，並主持了幾次祕密的宗教儀式，然後他就被勸說

蘭的村落、教堂以及工業》。 —— 原注

[17] 在色丹，有 80 到 90 家專門生產寬幅細毛織品的廠家，它們為超過 2,000 人提供了就業機會。這些生產寬幅細毛織品的工廠，以及其他生產鋼鐵製品的工廠，都在大清洗運動中澈底被毀了，所有信仰新教的技師和工程師不得不背井離鄉，他們大多都在荷蘭和英國重新定居下來。 —— 原注

於某個晚上，到色丹附近一個隱祕的地方去布道。

然而，這次聚會的消息卻被報告到當局那裡。於是，省長立刻命令搜捕這位宣傳異端邪說的傳教士。一隊士兵在奸細的指引下，在第二天早晨包圍了布魯遜睡覺的房子。他們首先抓住了嚮導布盧曼，並認為從這位嚮導身上，必定能夠打探出布魯遜的下落。接著他們在整間房子裡翻箱倒櫃，想搜出傳教士攜帶的書本。布魯遜一聽到士兵進來的聲音，立刻藏在門後，但是這扇門很小，幾乎無法遮住他的全部身體。

在房屋周圍四處設崗哨，洗劫了裡面的每一個房間，並把屋裡的東西都弄得亂七八糟之後，士兵們離開了；這時有兩個孩子看到了布魯遜露在門下面的腳，其中的一個就去追趕帶隊的軍官。並向他大聲叫喊，同時用手指著自己後面，「這裡，先生，看這裡！」好在那位軍官沒有聽懂孩子的意思，自顧自地帶著士兵走了。於是，布魯遜又一次僥倖逃脫了。當天晚上。布魯遜把自己化裝成一個販賣梳毛器的商人，肩頭背這一個包裹，和另一位嚮導一起出發了。他訪問了許多能夠找到新教徒的地方——諸如香班、皮卡第、諾曼第、勒維拉以及勃根第等等。此外，他還拜訪了巴黎附近的幾位朋友。

我們在這裡不可能詳細描述他旅途上的所見所聞，和所經歷危險的每一個細節，但是下面的一段話，是摘錄自他給一位荷蘭朋友的信件，透過這段話，或許我們可以對他的經歷有所了解。在信中他是這樣說的：「我可以向你保證，我在旅途上所經過的每一個地方，我都看到了可憐的人們為他們所犯的錯誤後悔莫及（諸如參加羅馬天主教的彌撒儀式等等）。

「他們日夜哭泣，在困境中渴望得到上帝的仁慈和福音的安慰。他們的迫害者每天壓迫他們，用各式各樣的苛捐雜稅壓榨他們的血汗；不過那些羅馬天主教中比較有眼光的人士承認：殘酷鎮壓和不公平對待這麼多無辜的人們，使得整個帝國充滿了悲慘和不幸。的確有不少人在懷疑上帝是否會遺棄祂的子民，讓他們永遠在邪惡中掙扎，總有一天，上帝會對這個不寬容的、傲慢的國家施以最殘酷的懲罰，因為這個國家拒絕真理的存在，並且蔑視世界末日的審判。」

在布魯遜忙於橫穿法國的危險旅程的這 12 個月中，他在塞文山區又有兩個朋友英勇就義了 —— 拉·波特死於西元 1696 年 2 月 7 日，亨利·格林則死於同年的 6 月 22 日。兩個人在致命的一擊前，都是先被放在車輪下活活地碾碎。

將近年底的時候，布魯遜到達了巴塞爾，他從那裡繼續前往拜訪分布在瑞士各行政區的朋友，然後順著萊茵河回到荷蘭，和在海牙的家人團聚。

在當時，剛好各個同盟國的代表聚集在里奇威克舉行會議，路易十四的代表熱衷於和平。布魯遜和其他待在荷蘭、從法國逃離的流亡牧師們做了很大努力，希望會議能夠關注法國的新教徒受到迫害的這一事件。可是路易十四不能夠容忍這種干涉。他建議以自己的方式處理異教徒，「我不敢，」他說，「對威廉三世統治自己臣民的方式指手畫腳，相應地，我也希望能夠有同樣的自由，決定如何統治我的國度。」

由於發現不可能指望通過里奇威克條約 —— 這條約很快就簽訂了 —— 為他的追隨者們謀求境遇的改善，布魯遜最終在西元 1697 年 8 月準備第三次前往法國。儘管他的妻子對這一決定非常傷心，布魯遜還是出發了。他的妻子擔憂這可能會是他的最後一次旅行，而後來的結果證明，她的感覺果然沒錯。在布魯遜寄出的、安慰妻子的一封信中 —— 這封信大約是在 12 月中旬寫的，當時布魯遜正由於大雪封山而滯留在某個遙遠的山村 —— 他說道：「我現在還不能具體地開展工作，上帝之所以要我受苦是因為要我蒙恩；但是，我所從事的一切，是那麼多可憐的人們尋求精神安慰的泉源。

「倘若妳不對人提到我在哪裡的話，對我將方便得多，否則我又會被跟蹤。看起來我可能有一段時間無法寫信給妳了；可是我的一言一行都會遵照我內心的上帝指引，並且我在這裡重複指出，即便有再多的金錢，也無法改變我為上帝服務的決心，無法讓我不像現在這樣為祂的神聖使命受苦。」[18] 當冰雪融化得差不多的時候，布魯遜逃離了阿爾卑斯山附近的多菲內地區，他曾經在那裡躲藏了一段時間。然後，他就橫穿大陸，前往維維勒地區，一路上花了不少時間，受了不少苦。在維維勒他聽說了杜·布隆家的第三個兒子犧牲的消息。他也跟其他人一樣，先被車輪碾碎，然後在蒙彼利埃被處決。

在以後的 9 個月裡，布魯遜都在東北部的一些省分，如朗格多克（尤其是塞文山區和維維勒地區）、奧蘭治和多菲內活動。他在新教徒中喚起了如此大的熱情，以致許多人不辭辛勞，從很遠的地方趕來參加他主持的聚會。因此，奸細們（他們往往假裝是新教徒）很快就知道了他在附近的地區的，並立刻把這個消息通知省長和他手下的軍官。

當時對新教徒的迫害已經越來越殘酷。在羅馬大主教的命令下，新教徒們被強迫去參加彌撒，四周則是佩帶武器的龍騎兵，他們虎視眈眈地在旁邊監視。那些拒絕去做彌撒的商人所經營的商店都被勒令關閉，他們的房子裡也到處都是士兵。「士兵或者民兵，」布魯遜對荷蘭的一個朋友這

[18] 下面是布魯遜的肖像畫，提供給奸細和警方以便辨認：「布魯遜是一個中等身材的人，相當瘦削，年齡大概在 40 到 42 歲之間，鼻子很大，膚色黝黑，頭髮是黑色的。」 —— 原注

樣說，「他們經常進行駭人聽聞的掠奪，在房子裡翻箱倒櫃，把任何一件可以賣的東西都搬走，這些東西通常都被那些羅馬天主教的神父們，以非常低廉的價格買走。在把可以拿的東西都搬走之後，他們就瘋狂破壞房子裡剩餘的物品，將它們燒掉或者是砸碎。當那些受損失的人們好不容易將房子整理回原狀，以為他們從此可以太平過日子的時候，新的一輪洗劫和破壞又開始了。因此，許多人在這樣的逼迫下，不得不哭泣著去參加彌撒，同時在內心裡譴責自己的軟弱。不過，也有許多人保持堅貞不屈的態度，還有另外一些人則逃離了這個國家。」

當總督巴維爾於西元 1698 年 8 月末，得知布魯遜在他的行程中已經到達了尼姆附近地區時，他的怒火又熊熊燃燒了起來。他立刻下令懸賞重金收購布魯遜的人頭。然而，在朋友們的幫助下，布魯遜順利地進入尼姆地區，並安全地找到了藏身之地。但是，他還是犯了一個致命的錯誤，他居然粗心地在那裡郵寄了一封請願書給國王，由於請願書上有他的親筆簽名，這無疑是告訴那些奸細他的行蹤所在，於是他們又開始了新一輪的追蹤。離開這座城市之後，布魯遜在距此不遠的一所房子裡暫時躲避風聲，可是奸細們很快就探聽到他的確切所在地，並把這個萬分重要的消息報告省長。後來，士兵們立刻包圍這所房子，並闖進屋裡澈底地搜索。

因為情況緊急，房屋的主人僅僅來得及把布魯遜藏到一口井裡，在這口井的底部，有一個小小的凹壁，布魯遜可以在那裡暫時容身。士兵們有十多次朝這口井裡探頭，但每次都看不到什麼東西。在搜遍了整所房子之後，他們發現布魯遜既不在房間裡，也不在煙囪裡，也不在廁所裡。因此，唯一的可能是他藏在這口井裡。一個士兵爬到了井裡以便搜查。他由繩子縛著，爬到距離井水很近的地方，並用手四處摸索。可是什麼東西都沒有！由於覺得非常寒冷，並且希望能夠儘快被拉回地面，因此他對同伴們喊道：「這裡什麼東西都沒有，把我拉上去吧！」於是他被拉回到地面，而布魯遜又一次得救了。

由於整個尼姆地區都充斥著奸細，他們到處追蹤新教徒，阻撓新教徒的聚會，因此布魯遜決定轉向西部，到盧爾治、貝·德·弗瓦以及比格勒地區，去訪問那些分散的新教徒們，此外，他還想一直向前到比爾恩，在那個地區有一部分剩餘的胡格諾教徒仍然堅持活動，儘管當地的龍騎兵時不時地會來騷擾。布魯遜在奧伯倫落入一個奸細的圈套，這個奸細剛好和布魯遜的一個新教徒朋友的名字相同，布魯遜寫給這位朋友的信便落到這個奸細手中。這個消息被報告給當局，於是布魯遜被逮捕了。他沒有做任何反抗，並且毫不猶豫地承認自己就是布魯遜。

當朱達斯這個出賣布魯遜的奸細，到奧伯倫省的監督官貝隆先生面前，要求領取抓到布魯遜的獎賞時，貝隆先生怒斥道：「天哪！難道你在看到這個被你用他的鮮血來做交易的男人時不臉紅嗎？趕快滾開！我不能容忍你的存在！」

布魯遜被送到波城，他在那裡被關押在弗瓦克斯城堡，這個地方曾經是法蘭西南部文藝復興運動的中心——喀爾文（John Calvin）曾經在那裡傳過教，讓勒·達伯雷曾經生活過，而亨利四世則在那裡出生。

接著，布魯遜又在龍騎兵的押送下，從波城被押往蒙彼利埃。到達土魯斯後，他們取道朗格多克省那條剛剛開鑿不久的運河。到達索梅爾時，已經是晚上了。布魯遜看到所有的士兵都是昏昏欲睡，他卻一個人在岸邊徘徊，以便保持清醒。不過他曾經對比姆的監督官發過誓，後者允許他可以不戴鐐銬自由行動，前提是布魯遜不得企圖逃跑。在阿加德，有一支由100名士兵組成的特遣隊在那裡等著，專門負責把犯人押送到朗格多克省的總督巴維爾那裡。西元 1698 年 10 月 30 日，他被關進位於蒙彼利埃的大牢裡。

巴維爾對布魯遜的個性非常了解——包括他的和平主義、他的虔誠、他的自我犧牲精神以及他廣闊的胸懷。據說他在某個場合曾經評論說：「如果不得不審判那個男人的話，那將是一件非常痛苦的事。」然而現在這個時刻卻到來了，布魯遜將接受巴維爾和宗教法庭的審判並被處以刑罰。事實上，這次審判不過是一場鬧劇，因為不管怎樣，布魯遜的所作所為已經注定了他必須被處死，審判不過是走走過場而已。

法庭對布魯遜的指控是：他違反了國王的禁令，在法國進行傳教活動。對此他坦然承認了。但是，當法庭追問他為哪些人主持了聖禮時，布魯遜堅決拒絕回答。因為他既不是一個叛徒，也不是一個告發自己同胞的人。此外，他還被指控為試圖把一支由馬歇爾·熊伯格將軍指揮的外國軍隊引進法國。面對這個指控，布魯遜反駁說純屬捏造，沒有任何事實根據，因為在他所有的職業生涯中，他一直都是一個崇尚和平的人，並且希望僅僅透過和平手段爭取上帝的追隨者。

他的辯護沒有產生任何效果。因此，他被宣布先押上拷問臺，然後轉動輪子拉扯四肢，最後接受處決。布魯遜沒有任何顫慄地接受這個審判結果。他被縛在拷問臺上，可是當他拒絕譴責同胞時，他又被從拷問臺上放了下來。幾個羅馬天主教神父和男修道士輪流說服他改變自己的信仰，從而把他列入「新近轉變思想的人物」之一。但是他們所有的努力都是徒勞無功的。最終，他們不得不在執行死刑的公共場所——貝魯，處決布魯遜。

貝魯是現代蒙彼利埃城的驕傲。它有這個地區最好的散步廣場，同時也是歐洲最好的一個散步廣場。它有一個非常寬敞的平臺，這個平臺高據在城市的其他建築物之上，從平臺上眺望，視野非常廣闊，四周的景致一覽無遺。在天氣晴朗的日子裡，在東邊可以穿越洛恩一望無際的原野，看到文都赫山——這是阿爾卑斯山的一座高峰。在西邊，可以看到位於貝勒里斯的卡尼珠峰的山頂。向北延伸的則是塞文山脈的群峰，光禿禿的皮．德．聖魯普峰就像一個哨兵一樣站在那裡。而在南邊，充斥人們視野的則是地中海的藍色線條。

貝魯現在到處都是令人賞心悅目的梯形狀人行道，並有著濃密綠蔭的小樹林，其間點綴著五顏六色漂亮的花圃。平臺的四周圍繞著一圈精緻的石頭欄杆。路易十四的一尊騎馬塑像占據了廣場的中心位置，在廣場的入口處則屹立著一座凱旋門，這座凱旋門是用來紀念那位騎馬的君主之「豐功偉績」的，尤其是由他一手領導的大清洗運動——因為在凱旋門的一根支柱上，就描繪了一個代表胡格諾教徒的非常醜陋的傢伙，這個傢伙被上帝一腳踩倒在地下。

貝魯是在路易十四的繼任者路易十五手裡，設計和裝飾成這樣的。這位「受人民愛戴」的君主，全盤繼承了那個以騎馬塑像和凱旋門形式受到紀念的前任君主一貫奉行的政策——把那些不信奉「國王的宗教」的法蘭西帝國人民，統統監禁、毀滅、絞死或者是送往牢房。

但是在路易十四本人統治期間，貝魯卻絕對不是一片樂土。這是一個臭名昭彰的地方——一個屠宰場——一片沙漠、一片荒地、或者說是一片枯萎的高原。有時候人們可以在那裡看到不少腐爛的屍體，在他們剛被處死的絞刑架上隨風搖擺。由於這是一個專門處決違抗羅馬天主教的異教徒的場所，這令此地聲名狼藉，因此顯得特別保守。相應地，成百上千的胡格諾教派的殉道者們——權力、金錢和財富都無法賄賂他們，無法使得他們放棄自己的信仰 —— 在這裡用他們的熱血終結了為信仰而奮鬥的一生。

布魯遜於西元 1698 年 11 月 4 日被處決。當時已是將近夜晚了，太陽緩緩地下沉到西部的群山後面。成千上萬的人們聚集到貝魯，觀看這位為事業而獻身的牧師就義。現場不少於 20,000 人，其中包括全城和全省的主要貴族，還有許多臨近的塞文山區的居民，他們中的一些人是千里迢迢趕來的。在廣場的中心，距離現在這位君主的騎馬塑像不遠的地方，是一個絞刑架，四周層層疊疊地圍滿了士兵，以便把人群隔離開。有兩個營的士兵排成兩排，互相面對面地站立，在死刑處決地和近在咫尺的犯人所在的監獄之間，形成了一道由刺刀組成的通道。

人群中出現了一陣騷動，因為使得人人屏氣凝神的焦點出現了 —— 一個中等身材的中年男人慢慢地朝絞刑架走了過來，他體形瘦削，神情嚴肅，臉色非常莊重，穿著一件十分普通的牧師服裝。他在虔誠地禱告，眼睛和雙手都朝向天空。在登上平臺的時候，他停留了一會，對人們說了幾句臨終的遺言，同時，還留下了最後的祝福給他的許多朋友們，因為他知道他們肯定夾雜在人群中看著他。不過，他的聲音很快就被 20 面大鑼鼓的轟鳴淹沒了，鑼鼓一刻不停地敲著一支快速的進行曲，直到殘酷的儀式結束，而克勞德．布魯遜 —— 這位為自己的信仰而獻身的殉道者，則停止了呼吸。[19]

人世間的世事變遷真是奇怪！在這一事件發生之後還不到 100 年，當年因為對他的迫害而使得布魯遜喪失生命的那位君主的孫子，卻在巴黎被

[19] 在布魯遜被處死的整個過程中，或許法官對他的唯一照顧，就體現在刑罰的執行方式上。在審判結束後的宣判中，他被宣布先實行車裂，然後處以絞刑。但實際上，在真正執行刑罰時，由於受到了照顧，他先是被絞死，然後他的骨頭才被車輪碾碎。因此當布魯遜那失去知覺的身體仍在承受迫害者的酷刑時，他不可戰勝的靈魂早已勝利地升入了天堂。 —— 原注

人民送上了絞刑架。他可憐地祈求能夠獲得允許對人民說最後幾句話，但這是徒勞的！他的聲音早就淹沒在轟鳴的鑼鼓聲中了。

第五章　朗格多克地區的暴動

儘管國王的專制措施在法國隨處可見，但是在別處都不如在朗格多克省那樣，激起如此多的驚愕和恐怖。當時這個省分的居民都是勇敢勤奮、熱情昂揚、天生熱愛自由的人。就是他們，最早對羅馬教廷在精神上和良心上所推行的專制權威提出了質疑。這個國家到處充滿著烈士的遺體，早在布魯遜牧師被處死之前，蒙彼利埃的伯魯就已經成為法國南部的骷髏地了。骷髏地也就是各各他，是耶穌的殉難地。

早在 12 世紀，阿爾比異教徒和他們所居住的地區，就充斥著對教宗的憎恨。身為神聖上帝樸素而真誠的信徒，他們拒絕羅馬的那套教義，而是主張凡人對上帝都具有獨特的個體責任。孔德・富瓦就對英諾森三世的使者說：「對我而言，教宗和宗教信仰無關。每個人在良心上都是自由的。我父親把這種自由推薦給我，而我也願意為之而死。」

此後開始了長達 60 餘年的討伐阿爾比異教徒的運動，軍隊集結到朗格多克；經過一場大屠殺，據稱異教徒已經被滅絕。

不過倖免於難的人也不少，他們仍然堅守先輩傳下來的對自由的熱愛。他們繼續在法國的其他地區，在人們所不熟知的宗教和政治事務上，實行某種程度的獨立。在 16 和 17 世紀，朗格多克成為胡格諾教徒的主要據點；而到了西元 1685 年，路易十四又廢除了《南特詔書》，用罰金、流放和死刑等諸多刑罰，來禁止他們舉行宗教禮拜。因此，毫不令人驚奇的是，這樣的政策即使沒有引起敵意和公然對抗，也必然會激起廣泛的恐慌。

在廢權法令生效期間，按照該省的地方行政長官的說法，在朗格多克的新教徒數量不少於 25 萬。而正是他們，構成了該地區最有專業技能、最勤奮、最有進取心，也是最富裕的部分。他們是最優秀的農場主人、園藝師、工廠老闆和商人。位於尼姆西邊的沃納蓋谷地，是法國最富有和最文明的部分。它擁有 60 多座教堂，絕大部分的居民都是清一色的新教徒；它以「小迦南」（迦南是上帝給猶太人的應許之地）而聞名，盛產棉花、葡萄酒和食用油。尼姆是法國南部較大的商業區域，在那裡，新教徒的商人控制了一切。正如該區的行政長官在西元 1699 年寫信向國王報告的那樣：「如果說他們仍然只是蹩腳的天主教徒的話，那麼無論如何，他們都不會停止成為非常出色的商人。」

達格索侯爵擁有證明胡格諾教徒的居民，聰明和勤奮的相似證據。他說：「不幸的是，在幾乎每一種行業之中，最熟練的工人，如同最富有的商人一樣，都屬於假裝改過自新的新教徒。」

這位侯爵治理朗格多克好多年了。他還進一步認為，新教徒的聰明，很大程度上歸功於他們的牧師的教導。他說：「確切無疑的是，胡格諾教徒堅持自身宗教信仰的原因之一，就是他們從其教導者那裡，得到數量眾多的資訊；而我們則認為，這些資訊並非是必需的。胡格諾教徒應當得到指點，而新的皈依者在我們的宗教裡，找不到與他們原有宗教中存在的、相同的精神和道德律令，為此他們怨聲不斷。」

巴維爾是該區地方行政長官。西元 1697 年，他向巴黎當局遞交一份類似的祕密交流報告，並吹噓說新教徒都已皈依，在朗格多克共有 198,483 個新的皈依者。他說：「整體來說，新的皈依者非常富有，也比舊的天主教徒更為吃苦耐勞。我們絕對不能把這些新的皈依者視為天主教徒；他們幾乎每個人都在其內心深處，保留了對於其先前宗教的愛戀之情。他們會如你所願進行懺悔和交流，因為他們受到世俗權力的威脅，所以不得不如此。但是如此一來，從中產生的唯一結果就是褻瀆神明。儘管我們獲得了他們的外表形體，他們卻在心靈深處獲得了勝利。而正是在心靈深處，才是宗教信仰的駐留之地。只有完成對其心靈的占領，我們的宗教信仰才能莊嚴地建立起來。」

從朗格多克的新教徒數目、財富和教育情況上看，我們完全有理由推測：在廢權法令頒布之後所進行的宗教迫害期間，從法國這個地區遷移出去的人數相當可觀。當然，幾乎所有的新教牧師都逃之夭夭；若是他們還逗留在法國境內，就會受到死亡的懲罰。因此，許多在荷蘭、德國和英國最著名的牧師，都來自於朗格多克地區。克勞德和索勒都來自此地。而在倫敦的牧師之中，迪布林迪斯、貝特奧斯、格拉夫洛和佩戈里埃都來自朗格多克地區。

在英國，到底有多少著名的胡格諾教徒定居於此，這也是一個饒有趣味的問題。羅米利斯和拉亞茲來自於蒙彼利埃；索勒斯來自於尼姆；戈澤恩斯來自呂勒；博贊基特來自加萊；除了奧里奧爾之外，還有阿諾斯、佩琴拉斯、德·波伏瓦、杜朗茲、波特爾、布瓦洛、德·阿爾比阿斯、德·奧利埃斯、里奧斯和維尼奧拉斯，他們全都屬於朗格多克的有地產的胡格諾貴族。他們寧可犧牲一切逃離法國，也不願去適應路易十四的宗教。

當布魯遜在蒙彼利埃被處死時，人們相信新教最終已經消亡。無論如何，人們推測剩下來的那些拒不皈依的新教徒，其數量已減少到微不足道的地步。人們不太相信，新教徒那冒煙的火灰裡還蘊含著能夠搧起熊熊大火的火花。有地產的胡格諾業主，主要的胡格諾廠商，最優秀的胡格諾技工，都去了他國，新教現在完全是群龍無首。法律禁止任何形式的新教存在；人們也有理由相信，由於新教已被鎮壓得不見蹤影，它業已消亡。

但是仍然有另外極為重要的因素存在。普通民眾：農民、小農場主人、技工和勞工階層，他們財產微薄，大部分人都窮困潦倒，無力移居國外。因此正如我們所看到的那樣，他們仍然扎根於祖國。而在塞文山脈，情況更是如此。在那裡的許多村莊裡，居民幾乎都是新教徒；在其他的村莊裡，新教徒也在全體居民中占據了極大的比例；而在城鎮之中，他們也為數眾多，其情形就像他們廣泛分布於整個塞文省似的。

塞文省的多山地區，是法國南部最崎嶇、最破碎，也是最嚴酷的地區。該地區包括洛澤爾、加爾和埃羅的大部分。塞文山脈約有 100 里格長，呈東北 —— 西南走向，據說它把阿爾卑斯山和庇里牛斯山連為一體。從法國中部起，地表就緩慢上升，形成一個傾斜的平臺。而在塞文山區，地形最高，許多山峰都高出海平面達 5,500 英尺之多。它連接了阿爾卑斯山脈，並被隆河的深谷所猛烈切割。隆河的深谷近乎呈南北流向。

我們可以把整個山區視為一個三角形的高原。它從西北方逐漸上升，一直向上傾斜，直到其東南角。絕大部分地區是由花崗岩組成，並為侏羅紀時代的地層所覆蓋；在許多地方，尤其是在奧弗斯，這些花崗岩石層為火山（這些早就是死火山了）所沖穿，從更高的地方看上去，可以看到無數的突峰。在這個地區的南部邊界，覆蓋在花崗岩之上的石灰石層得到了非同尋常的發展，上面出現了一系列四周是懸崖斷壁的、高達 800 英尺的平頂山。

斯柯洛普先生是這樣饒有趣味地解釋法國中部的地理：「這些高原，在本省的方言中，被稱為「喀斯」；這些高原單調的外形、貧瘠和多岩石的特徵，給人一種異乎尋常的恐怖感和荒蕪感。隔離它們的山谷是罕見的寬闊。曲折狹窄和幾乎是不可逾越的、類似於懸崖峭壁的、占統治地位的幽谷，賦予了塞文人特別複雜的個性，也使得上個世紀早期此地的新教徒居民，能夠對路易十四的殘酷迫害，進行如此頑強和勇敢的抵抗。」

多石、高峻和貧瘠，就是這個多山地區的特徵。而這裡的居民，雖然極其勤奮，絕大部分卻非常貧窮。在這個山區裡，養羊成為主要的職業種類；在夏季，當地形較低的地區遭受旱災的時候，在通往上塞文山脈的路上，可以見到成千上萬的綿羊，牠們是被趕往牧場去的。這個地區，可以用來耕作的土地相對較少。在許多山地中，土壤都非常貧瘠，只能用來生長檜類灌木。一眼望去，看不到多少綠意。農民世世代代辛勤耕耘，因此，那裡也有極少的覆蓋草皮的斜坡，和土質的狹長地帶。即使是地勢更低的山區，絕大部分也是石質的曠野。在有遮蔽的地方，生長著繁茂的栗子樹；而在地勢較低的山邊，稀稀落落地生長著黑麥。養蠶是這個地區的一項主業，為了獲得養蠶用的桑葉，人們在山谷裡都種上了桑樹。

尼姆是一個富有而美麗的城鎮。它有豐富的羅馬古蹟，用來敘說其輝煌的歷史。而即使是那些緊鄰著尼姆的地區，在土壤充足的地方，儘管野外也盛長著葡萄樹、橄欖樹和無花果樹，但是那裡還是貧瘠的、多石的，看上去非常荒蕪。事實上，從特徵上來說，這個地區與猶太人的土地非常類似，也是多石的、乾燥的，不少地方都被廢棄了；儘管也有未被廢棄的地方，那裡也出產豐富的玉米、葡萄酒和食油。在這個地區的內部，尤其是在位於洛澤爾的高山峻嶺之下的河谷，景致粗獷而又宏偉。但是在那些地勢更高之處，遍地都是亂石。

不久之前，我們訪問了這個地區。因為火車根本到不了該地區，所以我們乘坐的是來往於阿萊斯和弗洛雷克之間的老式驛車。在路上我們碰到一位法國承包商，他正領著一群義大利礦工進山去探勘礦石。他指著不毛的岩石，大聲地向我們喊道：「先生們，你們好好看看，這就是法國境內最貧窮的地區！除了檜類灌木，一無所有！農業方面，微不足道；工業方面，微不足道；商業方面，還是微不足道！什麼都沒有，什麼都沒有！」

這名法國商人的言論，使我們想起了蘇格蘭工程師特爾福德的一些軼聞趣事。他經常談及一個鄉民是如何對美麗的蘇格蘭山景讚不絕口的。一位英格蘭藝術家，也為本．麥克迪的景致而神魂顛倒，尋思要把這壯麗的一幕描繪下來。為此他熱衷於讓當地的導遊來確證其新發現，那個導遊對此答覆說：「我不關心這些風景，這裡只有一堆堆的亂石；並且，鄉下是那樣的貧窮。」同樣的言論也可以移用到塞文山脈上來。然而，儘管民眾是貧窮的，卻並非就是可憐的、一無所有的，因為這些農民都衣著整齊、外表體面。在這個地區見不到一個乞丐。

農村，養育的是強壯勇敢的男子。塞文山脈這些貧瘠的山區，繁衍的是英雄的種族；這裡的人們是那麼純樸，那麼善良，那麼勇猛。他們天性好客，而這也每次都讓沿著這條馬車旅遊線路參觀，因而見慣了敲詐勒索的遊客們感動不已。

與法國別處相比，這裡的農民是無比勤勞的。他們強壯耐勞，並以不屈不撓地和自然界所造成的障礙抗爭而著稱於世。在寒冬季節，戶外勞動中止了；在這將近 6 個月的時期裡，因為冰雪天氣，他們待在自己的木屋裡足不出戶，全身心地準備羊毛，以便製成布匹。婦女梳棉，孩子紡紗，男人織布；每一個小屋都是製作毛毯和嗶嘰的小作坊。這些毛毯和嗶嘰，一到春天，就要拿到市場上去賣給低地的鄉村。近兩百年以來，塞文山區的產業狀況就是如此。直到今天，還是這個樣子。

民眾知足常樂，他們以微笑和尊嚴來面對貧困。他們分享了法國南部居民所特有的勤奮和堅強的性情，從整體上來說，他們可能比普通的法國人更為勇敢和沉著，並被認為更加文雅、更加聰明。還有，雖然很難用暴力手段來管理他們，可是他們卻異常和善、通情達理。

簡短地說來，這就是塞文山區和塞文民眾的最典型特徵。當朗格多克的山區（其居民大部分是新教徒）流行的宗教禮拜被壓制的時候，巨大的恐慌降臨到群眾的頭上。不過他們對王室權威並沒有表示出絲毫的反抗之意。有一陣子他們表現得比較消極，讓人乍一思忖之下，覺得他們無動於衷。對之甚感驚訝的是，他們的敵人戲稱他們正在發揚「胡格諾教徒式的耐心」。這個詞語已經演化成為一句格言。

但是他們的迫害者們，並不知道這些山區人是用什麼材料做成的。這些迫害者們業已目睹了受害者的教堂遭到毀棄，牧師遭到放逐，留下他們孤零零的「好像是一群可憐的、飢餓的四處找尋牧草的羔羊」。接下來他們聽說那些因為在這「曠野」裡為他們做過宗教祭祀而被逮捕的牧師，已經被送到尼姆和蒙彼利埃，並要被吊死。他們為此開始群情激奮，並慷慨激昂起來。因為他們不能丟棄自己的信仰，去接受別人的信仰，即使這個人是他們的國王。假使路易十四命令他們相信二加二等於六，那麼他們怎麼也不會相信，這除了等於四之外還能等於別的數字，即使他們會在表面上假裝相信路易十四的命令。而這對於國王命令他們承認自己內心並不信奉的宗教信仰來說，情況也是如此。

這些貧窮的人們深信：他們也擁有與他人一樣至高無上的權利。在這些權利中，他們堅持認為良心的權利是一種至關重要的權利。他們願意把應屬於凱撒的東西給予凱撒，但是他們不能把屬於上帝的東西獻給凱撒。若是被迫在兩者之間做出選擇，他們必然不願順從於國王，也不願不順從於身為萬王之王的上帝。

雖然失去了自己的領袖和牧師，不過那些被放逐的胡格諾教徒，逐漸地從偏僻之處現身，並在公開場合相互結識。倘若教堂被毀壞了，那麼總還留有樹木、田野和山區的牧場，在那裡，他們仍然可以舉行集會和禮拜上帝，儘管這觸犯了法律。在經過互相商議之後，他們決心「絕不放棄自己的聚會」；他們在法國南部所有的新教地區 —— 維維勒、多菲內和塞文山脈，繼續舉行聚會。這些聚會，大多數是在夜裡、在樹林裡、在地窖裡、在岩石峽谷和山洞裡舉行，用以禮拜上帝。隨後就開始了著名的「曠野」聚會。而這正是盧瓦的噩夢和路易十四的恐懼之所在。

當這樣聚會的消息被當局知道以後，便向南部省分派遣了大批軍隊，並且命令軍隊驅散他們，逮捕首要分子。軍隊非常野蠻地執行這些命令。在塞文山區，軍隊發現並攻擊各式各樣的集會。在此過程中，包括發生於奧杜茲和維根的宗教集會。在那裡，士兵們突然襲擊手無寸鐵的民眾，讓他們飽受刀劍之苦，並把未能逃脫的人吊死在最近的樹上。

當局正等著看這些「積極措施」的成效；可是結果卻令他們極度失望。曠野聚會一如既往，在數量上甚至還有所增加。於是，當局採取了更為嚴厲的措施，用類似的方法襲擊其他聚會，並把參與者送入監獄。這些參與者被威脅，除非皈依天主教，並答應參加彌撒，否則就要被處死。胡格諾教徒聲稱他們寧願去死也不願改宗歸信。在這些死不改悔的人之間，看上去甚至洋溢著一股殉道的熱情！

接著農民開始祕密武裝起來，以便保護自己。他們採取消極抵抗的態度，只要能和其宗教禮拜共存的話，他們就死而無憾了。最終，他們對自己的武力抵抗行為感到絕望。然而，首先應該採取守勢。他們莊嚴地宣告：「遠離喧囂，投向上帝。」

這些可憐的工人、牧羊人和梳理羊毛者開始建立公積金，用來幫助周圍地區那些衣不蔽體的同胞們。接著他們邀請那些願意加入的人組成團體，以便準備一起行動並視情況所需提供幫助。當舉行曠野聚會的時候，有登記的人就有責任在周圍的高處站崗放哨，並在敵人來臨之時發出警報。他們也為自己的地區組織了志願員警，注視著王室軍隊的變動，派遣信使傳遞情報，告知軍隊的行進方向。

在迫害期間，地方行政長官巴維爾寫信告訴路易十四的首相盧瓦，在信中他表達了自己對於顯而易見的農民組織現象的詫異和警覺。在一封信中他是這麼說的：「我剛得知，上週日在洛澤爾的山區裡，有將近 400 多人在一起聚會，其中許多人還全副武裝。」他又說：「我認為，至少在一段時期內，他們會從奧杜茲和維根事件中得到教訓，從而會使塞文人安靜下來。但是，反過來說，到目前為止所採取的嚴厲措施，看上去只是產生了刺激和鞏固他們走向罪惡道路的作用。」

因為大屠殺的失敗，接下來的問題就是這些居民要不要被送去流放，要不要在這個地區全部清除他們。盧瓦說：「他們自稱在『荒漠』中舉行聚會，那麼為什麼不讓他們的話應驗，把塞文變成一片真正的荒漠呢？」不過要實施這個計畫困難重重。首先，朗格多克的新教徒在數量上有 25 萬之多。再來就是，如果他們被驅逐了，這個大省的產業和財富又從何而來呢？國王的稅收又來自何處？

德．諾阿耶公爵建議在此問題上必須小心謹慎。他寫信給巴維爾說：「倘若皇帝陛下認為除了改變全體塞文人之外，沒有其他補救措施的話，那麼最好現在就開始驅逐那些不經商的人員，即那些居住在難以進入的山區的人們。那裡的氣候是那樣惡劣，土壤是那樣貧瘠，使得他們既粗魯又野蠻，其情形就如同我們從發生於洛澤爾的事件中所看到的那樣。要是皇帝陛下對此方針感到滿意，那就至少還需額外派出 4 個營的步兵來執行命令。」

政府試圖採取這種驅逐民眾的措施，卻遭到了澈底的失敗。在密探的協助下，在重賞的刺激下，無數的聚會受到軍隊的襲擊，那些聚會者不是被吊死，就是被放逐 —— 有的到義大利，有的到瑞士，有的到美洲。但是人們絲毫未被放逐嚇倒，還是一如既往地舉行聚會。

巴維爾決定動用軍隊來占領整個塞文省，並執行澈底解除聚會者之武裝的政策。為此向塞文省調遣了 8 個團的常備軍，又在全省境內徵召 50 個團的民兵，兩者合起來，組成了一支約有 40,000 人的部隊。在山區建立堅固的軍事驛站，在阿萊斯、奧杜茲、聖希波呂托和尼姆，都重新設立了堡壘和兵營。山區道路幾乎無法通行，許多山區道路都只是騾道而已。巴維爾修建了 100 多條公路及其支線，這樣軍隊和大炮就能夠方便地進出其間。

透過這些舉措，儘管牢牢地占領了整個地區，曠野聚會卻仍然繼續舉行。農民冒著被放逐、服苦役、車裂和絞刑的危險，勇敢地舉行聚會，直到那些迫害者對其暴行感到厭倦為止。民眾並未被安插在他們中間的龍騎兵或牧師所勸化。在夜深人靜之際，他們來到山裡集會。那裡的山並不高，谷並不深，隘路也並非險不可入，所以無法免於被追逐和攻擊，因為無論在什麼時候，士兵都可以襲擊並以刀劍對付他們。

半夜聚會的黑不見物、危險重重、恐怖可懼和神祕莫測，尤其讓他們感興趣甚至著迷於此。在這樣的環境下，這些可憐人們的忠誠轉化成為狂熱和迷信，也就不足為奇了。在夜間唱著羅馬的讚美詩，在周圍狹窄的石壁回音之下，他們幻想著聽到了滿溢在空氣中天堂般美妙的聲音。他們有時也在倒塌的寺廟裡舉行聚會，有的泣不成聲，有的嚎啕大哭，有的小聲呻吟，其聲音之淒慘，好像是來自於他們父輩的墳墓之中。

在令人痛苦的環境下，人們生活在貧困、苦難和恐懼中，在他們之間突然發展出一種宗教歇斯底里來。它如同許多其他形式的疾病一樣爆發和傳播，並主要表現在受迫害最深的多菲內、維維勒和塞文山區。在那裡，人們失去了牧師，他們沒有聰慧明理的人來加以引導，只能祈禱並忍耐一切。敵視新教書籍的教士們的突然襲擊，使大多數胡格諾教徒失去了他們的《聖經》和讚美詩的書籍，因此，如事實所展示的那樣，在很大程度上，他們只能依靠自己。

很早以前，那些未開化的人群，當他們經受刺激和恐怖的折磨時，就經歷了我們這裡所要討論的疾病。舉例說來，在中世紀，鞭笞派教徒的兄弟會，就帶來了瘟疫；而熱舞狂也帶來了黑死病；聖童朝聖者、患驚厥者、復甦的癲瘋病患者和那些昏厥者，常常都伴隨著陣陣逐步激發起來的宗教熱情：這些疾病只是情緒激動的產物，這也扭曲了人的心靈，並對他們的整個神經系統產生巨大的作用。

在可憐的胡格諾教徒間所突然發作的疾病，我們稱之為「預言病」，起初它表現為癲瘋的痙攣。他們毫無知覺地倒在地上，口吐白沫，嗚咽啜泣，最後甦醒過來，能夠說話並「預言」，其情形如同處於具有超人的洞察力狀態下的受催眠者。這種疾病以可怕的共振效果迅速傳播；而這種共振效果，在我們以上所述的特殊環境之下，對人的精神會產生驚人的影響力。能與神靈對話的人，被認為是「神靈附體」。他們神情恍惚入迷地祈禱和布道；在他們之中，婦女、男孩甚至是兒童，是最受啟發從而具有靈感的。

最早出現的「預言者」之一是伊莎貝爾．文森特。她是多菲內的克雷斯特一位年輕的牧羊女，既不會讀也不能寫。她通常講方言，但是受靈之後，按照米舍萊的說法，她講起法語來既完美無缺又順暢流利。他說：「她一開始唱了十誡，接著唱了一首讚美詩，嗓音低而迷人。她沉思了一會，又開始為那些被拷打者、被流放者、服苦役者、坐地牢者演示禮拜堂的慟哭：在所有的不幸中，她只譴責我們的罪孽，並且號召所有的人懺悔。接著，她又重新用天使般的語言談起神聖的上帝。」

這個省的行政長官布歇，逮捕並審訊了她。她不願棄絕自己的宗教信仰。她說：「你可以拿走我的生命，可是上帝會選出另外的人宣講，他會講得比我更好。」最後她被囚於格勒諾布爾，後來又被囚於康斯坦斯城堡。

正如伊莎貝爾·文森特所預言的那樣，許多預言者跟在她後面出現於世。但是他們都不如她那麼出眾。他們只對其迫害者唉聲嘆氣地訴苦，辱罵巴比倫是以色列王朝的壓制者。他們反對羅馬教會，並為此而發表最暴烈的演說。他們以最悲傷的預言者的語氣，來煽動聽眾的心理，使他們處於狂怒的憤慨之中。

這種騷動的蔓延，其速度之快，是超乎尋常的。信徒們全都屬於貧窮的階級，他們只讀《聖經》，並從心裡加以信奉。它從多菲內蔓延到維維勒，又從那裡擴展到塞文。馬歇爾·維拉爾說：「那些事情，假使不是發生在自己的眼皮底下，我是永遠無法相信的。現在我已經看到了。整個城市裡面所有的婦女和女孩，毫無例外的，看來好像都為惡魔所控制。她們公開在大街上四肢發抖和預言。」

弗洛塔德說，在一個省內就有 8,000 人神靈附體。他們的受靈程度並非是全部相等的。入迷的程度有四種：首先，受靈者大喊大叫；接下來，他們被激受靈；隨之，成為預言者；最後，成為神靈附體的人。這也是受靈的最高程度。

對有些人來說，這一切看上去好像顯得荒唐可笑。然而輕易信人的風俗習慣非常廣泛，甚至在我們所生活的啟蒙時代裡，也還能聽到令人難以置信的轉敗為勝的故事，聽到嘴裡唸唸有詞、以自己的形式進行「預言」的人們。甚至還有哲學家、科學家和文人學士，相信那些唯靈論者會從沙發上站起來，漂浮在空中，突然從一扇窗子裡跳出去，再從另一扇窗子裡進來，諸如此類令人匪夷所思的事情。儘管我們的心靈敲擊和心靈漫遊看上去不切實際，然而卡米薩茲的「預言」對他們所投身的運動來說，卻是本質性的。

居民為這些流行的熱情和狂熱而激動不已。布呂埃斯說：「甚至在天未破曉之前，胡格諾教徒就約定要舉行宗教集會，所有男人、婦女、男孩、女孩，甚至是嬰兒，都會從周圍的小村莊裡，從他們的小屋裡，成群結隊地走出來。他們穿過樹林，越過岩石，來到指定的地方。」

對處於超自然力量影響之下的人們來說，只用暴力手段是毫無裨益的。因而，曠野聚會變得具有強大的吸引力，其吸引力還在進一步增強。而曾向國王報告說，朗格多克局勢完全平靜和完全皈依的巴維爾，正驚恐地發現整個省分都群情激憤。任何時候，一粒火星就可以引起熊熊大火。而不久之後，正是謝拉主教，即蓬德蒙韋爾的傳教團團長，提供了這樣的火花。

眾所周知，儘管有許多農民全副武裝地參加宗教集會，但是在塞文，他們與王室當局並沒有發生公開的武裝對抗。在維維勒的謝耶雷特，在軍隊和農民之間發生了一次衝突，不過很快就被驅散，在曠野上留下了 300 個死者和 50 名傷者。

行政長官巴維爾，在再次平定維維勒之後，在幾隊龍騎兵和民兵的護衛之下繼續前進，要回到蒙彼利埃去。沿著塔恩河谷，行進在從蓬德蒙韋爾到弗洛雷克的他，致力於修建一條新路，以便從那裡穿過塞文。在經過一個名叫蓬德蒙韋爾的村莊時，他驚奇地聽見了陣陣鼓聲。不久之後，他看到一隊鄉民，大約有三四百人的樣子，向他們走來，看架勢好像要跟他們作戰。巴維爾馬上擺開部隊，向他們發起衝鋒。鄉民們四散奔逃，逃進周圍的樹林裡。有些人被殺死；有的被投入監獄，第二天他們就在聖．讓．德．加爾被絞死。為了捉拿他們的首領，當局還為此懸賞500金路易。不久之後，該首領就被人跟蹤到位於奧杜茲和阿拉斯之間藏身的洞穴裡。在被射死之前，他還用手中的燧發槍殺死了3個士兵。

在此事件發生後，在塞文省全境，當局更加變本加厲地進行迫害。民兵日夜奔走，搜索曠野聚會。所有參加曠野聚會的人，一經逮捕，就當場射殺或絞死。兩個連的民兵趕走蓬德蒙韋爾的當地居民，在那裡駐紮下來。他們在主教德．謝拉的指揮下行動。這個主教原來就出生在這個地區，他多次被派到夏姆去當傳教士，從事使佛教徒改宗歸信的工作。當他回到法國後，被指派從事把塞文省的民眾改宗歸信羅馬大主教的工作。

北邊的洛澤爾山，南邊的布熱山，兩者合起來，就形成了一道很深的山谷。蓬德蒙韋爾鎮就座落在此山谷裡。兩條河流從它們各自的高坡上奔湧而來，在此地匯入塔恩河。蓬德蒙韋爾鎮也被這些河流分隔成為3個小村莊，而這3個小村莊又被名為蓬德蒙韋爾的橋梁連在一起。蓬德蒙韋爾鎮，正是因蓬德蒙韋爾橋而得名。可是添加這個「蒙韋爾」，實在是用詞不當。因為它儘管位於高山腳下，卻並不是青蔥的，而是貧瘠的、多石的和毫無綠意的。

蓬德蒙韋爾鎮離弗洛雷克只有一步之遙，兩者相距大約20公里。河谷東西走向，並被一條耐用的優質公路所橫切。這條公路，往下走就是迂迴曲折的塔恩河，往上走可以沿著突出的岩石進出山區；在公路的每一個轉角處，都可以見到險阻的、宏偉的和如畫的全新景色，這種景色也是塞文山脈原始風貌的特徵之所在。沿著這條路線，舊的騾道在許多地方還依稀可見。騾道是一種難行的、崎嶇的山間道路；在大多數歲月中，它的作用只是把這個地區封閉起來而已。直到巴維爾為了進攻這個地區，才修建了新的公路，以便更加方便地讓軍隊通行和運輸軍用物資，這種狀況才告結束。

沿著這條公路，隨處可見不少貧窮的小村莊。這些小村莊，有的位於明顯無法到達的岩石上，有的就在山谷的底部，你可以不時地見到幾幢別墅，如同在米拉爾所見的那樣，它們座落在高處，美妙如畫。但是這個地區天生就是太貧窮，溝壑底部的土地是如此狹小，山壁是如此多石和貧瘠，使它無法維持相當數量的居民。舉目四望，除了石質的山坡之外，一無所見。那些石坡堅硬而陡峭，而那些山峰則連綿不絕，直到人眼所極之外。

蓬德蒙韋爾是一系列小村莊的中心。以前那裡的居民都是單一的新教徒，現在也是如此；也就是在那裡，曠野聚會舉行得最為頻繁。因此，為了阻止曠野聚會，威懾當地的居民，政府派遣了強大的軍隊前往那裡和弗洛雷克。除了士兵，政府當局又在塞文全境建立傳教團，而謝拉主教就是這些傳教團的總監。直到現在，他在蓬德蒙韋爾所住過的房子還是那樣地醒目。這座房子，座落在接近塔恩河上的大橋北端；儘管這座建築的底部保持得和他那時一樣，但是其頂部，大多數地方都重修過了。

謝拉是一位具有很強的暴力性格的人。他積極熱情、勤勞肯做、不知疲倦，可是他也從不憐憫，毫不仁慈，冷酷無情。他沒有同情心，對於憐憫的要求充耳不聞。對他來說，對於那些不信奉羅馬天主教義者的懲罰，就是監獄、酷刑和死刑。有 8 名年輕的教士和他生活在一起，由他指導他們的工作；令他非常惱火的是，他發現民眾並不參加他舉行的宗教儀式，他們還是在曠野裡聚集在自己的預言家和布道者周圍。

道德手段宣告失敗，接下來他就要嘗試運用肉體手段。他把自己居住的弓形地窖改造成地牢，並將那些拒不服從的「罪犯」關入其中，天天折磨他們。這看上去好像是對宗教的諷刺，也就是說，在他轉化那些其宗教信仰與他不同的人們之靈魂的過程中，這個熱情的傳教士，把發現他們的身體在真正死亡之前，能夠忍受多少痛苦，作為他的主要研究課題之一。他把焦炭放進他們的手裡，他們的手馬上就燒焦了；把他們的手指包上棉花浸入油中，然後點上火；除此之外，當然還有更加普通和更加常見的折磨。無怪乎蓬德蒙韋爾的居民都對這個主教恨之入骨了。

最後，為了躲避謝拉的殘酷暴政，這個地區的一些民眾，決心從法國遷移出去，到日內瓦去避難。在一個早晨，他們祕密地聚集在一起，一隊男女老少，在一個知道往東去的山路嚮導的指引之下，一群人出發了。當他們前進了幾個小時之後，遭遇到民兵的伏擊，並被帶回設於蓬德蒙韋爾的主教的營房。婦女被送到芒德，並被囚禁在女修道院裡；男人們被關押在主教的地牢裡。有些俘虜的父母跪倒在他的面前，請求他對他們的兒子發發慈悲；但是謝拉絲毫不為所動。他無情地宣布要依法懲罰這些囚犯：逃犯必須去服苦役，他們的嚮導則要被送上絞刑架處死。

馬基斯塔弗爾是一個位於蓬德蒙韋爾南邊的小村莊。在接下來的那個星期天，也就是西元 1702 年 7 月 23 日，一位出生於馬基斯塔弗爾的傳道士和預言家 —— 皮爾．塞吉耶，在鄰近於布熱的一座山上向大眾布道。在那裡他大聲宣稱：上帝已經命令他拿起武器，救出俘虜，消滅摩洛神（摩洛神是古代腓尼基等地區所信奉的神靈）的主教。牧師們一個接一個地用同樣的語氣布道，在他們的叫喊聲中，群眾變得激動起來。他們號召要代表上帝，對迫害上帝子民的人進行復仇。

同一天晚上，塞吉耶和夥伴在鄰近的村子裡來回遊走，向誓死相從的追隨者們布道，就這樣一直忙到第二天晚上。他們準時相會在阿爾特伐基樹林中，在 3 棵碩大無比的山毛櫸樹的樹蔭下（在多年之前，這些櫸樹的樹幹就已經是挺拔直立的），神聖地起誓要解救自己的同胞，消滅這些主教。

當夜幕降臨的時候，在塞吉耶的帶領之下，一隊 50 個決心已下的人走下山去，朝大橋進發。他們之中的 20 個人，裝備了手槍和獵槍，其餘的人拿著鐮刀和斧頭。當他們接近村莊時，唱起了馬婁版的第七十四首讚美詩。當他們繼續前進時，主教聽到了這些不同尋常的聲音。他認為這是夜間集會，就對士兵們喊道：「去看看究竟發生了什麼事情。」但是房門早就被那些山裡人包圍住了。他們大聲喊著：「放囚犯！放囚犯！」謝拉也從窗子裡喊道：「回去，你們這些胡格諾暴徒！」但是他們只是喊得更加大聲：「放囚犯！」主教隨之命令民兵開火，並打死了一個農民。他們被激怒了，拿來一根大樹幹當撞牆錘，很快就撞破了房門。接下來他們強行進入地牢裡，成功地放出囚犯們。不過許多囚犯由於受刑，身體殘廢，因而無法站立。目睹這樣悲慘的景象，襲擊者們怒火中燒，跑上樓梯，大喊大叫地尋找主教。他們的首領喊道：「燒死主教和這些邪惡太陽神的扈從！」他們把士兵們的草床、凳子和其他易燃物堆積起來，放火焚燒。

謝拉懷著逃生的慾望，從一扇窗戶跳到花園裡，在落地的過程中跌斷了腿。在火光之下，農民們發現了他。他請求饒恕，塞吉耶說：「不，你怎麼對待別人，我們就怎麼對待你。」他打了第一下。

其他的人都跟著痛打他。有人說：「這是為了我父親，他是被你用車裂處死的！」

另一個人說：「這是為了我兄弟，他被你送去服苦役了！」

「這是為了我母親，她死得好慘！」

為了我的姐妹、我的親戚、我的朋友，他們被流放，在服刑，他們多麼痛苦！

就這樣一下接一下，總共打了 52 下，其中可能有一半的打擊是致命性的。在他們腳下，這個可憎的謝拉終於倒在了一片血泊之中。

第六章　卡米撒起義

此時，在歐洲各國，有越來越多的人們為公民自由和宗教自由而奮鬥；塞文山區這些處境悲慘的農民、牧人和梳毛工，只不過是其中的一支，他們人數固然不多，影響也不大。在他們之前，已有相當一部分低地國家的人們，也為此占據了荷蘭聯省，齊心協力抗擊當時最強大的君主國家 —— 西班牙軍隊的進攻；在英格蘭和蘇格蘭，一度也爆發了類似的鬥爭，最終發展為西元 1688 年的革命；在彼德蒙特的韋爾多教派的聚居地，此刻也是戰火紛飛。

以上這些爭取的目標完全一致，就是維護人們的自由權利，反抗皇權與教權專制。一個生活貧困、分散而居、手無寸鐵的小農階級（一如塞文山區的居民），若非萬不得已，絕不至於拿起武器，與強大得像路易十四這樣的國王為敵。他們曾以消極的態度抵抗 15 年之久，這期間許多人目睹自己的親屬遭受拷打、絞刑、服苦役，終於忍無可忍，揭竿而起。即使如此，只要當局能夠確保在合理的範圍內給予信仰自由，他們隨時隨地會放下武器，重新效忠政府。可惜，他們那受了挑唆的國王固執己見，全無寬容之意；他曾立下誓言，在他治下，全體百姓都必須信仰國教，否則，絕不姑息。

塞文山區的這些新教徒農民，他們起義時，與西元 1679 年蘇格蘭國民誓約派的起義有許多類似之處。首先，它們都是因為掌權者始終堅持以武力推行某種新宗教才發生的；其次，舉事者都是喀爾文教徒，[20] 他們堅

[20] 選擇信仰喀爾文教，是因人、因民族而有不同，或者是這種信仰自身即會對個人性格的形成產生決定性影響（這可能更接近事實），這點我們姑且不論，但有一點確定無疑：在所有國家，喀爾文教徒均表現出一種最大可能的近似。不論是日內瓦、荷蘭的喀爾文教徒，法國的胡格諾派，蘇格蘭的國民誓約派，還是舊時英格蘭和新英格蘭的清教徒，他們給人的印象 —— 正如實際的情形那樣 —— 似乎是同一家族的成員。我們不免要感到好奇：倘若在 16 世紀末，最後合力把法國整個變為新教國家（這幾乎成了現實），那麼，這位自己便是一個法國人的喀爾文，他創立的宗教會對法國歷史、對法國的國民性產生何種影響？亨利希．海恩曾有一種看法，認為在西歐各民族中，猶太教的道德準則對於其中大部分人口均有很強的親和性；16、17

信良心的權利，絕不屈服，並將宗教視為人與上帝之間的一種事務，而不是人與統治者、教宗之間的事務；再有，他們都堅持自己的禮拜儀式。在朗格多克，塞文山區的居民在「荒漠」中聚會；而在蘇格蘭，西部的山地人則在荒野中集會。最後，兩國國王都派出軍隊來充當傳教士，不同的只是，路易十四招募的是盧瓦和巴維爾的龍騎兵，而查理二世招募的，則是克拉弗豪斯和達爾澤爾的部隊；而起義失敗後，兩個地方的政府為迫使反叛者「改宗歸信」，在酷刑方面又都有許多新的發明。至於兩地人民也始終如一地堅持自己質樸的信仰，正如一些人認為的那樣，是粗野的信仰，也完全相似。

法國喀爾文教農民與那些蘇格蘭人還有一個相似之處，那就是他們的傳教士和先知都極其偉大。這些傳教士和先知將全部心血都傾注於讚美詩，所以在兩國均有「聖歌手」之譽。從而，一個擁有了克萊蒙・馬羅（Clément Marot），[21] 另一個則擁有斯特恩霍德和霍普金斯。胡格諾教徒，無論他們是作了身陷囹圄、披枷帶鐐的囚犯，還是被強迫在艦船上輪番划槳的苦役；無論是在潛逃中，還是身穿長衫、浴血奮戰時，口中都唱著讚美詩。對於國民誓約派中的人，有一種說法是「他們活著的時候在禱告和傳教，死時也在禱告、戰鬥。」而這也適用於塞文山區胡格諾教派的農民。

起義的直接起因，在兩個地方也頗為相似。一個是由於謝拉主教的殘暴，他發明一種新的刑具叫「擠壓器」：[22] 另一個則要歸功於夏普修道

世紀時，較之新約，舊約對宗教改革家的影響更為強大。「猶太人，」海恩談到，「是東方的德意志，而現今在日爾曼國家的新教徒（英格蘭、蘇格蘭、美利堅、德意志、荷蘭），正是地地道道的古代東方猶太人。」——原注

[21] 克萊蒙・馬羅，西元 1496 ～ 1544 年，法國詩人。

[22] 卡瓦利埃在《塞文山區戰爭回憶錄》（倫敦，西元 1726 年）一書中對這一刑具有過描述，「這個毫無人性的傢伙，為了折磨這些不幸的先生、女士們，發明了一種新的拷問刑具，那比通常所

院長，他也發明了一種可怕的刑具叫「鐵靴」，而他的殘暴終於激怒了人民。這兩位，一個被塞吉耶及其同伴擊斃於蓬德蒙維爾，另一個則在馬格斯荒原死於伯利人鮑爾福一夥之手。這兩起事件都是一個信號，預示著一場全國性的農民起義即將開始。事件中，人們的行為都同樣地殘暴，而這種殘暴，與那些曾經刺激他們的殘暴行為，在性質上又屬一類。一場起義就猶如革命，它的道路不是用玫瑰香水鋪成的。在這些事例中，每一種行為都激起對方同樣的行為；壓迫者的暴力，最終往往激發起被壓迫者同樣的暴力。

在這兩次起義中，法國農民的起義表現得更為堅決，持續時間也更長。之所以會有這種差別，其中的原因恐怕在於，這些法國農民是盤踞在山區，那裡地勢險峻，而且他們的作戰天賦也更高；再有就是，他們早期的幾個首領、召集人，都曾在軍隊服過役，有作戰經驗。蘇格蘭起義軍起事後，不到兩個月就被蒙茅斯公爵率領英軍鎮壓 —— 不過，到了西元1688年的革命，他們的奮鬥最終獲得了成功；而塞文山區的山民，他們被切斷外部的一切援助，卻依然英勇抗爭，歷時幾年之久，最終因為與路易十四的軍隊實力相差過於懸殊，才不得不投降。這之後，剿滅胡格諾教徒的行動持續進行，並長達近一個世紀，最終幾乎看不到他們的存在了。

前一章我們已經看到，主教謝拉橫屍在地上，城堡中發現的幾個兵士、以及曾參與拷打犯人的廚師、管家也均被殺死。但另有一個傭人和士兵，過去待這些犯人還算友善，於是由犯人們代為求情，獲得赦免被釋放。塞吉耶及其同伴把屍體收集在一處，堆放在花園裡，眾人於四周跪下 —— 那景象真是駭人 —— 唱讚美詩一直唱到天明；在他們粗糙的和聲

用的要更為殘忍：就是將一根梁木從中鋸開，兩端各放一巨鉗。每天早晨，他將那些可憐人拉來訊問，倘若他們的回答不合心意，他就下令將他們的兩腿夾在橫木中間，用力壓擠，直至腳骨碎裂。」 —— 原注

中，夾雜著房子著火時的劈啪聲，和不遠處橋底下河水的嗚咽。

晨曦初現，眾人站起身子。他們走出花園，過了橋，走進村莊。村民都驚恐萬分，個個緊閉家門，唯恐捲入這起凶殺事件。塞吉耶一行人並未停留在蓬德蒙維爾，他們一路唱著讚美詩，往前向塔恩河谷前方的弗呂格雷村進發。

塞吉耶被稱作「塞文的丹東」，他性格凶狠，意志堅強，體形特別：骨瘦如柴，面部黝黑，上齒已經脫光，亂髮垂肩；目光呆滯，神情讓人捉摸不透。他所以給人這種感覺，或許是因為他時常被某種突如其來的激情占據，此外，這與他在荒漠中常年以先知、傳教士的身分過著流浪生活也有關。這時，他已經下了決心，要殺盡天下的所有神父，至於現在，他的目標就是奔襲弗呂格雷，繼續他在蓬德蒙維爾開始的事業。村裡的本堂神父已經知道謝拉遇害，一聽這些聖歌手即將到來，急忙棄家而走，藏身毗鄰的黑麥地。但起義者隨即追蹤而至，將他一槍擊斃。在他的法衣裡，起義軍發現一份 20 人的教區住民名單，這些名單，是正預備送與主教加以懲罰的。

離開了弗呂格雷，這位先知帶領隊伍向聖莫里斯德旺塔隆進發，該地地處峽谷，每年到一定季節沿山谷常有颶風，故而它的地名與風有關。當地修道院院長此前收到起義的警訊，早已騎馬溜之大吉。這時，塞吉耶得到消息，說有一隊官兵正追蹤而來，他便與同伴藏到附近山腰裡，在灌木叢中躲了一夜，避開了追兵。

次日凌晨，塞吉耶帶人下山，沿著與追兵相反的方向，直奔聖安德雷。此時，整個鄉村都已得到警訊；一直在瞭望動靜的當地神父，登上教堂鐘樓鳴鐘示警。然而，教區的住民卻加入了起義者的行列，反而擁到鐘樓將他拿住，然後從一處最高的窗戶裡將他扔了出去。隨後，起義者將教堂搗毀一空，推倒十字架。他們遇到羅馬教會的象徵，凡手可及的，一律損毀。

在當天早晨，已經由蓬德蒙維爾運往聖熱爾曼準備安葬，而附近地區的神父都聚集該處以示聲援。他便率部隊迅速越過山地往南。但途中又有消息說，鎮上和鄉里的民兵也在該地大批集結，於是他只好帶部隊折向他處。可笑的是那些神父，聽說塞吉耶已經臨近，惶惶然立刻作鳥獸散，或是逃往波爾特城堡，或是奔到聖安德雷，更有甚者，一路不停，直逃到 20 英里遠的阿萊斯城裡方覺得安穩。

就這樣 4 天過去了，到了第 5 天，塞吉耶突然乘著夜色來到拉德韋茲城堡，那裡儲藏有大量武器，都是當時解除農民武裝時留下的，塞吉耶來的目的就是奪走這些武器。城堡主人毫不理睬他們的要求，用一陣排槍回應，起義軍有數人傷亡，同時城堡裡又鳴鐘示警。塞吉耶勃然大怒，最終用大火燒開城門，攻進城後他又下令屠城。隨後，他將其中所藏的全部槍枝彈藥洗劫一空，臨走又放火將城堡焚毀。火光熊熊，將四野籠罩於恐懼之中。

與之同時，總督巴維爾為鎮壓起義軍，報主教遇害之仇，正趕往蓬德蒙維爾。整個鄉村都不得安寧了；由阿萊斯派出的軍隊正兼程趕來，民兵也在四處調集，趕往動亂地區。全部部隊由波爾上尉指揮，他久經沙場，戰功顯赫，在德意志戰爭中、在晚近遠征義大利韋爾多教派的戰鬥中都極為出色。尤其在最近一次戰鬥，即賴斯韋克停戰協議[23]中，波爾上尉表現了卓越的個人能力，由此得到巴維爾的青睞，將他召到朗格多克軍中，要

[23]　賴斯韋克是荷蘭西部南荷蘭省城市，西元 1691 年在此簽定《賴斯韋克和約》，結束了大同盟戰爭。

他對付塞文起義軍。

波爾上尉在趕往芙羅拉克的急行軍途中，忽然得到報告，知道塞吉耶部隊的行軍方向，於是便在巴雷折轉東行，約一小時後到達豐特莫爾特，在這裡與之遭遇。當時這些起義軍正露宿在金雀花叢中，這時忽然驚起，向軍隊胡亂開了一陣槍便四散而逃，此外再未做任何抵抗。波爾率部隊窮追不已，一路砍殺過去。塞吉耶正在徒勞無功地試圖集結他的人馬，恰好被波爾撞到；波爾於是將他（連同其餘幾人）一起俘獲，戴上鐐銬，送往芙羅拉克。在押解的途中，波爾問塞吉耶:「可憐蟲，你做了那麼些壞事，現在落到我手裡，你希望我怎麼處置你？」「你就用你落入我手裡時，我會怎麼處置你的方式來處置我吧！」塞吉耶回答。

在法官面前，塞吉耶也沉著鎮定，毫無懼色。「你叫什麼？」法官問他。「皮爾．塞吉耶。」「為什麼大家稱呼你為智者？」「因為聖靈與我同在。」「家住哪裡？」「荒漠，偶爾也去天國。」「來求王饒恕你吧！」「只有那永生的方可稱王。」「你不為你的罪行感到悔恨嗎？」「我的靈魂平靜得猶如一個園子，處處是成蔭的樹林，是安寧的泉水。」

審判結果，塞吉耶被判剁去雙手，再拉到蓬德蒙維爾處以火刑，另一個囚犯努弗爾在拉德韋茲受車裂之刑，邦內則在聖安德雷處以絞刑。3 人受刑時都大義凜然。塞吉耶在火海中，留下了他最後的遺言:「我的兄弟，要等待，要信賴上帝。那受遺棄的卡摩爾山將會甦醒，荒僻的黎巴嫩也將有如玫瑰盛開。」這位冷酷無情、視死如歸的馬基斯塔弗爾的先知，謝拉暴行的復仇者，卡米撒起義最早的領導人，就這樣化為了灰燼。

起義軍最早始於何時，又是如何獲得卡米撒的稱號，至今仍無法確定。他們自己只用一個名稱「上帝的孩子們」，倒是他們的對手給他們取了許多綽號，如「巨嘴鳥」、「流寇」、「烏合之眾」、「聖歌手」、「邪教徒」，最後還有一個，「卡米撒」。據傳，之所以稱他們為「卡米撒」，是因為他們都身著普通長衫（camisole），這是他們唯一的制服。另有一種說法，是因為他們都在衣服外另套一件白衫（camise），以便在夜襲中分辨敵我，所以得名。

不過在起義期間，另有一批效忠王室的農民也參與了作戰，他們為表示與其他人的區別，自稱為「白卡米撒」，這足以證明所謂白衫的說法與事實不符。還有看法以為，這個詞來源於 camis，代表布穀鳥。我們姑且不論卡米撒這個詞如何起源，它已是起義者一個公認的代名詞；在當地的歷史中，他們也一直是以這一名字為人所知。

波爾上尉精神抖擻，要再接再厲，一如在豐特莫爾特那樣給起義軍重擊。在上塞文山區，凡遇到可疑的人一律逮捕，送芙羅拉克審判。如果是已經逃脫的起義者，一時無法捉到，就把他們的父母、親屬和妻小予以羈押，再處以各種刑罰。而現在，起義者自身又是怎樣的光景呢？他們知道，一旦被捉只有死路一條，便藏身在只有當地住民才知道的洞穴裡，他們的行動非常隱蔽，導致波爾誤以為他們已經逃離法國。巴維爾總督也持同樣的看法，他看到起義已經完全被撲滅，心裡暗自得意。他把各路部隊派駐到主要的一些村莊裡，隨後便回到阿萊斯，向那些逃難的神父宣布，他們現在可以回到各自的教區去了。

倖存的起義軍在躲藏了幾日後，一天夜裡又聚集在一處，商量如何脫身，以及下一步該採取什麼行動。這時，又有一些同情他們的人加入了隊伍，其中包括 3 位退伍老兵，拉波特、埃斯波朗迪厄和拉斯特萊，還有一人就是年輕的卡瓦利埃。卡瓦利埃一直在日內瓦過著流亡的生活，他這次回國是為了與自己的同胞一起戰鬥、冒險。在場的起義者中，絕大多數都以為，他們的反抗已經沒有希望，願意離開法國越過邊界進入瑞士。

正當眾人情緒低迷之際，拉波特提高了他的聲音。「各位教友，」他說，「為什麼我們要離鄉背井，逃往外族人的土地呢？難道我們自己沒有土地，我們父輩沒有土地嗎？你們會說，這片土地只有奴役和死亡；好，那我們就解放了它，解放你們被壓迫的兄弟吧！再不要說什麼『我們有什麼好做的呢？我們人那麼少，連武器都沒有。』神會給予我們力量。來，讓我們高唱戰歌，從洛澤爾一直到海濱，以色列會再度崛起。要說武器，我們不是有斧頭嗎？只要有斧頭就會有槍！教友們，我們面前只有這一項事業值得我們去奮鬥，那就是為我們的土地而活下去；如果需要，為它去死。死在劍下，也勝過死在恐懼、死在刑罰下。」

這之後，沒有人再提逃跑之類的話。與會的人異口同聲地向他喊道：「你來指揮吧！這是神的旨意。」「你們的諾言，有神為證。」拉波特答道，「好，我同意當你們的首領。」隨即他得了個稱號叫作「天兵司令」，他的兵營便稱為「主的兵營」。

拉波特出身於離昂迪茲不遠的馬瑟貝朗村，一個古老的胡格諾教派的農民家庭，家庭成員中，有以耕種為生，有的則做買賣，在當地都受到尊重。老拉波特一共有 4 個兒子，老大繼承家業，得到了全家在馬瑟貝朗的房子，做了小農場主人，也經營畜牧業；那房子至今仍在那裡，被稱作「拉波特 —— 羅朗」故居。屋裡有一間祕室，只要掀開地板一角就可以看到，它被喚作「羅朗祕室」，那個叫羅朗的著名起義軍領袖，也是這屋子主人的兒子，便常常在這裡藏身。在村子裡，羅朗父親用過的一本舊《聖經》，羅朗自己用的戟，一直被人們虔誠地保存著。

拉波特有兩個弟弟都是新教牧師，其中一位是塞文山區勒科萊德代茲地方最後一任牧師，《南特詔書》廢除後，由於信仰新教遭到驅逐，於是逃到荷蘭，加入了奧蘭治親王的軍隊，西元 1688 年隨親王到英倫，在一支從托爾貝登陸的法國部隊中擔任牧師。另一位弟弟也是牧師，他留在了塞文山區，不顧生命危險繼續在荒漠中向民眾布道；約過了 10 年這種生活，最終被捕，押送到蒙彼利埃，於西元 1696 年被處以絞刑。

老四就是我們剛剛提到的，被殘留在上塞文山區的起義軍選作首領的那個拉波特。他曾在國王的軍隊中服役，哥哥殉難後的第二年，在《賴斯韋克和約》簽定後他回到故里。有一度他曾在勒科萊德代茲，也即他哥哥被驅逐的地方定居，做煉鐵工、鐵匠。他身材高大，有著棕色的皮膚，肌肉粗壯有力。他有著熱烈的信仰，那些荒漠中的教友集會，他幾乎每場必到。此外，他還是個極有聲望的聖歌手；總之，他可算得是一個天性熱情、孔武有力的人。這樣的人，總能吸引很多追隨者，在革命年代裡，能夠讓群眾死心塌地地跟隨他。政府的迫害如此殘暴，他早已義憤填膺；所以，當他找到山裡那些悲觀失望的起義者，看到他們正在籌劃出逃時，忍不住就做了簡短但分量極重的發言（我們前面已經引述），眾人因此下定決心，為了他們生活的土地，為了他們信仰宗教的自由，不惜再做哪怕是最後一次努力。

就在出任首領的當天夜裡 —— 時間大約在西元 1702 年 8 月初 —— 拉波特便突襲了距離會場不遠的 3 個羅馬天主教村莊，奪取儲存在那裡的少量彈藥。起義軍又集結、露面了，許多人知道了消息，都紛紛加入，其中包括卡斯塔內。他是西部艾格爾山區的護林員，隨行還帶了 12 個人，都是他在韋布龍附近農村裡招募的；隨後卡蒂納（他是個士兵）也從沃韋爾帶來了 20 個人；還有里博特的年輕人卡瓦利埃也帶了一支部隊，他們都扛著步槍，這些槍枝是他們從存放地 —— 聖馬丁修道院奪來的。

與此同時，拉波特的姪兒，年輕的羅朗，在沃涅日地區不停地到村莊和各戶走動串門，召集人們，呼籲他們向山裡處境險惡的教友們伸出援手。羅朗年紀雖輕，但天資聰穎，也具有他家族所特有的「傳教」稟賦，只是他的稟賦是表現在軍事上；這是因為他曾受過正規軍事訓練，小小年紀已經久經沙場。在沃涅日，人們到處張開雙臂迎接他。

「各位教友，」他說，「主的事業，以色列的拯救，現在正處在危急之中。跟我們到山裡去吧！那裡最適合戰鬥：宿營的山坡，便利我們埋伏的峽谷，可以集結部隊的樹林，藏身的洞穴，那裡全有。萬一要撤退，也有山羊才走的荒僻小道。那裡，所有的人們都是你們同宗兄弟，他們會敞開大門歡迎你們，會把他們的麵包、牛奶、還有綿羊一起與你們分享，森林裡有栗子作食物，你們還有什麼好害怕的呢？神不是曾在沙漠中，將天上的食物賜給祂的選民？祂不是日復一日地，都在繼續祂的奇蹟？聖靈難道不會庇護祂罹難的孩子？祂會給我們安慰，給我們力量，祂要我們武裝起來，祂會讓祂的使者在前面引領我們！而我，我是一個士兵，我會盡到我的職責。」

這番激動人心的講演，收到了熱烈的回應。聽眾中有許多人表示願意立刻跟隨他走。不過羅朗沒有將這些志願者都帶去，而是要他們登記、組織起來等他，他很快會回來。他只挑了幾個在他看來可能會成為好戰士的人隨他進山。

起義者的人數由此一下子增加到約 150 人，與壓迫者占絕對優勢的軍隊相比，這樣的人數無足輕重；可是他們都受到一種堅定的精神鼓舞，又有英勇無畏的指揮官。這些人馬被分成 3 隊，每隊 50 人。拉波特指揮塞吉耶的殘留部隊；新來的人平均分為兩隊，分別選舉了羅朗和卡斯塔內當隊長。

8 月分其餘的時間，拉波特都在訓練士兵，讓他們熟悉山區地形，這裡將會是他們的戰場。當這一切進行中時，拉波特忽然接到一個緊急口信：韋布龍的鄉里信奉新教的牧民，他們的牛羊被米拉爾上校帶領的一隊忠於政府的民兵掠走，正往北向芙羅拉克方向趕去。拉波特立即帶人去支援。他們守侯在敵人必經的塔爾隆橋頭，當敵軍靠近後，卡米撒發動了攻擊，敵人四散而逃；卡米撒獲得了勝利，把牛羊趕回了村莊。

拉波特又帶著他的勝利之師趕到科萊，科萊曾是他哥哥當牧師的地方，當年他布道的禮拜堂仍然坐落在那裡。這是塞文山區唯一沒有被損毀的新教禮拜堂，當地的莊園主有意把它改造為醫院，現在駐守在那裡的，是卡布里埃上尉手下的一個連隊。拉波特在快進入村子時，寫了一封匿名信給上尉，謊稱當晚附近某樹林裡會有宗教集會。上尉隨即帶人趕赴那裡；拉波特則借此機會進入村子。於是，新教禮拜堂自他哥哥去世以來一直無人負責，現在重新開放。一整夜，拉波特一直在唱讚美詩、布道和禱告，莊嚴地祈求神的保佑，幫助他贏得這場旨在解放家鄉的聖戰。淩晨，拉波特帶人離開禮拜堂，又縱火焚燒了天主教堂以及上尉和神父的房屋，然後走出村子，向北進發。

就在同一天早晨，波爾上尉來到了毗鄰的聖熱爾曼山谷。他此行的目的，是因為這裡正在進行一項毀壞新教徒住宅的工作，他來這裡正是為了監督這項工作的進展。這時，他得到了拉波特夜間行動的消息，便立刻趕往科萊，召集所有能夠召集的部隊，沿路追蹤卡米撒。他向庫杜羅方向緊追了近兩個小時，然後判斷出拉波特及其部隊在一處山上紮營。那座山的山腳甚為陡峭，一片栗子林由那裡斜斜往下，一直延伸到被稱作熊普・多梅爾羽的寬闊草原。

這片栗子林在古代曾是德魯伊特[24]的聖地，他們常在這片密林深處舉行神祕的宗教儀式；附近的山脈也被人認為是以前古代高盧人的神祇顯靈之處。所以，自然而然這裡就被視作一處聖地。而那些被追捕的新教徒，之所以常常把這裡作為他們午夜集會的場所，多半有這方面的考慮。此外，這裡恰好地處聖弗勒札爾、聖安蒂奧、德茲和維奧拉這些村莊之間，這也是一個因素。正當拉波特和他的戰友來到這裡禱告，完全沉浸其中的時候，站崗的士兵報告說敵人來了。

在波爾讓他的人馬停住略作休整之時，拉波特緊急召開了一個小規模的作戰會議，討論下一步的對策。拉波特自己傾向就地作戰，幾個副官則主張立刻躲入深山密林。年輕衝動的卡瓦利埃此時也在場，他同意主帥的意見，主張立刻向敵人發動攻擊。由此，攻擊的方案獲得大家通過。

這些卡米撒戰士於是離開了有利於他們的地形，潛入山下的栗子林，低聲唱著《詩篇》第 68 篇〈求主興起使惡人消滅〉。這首讚美詩的歌詞如下，由馬婁填寫，胡格諾教徒每次一唱起這首讚美詩，它的戰士立刻士氣大振。

願上帝興起，使他的仇敵四散，
叫那恨他的人從他面前逃跑。
他們被驅逐，如煙被風吹散；
惡人見上帝定無生還，如蠟被火熔化一般。
唯有義人必然欣喜，
在上帝面前愉悅歡顏。
你們當向上帝唱詩，

[24] 德魯伊特，古代凱爾特人的祭司。

歌頌他的名：

為那坐車行過曠野的修平大路。

他的名是耶和華，

要在他面前歡樂！

上帝在他的聖所作孤兒的父。

作寡婦的伸冤者。

上帝叫孤獨的有家，

使被囚的出來享福；

唯有悖逆的住在不毛之地。

這便是卡米撒戰士的馬賽曲。在無數次的戰鬥中，這首讚美詩便成了他們的戰歌，他們唱著它，猶如古迪梅爾[25]音樂的一種急步曲。現在，他們藉著樹陰的遮蔽漸漸逼近官兵。波爾發現了他們，立刻下令部隊進攻。他向手下大喊，「衝，殺死他們，殺死這些巨嘴鳥。」[26]雖然這些「巨嘴鳥」人數上處於劣勢——他們只有來犯之敵的三分之一——但他們極為驍勇，堅守陣地；攜步槍者猛烈開火，而另一些人則拿著鐮刀奮勇抗擊揮舞著刺刀逼近的波爾。戰鬥中，這些讓人生畏的鐮刀手有數人犧牲，還有 3 人被俘。

拉波特眼見不能擊退波爾，便且戰且退，回到密林，又再退回山上，而波爾也不敢再跟入。他已經控制了這片方才發生激烈戰鬥的地區，對此他感到心滿意足；地下橫躺了許多士兵的屍體，包括他的一個民兵上尉。

卡米撒的首領現在開始分頭行動。拉波特帶了一支部隊西行；忠於皇

[25] 克勞德．古迪瑪律，16 世紀法國作曲家，以其為格律詩篇所譜音樂聞名。他的詩集為新教教堂廣泛採用。

[26] 巨嘴鳥」（或是「水獺」）是人們稱呼韋爾多教派用的綽號。波爾此前在義大利的山谷中曾與他們作過戰。——原注

室的軍隊 —— 此時他們已經得到大量增援 —— 從四面八方過來堵截，但他還是從他們的指縫間溜了出去。他帶了人馬又來到蓬德蒙維爾，奔向西加爾河源頭附近的幾個村子。與此同時，餘下的卡米撒首領也帶人下山，一路往南，另一路往西，為的是分散敵軍的注意力。他們沿路襲擊天主教教堂奪取武器，凡他們所到之處都引起恐慌。

而此時，布羅格利伯爵、波爾上尉、米拉爾上校，以及在塞文山區的所有正規軍和民兵的指揮官，開始到處搜索新教徒和他們的家人，把他們的住處洗劫一空，牛羊趕走，最後放火燒毀茅屋。現在可以看出，對於雙方而言，這場戰爭都正在演變為一種瘋狂的報復行為。除他們以外，還有一些與兩邊均無關係的小股土匪，他們不分新教徒或是天主教徒，一律大加洗劫。

事情發展到這一地步，人們對政府的不滿加劇。許多新教徒家室被毀，四處逃亡；他們當中，還能打仗的就到山裡參加卡米撒的部隊。所以，儘管官兵採取了種種措施來消滅卡米撒，他們的人數卻反而有增無減。

最終拉波特被波爾上尉緊緊咬住了。這位不屈不撓的對手，自認為在熊普．多梅爾羽蒙受了奇恥大辱，一心一意要為自己報仇雪恨。這時，他得到報告：拉波特帶著部隊正在西加爾河的莫勒松附近，將於週日（10 月 22 日）召開戰地會議。

波爾將全部人馬分為兩撥，部署他的部隊。這樣可以出其不意，從兩個方向發動突襲，從而把敵人一舉擒獲。部隊立刻按照部署開始行動，但是他們的槍枝因為途中淋了雨，無法開火；而拉波特則趕緊帶手下就近到一處懸崖躲藏。可是，正當他在亂石中穿越時，一顆子彈擊中了他，他腳步踉蹌，最終倒在地上；而他的事業也就這樣突然終結了。他的手下立刻四散而逃。波爾把拉波特及其他一些戰死的卡米撒的頭顱割下，裝在兩個籃子裡，送給布羅格利伯爵。第二天，他們的首級就被掛在昂迪茲橋上示眾，再後一天，則掛在了聖伊波利特的城頭。這之後，波爾的這些戰利品就被送往蒙彼利埃，在那裡示眾。

這就是卡米撒第二位領導人拉波特的結局。第一位領導人塞吉耶只是當了 6 天的領袖，第二位拉波特也不過當了兩個月首領。現在，巴維爾又以為塞文山區已經平安無事；波爾割下拉波特的首級，在他看來就意味著砍下了起義軍的腦袋，可是他們想錯了。由於國王的軍隊到處毀壞農民的房屋，這其實是把這些農民趕到卡米撒的懷抱，所以隨著鎮壓的加劇，他們的人數反而在增加，人手從未像現在這樣充足。不僅如此，雖然拉波特消失了，但他們又有了許多領袖人物。拉波特死訊傳來不久，這些「上帝的孩子們」在山裡召開了一次莊嚴的會議，與會者有羅朗、卡斯塔內、薩洛蒙、亞伯拉罕和年輕的卡瓦利埃。他們為前任首領哀悼，然後，一致推舉拉波特的姪子羅朗繼任。

羅朗的家世我們已經有過描述，這裡有必要再提一提他的這幾位同事。上塞文山區馬薩瓦克地方的安德雷·卡斯塔內，他年輕時做過牧羊人，而後幫著父親做梳毛工；由於他公開聲稱自己是胡格諾教徒，賴斯韋克停戰和約簽定不久，他便因為參與荒漠中的宗教集會而受到追捕，被迫逃亡國外。西元 1700 年他又返回國內，在當艾格爾山區護林員的同時，也從事布道、預言。在卡米撒的領導人中，他最以辯才著稱；與他的同行不同之處在於，他傳教時常常頭戴假髮。他的外型或許有些讓人發笑，因為布魯斯描述他是個又矮又胖之人；而且還是個 □ 型腿，模樣像是小狗熊 —— 但這段描述是出自敵人之口。

薩洛蒙・庫代克，也是梳毛工，布日山南麓馬澤爾羅德村子的人。他們父子二人 20 年來在荒漠中一直是極熱誠的信仰者，薩洛蒙曾先後做過讀經人、領唱者、傳教士和先知。我們前面提過預言的天賦，全部卡米撒的領導人都是先知。埃利・馬里翁在《塞文山區的宗教劇》一文中，對這些先知在卡米撒戰爭中的影響曾有如下描述：

「我們並沒有過人的力量和智謀，」他說，「真正在背後支持我們的，是我們受到的感召。正是這些感召為我們選出了領導人，爾後又給他們指導 —— 它就是我們的軍規軍紀。我們自身雖然弱小，但正是憑藉這些感召，才能抵抗兩萬多精銳部隊的進攻；也正是憑藉這些感召，當我們在荒漠上、在山寨中受到嚴寒和飢餓威脅的時候，當我們面臨巨大危險的時候，心中不曾感到憂傷。我們背負的十字架是主賜予我們的親密交流，它支持、慰藉著我們，因此，它再重我們也不覺得是個負擔；我們的安危、我們的幸福全在於此。」

庫代克一家有不少成員因為自己的信仰而遭遇不幸，他們曾受到謝拉主教的無情迫害。他們的一個妹妹被官兵俘獲，要送往芒德的一處女修道院監禁；不過中途被薩洛蒙、雅各兄弟兩人劫走。兩兄弟中，薩洛蒙雖然身體殘疾，卻有預言的天賦，無人能及，故而被選作了首領。

亞伯拉罕・馬澤爾與庫代克是同村人，兩人是同行，年齡也相仿，都在 25 歲上下，彼此情同手足。他們一起參與了塞吉耶攻擊蓬德蒙維爾的行動；對於眼下他們正在進行的這項瀕於絕境的事業，他們也都同樣忠誠。馬澤爾家族在塞文山區有許多成員，為這一事業已有多人獻身。有些成員最終流亡到美洲，有的則被送到軍艦上服苦役。奧利弗・馬澤爾，一位傳教士，於西元 1690 年在蒙彼利埃被絞死；雅各・馬澤爾於西元 1701 年到倫敦避難。凡是塞文山區發生的戰鬥，它的追隨者、領導者中，必定有馬澤爾家族的成員參與其中。

尼古拉·約尼，來自熱努伊里亞克，是個服役多年的老兵，一度曾做過奧爾良的軍需官。在卡米撒當中，其他當過軍人的還有埃斯波朗迪厄、拉斯特萊，這兩人從前是下層軍官；卡蒂納、拉夫內爾，純粹是士兵。這些人中，卡蒂納最負盛名。他本名叫莫利埃爾，阿布迪亞斯·莫利埃爾，在義大利時，曾在卡蒂納元帥手下做過龍騎兵。他對那位元帥佩服得五體投地，讚不絕口，所以他的戰友便幫他取了個外號叫卡蒂納。整個卡米撒戰爭期間，他就一直叫這個名字。

在羅朗以下，最傑出的卡米撒領袖要數年輕的約翰·卡瓦利埃。他出生農民家庭，做過麵包房學徒，最後當了起義軍的領袖。他一次次地戲弄、打敗路易十四的軍隊，最後，又做了澤西島總督，受封為英軍少將，以此結束他光輝的職業生涯。

卡瓦利埃是里博特這個地方的人，里博特村在加爾河邊，離昂迪茲過去不遠。他剛夠年齡就被送往山裡放牛，再大些，又到昂迪茲跟一位麵包師做學徒。從這些事實推斷，他父母應該地位較為低下。

他父親內心是一名新教徒，為了免遭迫害，裝作改信羅馬天主教，也參加彌撒。他母親則是一位虔誠的喀爾文教徒，堅決拒絕改宗，不遺餘力地用自己的觀點教育兒子。她定期參與荒漠中的宗教聚會，而且每次都帶上兒子。

據卡瓦利埃自己所述，在他剛剛成年時，一次與母親參加克勞德·布魯遜主持的一個宗教聚會；在這次聚會上，他聽說有許多人因為參與這樣的聚會而被捕，其中有的受絞刑，有的則送往艦船服苦役。這些話讓他深受震動，他當時便存了念頭：日後如果自己有了力量，一定要為他們復仇。

隨著年歲增長，他目睹越來越多的暴行，以及由這種暴行所達成的強制服從，於是決定棄國遠走；他與其餘 12 個年輕人一道，經過 8 天的艱苦行程，終於來到日內瓦。他在日內瓦停留不到兩個月，一日忽然得到消息 —— 他那孤獨、憂鬱的眼神，幾乎每時每刻都在關注著塞文鄉親 —— 他的父母均因他的出逃而被捕入獄，父親關在卡爾卡松，母親則關押在讓人一聽名字便心驚肉跳的康斯坦斯城堡，它在艾格莫爾特，是囚禁胡格諾教徒最為出名的一處監獄。他當即決定回國，以便能找機會救出父母。但來到里博特後，他看到父母已經被釋放，而交換的條件是他們必須去做彌撒。他的到來現在只是給父母增添新的麻煩 —— 因為他自己並沒有改宗之意 —— 於是他便躲到塞文山裡藏匿。

小卡瓦利埃也參與了布日召開的午夜會議，正是在這次會議上，決定刺殺謝拉主教。他要求和隊伍一起行動，只是因為年齡只有 16 歲，大家認為太過年輕，不適宜這樣的行動，便將他與他的朋友留了下來。

這時，卡瓦利埃事實上已經喪失了身為公民的權利，後來他便加入拉波特的隊伍，當他的副手。拉波特死後，起義軍隊伍繼續壯大，又有大批志願者湧入拉波特的繼任羅朗的麾下。下塞文山區的青年農民在忙完農活之後，只帶著鉤刀、斧頭，就急不可待地加入卡米撒隊伍。沃涅日地方的人曾對羅朗有過允諾，現在他們不僅做到了，而且還不止於此。他們有 500 名子弟參加羅朗的隊伍。卡瓦利埃也從里博特招募到更多的人手。到這年的秋末，卡米撒隊伍的人數已經超過 1,000 人。

羅朗無法為如此眾多的士兵提供住處、口糧，就把他們分成 5 組，分派到各自的兵營（姑且這麼稱呼）過冬。羅朗所在的區域是下塞文山區，包括加爾東南克以及維杜爾勒和西加爾河之間的山區。亞伯拉罕·馬澤爾和薩洛蒙·庫代克所部則在上塞文山區活動，也即加爾河的昂迪茲支流和塔恩河之間的區域。安德雷·卡斯塔內率部在西塞文山區，包括艾格爾和埃斯佩魯山區，靠近塔爾隆和加爾河昂迪茲支流的源頭。地勢起伏的洛澤爾山區，是塔恩、塞茲和加爾河的阿萊斯支流這 3 條河的源頭所在，由約尼控制。最後，更為開闊的南部農村，由昂迪茲一直延伸到海濱，其中包括阿萊斯、於澤斯、尼姆的周邊地區，以及人口密集的沃涅日谷地，則由年輕的卡瓦利埃指揮，這時的他還未滿 17 歲。

各分隊的首領均由手下選出，他們的獲選，倒未必是因為他們有什麼軍事才能，而全然是憑藉他們傳教和預言方面的天賦。羅朗、約尼此前曾服役過，但他們與卡斯塔內、亞伯拉罕及薩洛蒙一樣，都是傳教士。而種種不尋常跡象顯示，年輕的卡瓦利埃也有預言的天賦，故而，他的小隊推選首領時，眾人略過了更年長的埃斯波朗迪厄、拉斯特萊、卡蒂納和拉夫內爾，而選中了里博特這位麵包店的年輕人，原因不在於他作戰如何如何，而在於他能夠傳教。那些老兵也一片歡呼，擁護他的領導。

從肖像看，這位傑出的卡米撒首領年輕、英俊，面色紅潤，兩眼活潑有神，腦袋很大，一頭長髮披到肩上。他的同伴都將他與大衛相比，以為他與以色列的那位著名牧羊人的雕像有驚人的相似。時間到了西元 1702 年，卡米撒部隊的勢力已經擴展到整個塞文山區，從這裡一直到海濱的下朗格多克地區，都是他們的勢力範圍。

這年冬天，他們全部的精力都放在隊伍的組織、彈藥的補充和隊伍的壯大方面。他們占領的各片地區都有很好的兵源，因此到了歲末，他們的人馬已經接近 3,000 人。只是他們的武器裝備依然糟糕，各種鳥槍、舊式火繩槍，從民兵那裡繳獲的步槍、手槍、馬刀、鐮刀、斧頭、鉤刀、甚至是犁鏵，都被他們當成武器。他們的彈藥嚴重不足，現有的彈藥多是偷偷從國王的軍隊士兵手裡、或是專門派人去尼姆和阿維尼翁地區購買得到，羅朗深知不能太過依賴這種管道，於是決定自行製造。

所以一個軍需處也由此建立；他們還從那些最偏僻的地方，挑出一些空間較為寬敞的山洞，改造成為彈藥庫、醫院、糧倉、地窖和兵工廠。米爾萊，由於這裡山洞多，被羅朗選為指揮部，卡瓦利埃則挑選了布凱這個地方，將厄澤的山洞當指揮部，薩洛蒙挑選的是卡薩尼亞，指揮部設在馬奇斯塔沃爾的山洞裡。其餘的做法類似，從而，每一支部隊的指揮官都有了自己的區劃、糧倉、彈藥庫和兵工廠。每一次當部隊撤退之時，都會隨軍帶上一支特殊的隊伍：碾磨工、麵包工、鞋匠、裁縫、軍械士以及其他一些技工；每支部隊都有自己的警衛和哨兵。

塞文山區的特殊地形，我們已經做過介紹，它的石灰岩地層，猶如一副骨架，將南部的花崗岩臺地整個包圍住。通常，在這種地質構造中，由於水滴的作用容易出現大的岩洞；而塞文山區的這些岩洞 —— 在這裡是隨處可見的 —— 在卡米撒起義中有著特殊的作用。在埃羅河邊一座新教城市岡日附近有一個岩洞，由於頂部的泥石流，如今已不能進去，但當時卻是胡格諾教徒的避難地。這個岩洞有兩個入口，一個在埃羅河邊，一個在芒德斯河邊，兩河被山分開，而這個洞卻貫穿了整座山，至今人們仍稱之為「卡米撒洞」。這一地區這類的岩洞數不勝數，只是相比而言，位於米爾萊的那些岩洞尤為重要， —— 米爾萊是羅朗的指揮部所在地，被稱作「起義軍的都城」 —— 故而我們簡短描述於西元 1870 年 6 月在這一地區的一番遊歷，以饗讀者。

昂迪茲城是加爾東南克地區的首府，地方不大，過去幾乎一直是信奉新教的區域。即使在今天，5,200 位城市居民中。屬這一信仰的仍有 4,600

人之多，其中包括主要的土地所有者、耕種者及城市和城市周圍的工匠。宗教戰爭期間，這個城市是胡格諾派的一座堡壘。亨利四世死後，這一地區依然歸屬羅昂公爵——至今我們仍可在城市東北角的一座錐形山上看到他的城堡遺址。昂迪茲恰好夾在聖朱利安的絕壁和加爾河之間，沿河岸有一道堤壩，倒是一處愜意的散步場所，冬天還有抵禦山洪之用。

距離城市不遠，佩勒梅爾山那灰白、粗糙的絕壁，和聖朱利安山之間形成了一道多石的峽谷，河水穿行而過。光禿禿的巨石聳立在兩邊，猶如兩座巨塔拱衛著塞文山區。峽谷在底部很窄，岩石密布的河床上僅能容河水通過。兩岸各修有一條道路，其中東面的一條，還是炸山之後才得以修成的。

東岸的這條路一直往前延伸，過了橫跨加爾河的五孔橋，繼續伸入山谷，直通米爾萊。這一天，恰逢昂迪茲有集市，精心打扮過的農民如潮水般湧入城裡，他們有的坐著馬車，有的提著籃子，裡面盛有自己的產品，也有的就直接將農產品捆在一起，看到我們走過，他們都不忘說聲：「早安，先生。」沿著谷底，穿過許多小村落，路依然存在，這時我們那輛有氣無力的牛車還足以應付。可是隨著地勢逐漸上升，山谷更窄了，只有一段路是平整的，在我們面前，在各個方向上，出現了各種障礙，道路變得崎嶇、險峻，難以通行。

沿著山谷再往前，走過幾哩的路程，右邊的山腰上可以看到一個叫馬瑟貝朗的小村莊，住了幾戶人家，卡米撒起義軍領袖羅朗的出生地就坐落在這裡。再往前兩英里左右，在一條路的拐彎處，我們就看到了這個叫米爾萊的山村，這裡都是平頂的村舍，外觀都粉刷過——這就是在山谷裡生活的幾戶農民的住家。這裡，最主要的一幢建築物是一座新教教堂，它仍是當地居民的常去之處。根據西元1868～1870年的《新教年報》統計，這一地區信奉新教的住民有 1,325 人。十分湊巧的是，現在的牧師名字也叫塞吉耶，和卡米撒起義的第一位領導人同名。教會法庭的負責人中，有一位拉波特先生，正是卡米撒第二與第三位領袖的直系後裔。

米爾萊地勢極為有利，正適合卡米撒領導人當成指揮部：它位於山裡，與外界隔絕，沒有安全的疑慮；同時，巴維爾修造的一條泰默拉克大道，由聖讓迪加爾進入上塞文山區，米爾萊恰好距離大道不遠，交通便利。不過最主要的是，這裡有數不勝數的岩洞，它們在官兵逼近的時候正好是天然的藏匿之處，同時還可以充當彈藥庫、倉庫和醫院之用，所以，作為起義軍的堡壘，這個地方對他們產生了舉足輕重的作用。

現在，在米爾萊下去不遠，仍然可以看到一個這樣的岩洞，裡面大得驚人。它所在的那座山在路的右側，而這個岩洞從山底往上，差不多一直通到山頂。它的入口處非常狹窄，幾乎無法行走，但到了裡面卻豁然開朗，有些地方迴旋空間極大，彷彿圓頂的居室，而鐘乳石就當頭懸吊著。根據我們入洞探險，以及再從最深處回到出口的時間判斷，這個岩洞的縱深不少於四分之一英里。這個岩洞長期不為人所知，直到幾年前，有一個昂迪茲人發現了它。他進到洞中，卻無法找到返回的路，於是在沒有食物的情況下，在裡面停留了 3 天，直到他的朋友得到警訊，將他救了出去。

就在米爾萊村後，在一座小山坡底下，另有一個大岩洞，而且由它分支出許多小岩洞。這個岩洞在緊急情況下，可以容納全部的居民，羅朗就把這裡作為主要的一個彈藥庫。不過，這些岩洞中，最令人感興趣的是一處醫治傷病的醫院；它在米爾萊的前方，坐落在一個石灰岩懸崖中，而懸崖幾乎凌空橫在水面上。要進入這個洞，只有一條岩石縫中踩出的小道可走，而且極其險峻難行。路的盡頭是一塊小平臺，它距離水面的高度大約是 100 英寸，平臺的後面是一道矮矮的石牆，由入口一直通往洞中。牆上打了兩個開口，顯然是為了架設兩挺機槍，它們一個控制了通往山口的小路，另一個則控制從村子進山谷的通道。外層的拱頂又大又寬敞，它往裡一直延伸，然後可以看見一個圓頂岩洞，它的高度足有 40 英寸，再前面又有一道長長的、曲曲折折的拱頂，縱深足有幾百英寸。洞裡非常乾燥，可以容納許多人。凡此種種，令它在塞文戰鬥中派上用場也不足為奇。

我們找了一位普通村民當我們進洞的嚮導，他應該是個鐵匠，人很有見地，也很聰明。他的鋪子就在我們停放馬車的新教教堂對面，因為這個原因，我們找他帶我們參觀。我們和他談起這個地方的種種傳統，那由父輩一代一代傳承下來的、與塞文山民偉大的卡米撒戰爭相關的傳統，在他的眼中不時流露出自豪的神情。

第七章　卡瓦利埃：一個英雄的名字

今天尼姆周圍的農村，與上一個世紀的景象幾乎沒有區別——那時，國王的軍隊和卡米撒起義軍之間，無數次的戰鬥就發生在這裡——唯一的不同只是多了幾道縱橫的鐵路線穿過：往西去往蒙彼利埃的鐵路，穿過了肥沃的沃涅日山谷。沃涅日，這個小迦南仍像過去一樣，隨處都有葡萄園映入眼簾。往北去阿萊斯的鐵路，沿著加爾河河谷一直向前延伸，沿途一個個車站的名字，都不禁讓過往的遊人想起從前在這裡發生的種種戰事：諾齊埃布庫瓦朗、奈斯、韋贊博雷，最後，還有阿萊斯。現在的阿萊斯，已經是一個製造業城市，也是一個採煤區的中心。

尼姆周圍的風景絕不能說優美，雖然地勢起伏，但它的土地貧瘠、荒蕪，多的只是石頭。站到馬涅塔上，視野非常開闊，所看見的是一幅荒蕪的景象：隨處看到光禿禿的岩石凸出，沒有一絲綠色。到了夏天，草在陽光的暴曬下變得發燙，顏色也成了褐色。視野中幾乎沒有樹木，看見的大多是桑樹，都給人病懨懨的感覺。不過，到了河谷谷底，那裡有土壤，就有了許多產物，橄欖樹、葡萄樹、栗子樹，讓人應接不暇。

我們沿著加爾河谷上行，地勢更為起伏，樹木繁茂。這裡的村莊、農舍都是舊式建築，看不到近代風格的莊園住宅。我們在奈斯車站下車，當年，卡瓦利埃就是在奈斯將蒙特勒維爾的部隊趕過了河，此外，他還曾在這附近的馬蒂納格斯，擊潰了拉戎基埃手下的國王的軍隊。我們此行的目的，正是為了看一看當年的戰場，它在奈斯東南方約 3 英里遠。一路上，都有農民在田裡忙碌。從奈斯後面的一處小山向下俯瞰，整個加爾河谷盡收眼底：從阿萊斯和昂迪兹過來的兩條支流在此匯於一處，遠處塞文山脈連綿起伏。它的左邊是肥沃的博利瓦什谷地，這個谷地在弗羅里安的田園詩裡，曾有許多的稱頌；而這位作者，就是本地人。

我們下了山，往奈斯走去。這時，一個農民從我們身後趕了上來。他肩上扛著一柄鐮刀，正是早上忙完農活回來。在慣常的問候和相互致意之後 —— 法國農民天性注重禮節 —— 我們就攀談上了。原來，這位老人以前還是第一帝國的戰士，曾在蘇爾特指揮下參加過西元 1814 年的土魯斯決戰。他現在已經年近 80，身體仍很結實，在田裡做一整天也沒有妨礙。他邀請我們去他家，盛情款待我們。他從地窖裡拿出一壺泡過的陳酒（不是烈性的），大家開懷暢飲。席間，我們問這附近是否有新教徒，老人回答說，奈斯人全都是新教徒。他的孫兒也在旁邊，低聲評論了一句，修正他爺爺略帶誇張說法。他告訴我們，許多人其實不能算新教徒。

這時，主人說起了馬蒂納格斯戰役，在這場戰役中，忠於王室的軍隊被打得「落花流水」。由此，我們的話題就轉到卡瓦利埃和他的戰功上。和塞文山區多數的新教農民一樣，對於內戰中的種種事件，他知曉得異常熟悉，用一種熱烈的、自豪的口吻，講述著卡米撒的種種事蹟。

前一章，我們講述過起義是如何爆發，又如何迅速擴展到整個上塞文山區。現在我們儘快地談一談，它如何一步步發展壯大，達到顛峰，而後又走向衰落。

當卡米撒起義軍藉著山區叢林岩洞的掩護，祕密地組織武裝的時候，朗格多克總督卻抱著幻想，希望起義會因拉波特的犧牲，和他所帶部隊的潰散而告終，所以，當他看到突然之間起義軍遍布整個鄉村，似乎是從四面八方不約而同地露出地面時，這讓他大吃一驚。信使從各地帶來消息，在洛澤爾和艾格爾山區，在昂迪茲和阿萊斯的附近，甚至一直到瀕海地帶，尼姆和卡爾維松周圍廣闊的地區，都發生了起義。

凡有駐軍、藏有武器的教堂，都受到卡米撒的襲擊，有些被放火焚毀。卡瓦利埃宣稱，對還沒有墮落為這類賊窩的教堂，他一律不加干涉。

但其他領導人卻不一樣，他們不像他這麼小心，薩洛蒙和亞伯拉罕對於對手的所有機構、象徵，對於十字架、教堂、神父居所，凡伸手能觸及的，都搗毀得一乾二淨。聖熱爾曼地方的神父，形容卡斯塔內在艾格爾猶如「咆哮的激流」，羅朗和約尼則逐個村子地洗劫民居、城堡和教堂，搜集武器。他們對這一帶的地形極為熟悉，可以翻山越嶺，由一個村落奔往另一村落，在最意想不到的地方突然出現在眾人面前，而官兵卻疲於奔命，屢屢撲空。

卡瓦利埃藝高人膽大，甚而會離開山區，洗劫尼姆周圍信奉天主教的村落；他一面作戰，一面傳教，一面洗劫天主教堂，全不耽擱。西元 1702 年 11 月中旬左右，卡瓦利埃在沃涅日谷地距離卡爾維松不遠的埃格維韋斯村子傳教，國王軍隊的總指揮布羅格利伯爵，急急忙忙由尼姆率兵過來阻截。可是，要抓住卡瓦利埃比登天還難，在官兵來到之前，他早已返回山裡了。於是，布羅格利把村裡所有的居民都召集到教堂，要他們把剛才與那位卡米撒傳教士在一起的人交出來。「我們都和他在一起。」這是他聽到的回答，「我們都有罪。」他大怒之下，把村子的一些主要人物都抓了起來，送交巴維爾。其中 4 人被絞死，12 人被送往軍艦服苦役，還有許多人被處以鞭刑，全村也被責令交一筆巨額罰金。

而此時，卡瓦利埃正與米爾萊的羅朗一道，再度下山襲擊維杜爾勒谷地各村，掠走武器並毀壞教堂。布羅格利立刻派出兩支部隊去堵截，但起義軍行動神速，早已越過加爾河，絕塵而去。

過了幾日，在 12 月 5 日，起義軍躲藏在距離卡瓦利埃在厄澤的指揮部不遠的瓦居埃森林裡時，他們撤退的消息不幸洩露，一位剛剛改宗信仰天主教，急於證明自己虔誠的蒙塔諾德騎士，還有指揮尼姆民兵的畢瑪律德上尉，帶了一支正規軍和民兵隊伍匆匆趕到。

國王的軍隊由臨近的村子裡找了一個牧人做嚮導，卻不知，這個嚮導其實是卡米撒的人。他將軍隊引入叢林，來到一個狹長的峽谷，這裡一片寂靜，看不到起義者的絲毫蹤跡；軍官便猜測他們正在營房裡呼呼大睡。

這時，一直在暗處注意他們動靜的3個卡米撒哨兵鳴槍示意；槍響後，拉夫內爾出現在狹路的出口處，兩邊是卡瓦利埃和卡蒂納。卡米撒起義者高唱起他們的戰歌——《聖經》中詩篇第六十八首，向官兵發起了衝鋒。畢瑪律德首先被擊斃，蒙塔諾德只帶著幾個動作快的士兵跟著他一起跑了。最後逃出叢林的，為數極少。

「獲得勝利之後，」卡瓦利埃回憶說，「我們又回到戰場，衷心感謝全能的主給我們這樣的幫助。隨後，我們把那些死屍的衣服剝下，拿走他們的武器。我們還在畢瑪律德上尉的口袋裡找到一個錢袋，裡面有100金幣。大家喜出望外，因為我們正缺少經費。隨後我們就用這筆錢替大家買帽子、鞋襪，剩下的錢，就從一個去昂迪茲趕集的商人手裡買了六騾子的酒，用來過冬。」[27]

週日，卡瓦利埃決定在加爾河畔的蒙特茲舉行一次公開的禮拜，參加者大約有500人。阿萊斯的總督得知這個消息，決心採取強硬措施予以鎮壓。他帶了600名騎步兵，同時，他還帶了許多繩子，準備用來捆綁和絞死那些叛亂分子，而為了馱這些繩子，又隨軍牽了一頭騾子。卡瓦利埃從臨近山頭布下的哨兵那裡及時得到消息，知道敵兵逼近。雖然，和敵人的部隊相比，在場參加儀式的、可以作戰的卡米撒起義者人數處於劣勢，但卡瓦利埃還是決定戰鬥。

卡瓦利埃首先將婦女和其他非戰鬥人員送走，隨後就帶領部隊在總督

---

[27] 《塞文山區戰爭回憶錄》，74頁。——原注

的必經之路上埋伏，預備作戰。這時，敵人騎兵衝了過來。卡米撒戰士從埋伏的塹壕後面開火，一下子就撂倒了十幾個人，然後他們就躍身出來，用密集的子彈來招待進犯的敵人。敵人騎兵眼見是這樣的情景，立刻撥轉馬頭，飛越過跟在他們身後的步兵，往來路逃竄。頓時，官兵陣腳大亂。卡米撤戰士為便於追擊敵人，索性脫下了衣服。

官兵正在倉皇逃竄的時候，迎面遇到了一支增援部隊，馬西禮率領大約 200 人的步兵隊伍前來。可這支增援部隊也嚇破了膽，掉轉方向一起逃跑，卡米撒戰士追擊了近一個小時，沿途擊斃的敵兵不下 100 人。這一次，除了從死屍身上剝下的一大堆士兵服外，卡米撒還繳獲了兩騾子的武器彈藥，正好解了他們的燃眉之急；另外還有一件可笑的戰利品，那就是總督原來想用來絞死他們的繩子。

卡瓦利埃受到這次勝利的激勵，決定攻打塞韋城堡，這座城堡坐落在布凱森林東面的峭壁上，防衛堅固。平時，城堡的總管和駐軍對卡瓦利埃的一舉一動都極為關注。從這裡，就能夠俯瞰到卡瓦利埃設在毗鄰樹林裡的指揮部。此外，這個城堡的人在攻擊、驅趕荒漠中的教眾時，心狠手辣，遠近聞名，這些都讓卡瓦利埃異常惱怒。

不過，卡瓦利埃知道自己並沒有可以直接攻打這座城堡的手段，他在等待一個機會，以便可以用計潛入城堡。一天，他正率部隊經過阿萊斯通往呂桑的大道，遭遇了國王的軍隊中一支約 40 人的小分隊；他立刻動手，結果擊斃了部分敵人，還有一些士兵倉皇逃跑。清理戰場的時候，卡瓦利埃發現這支小部隊的指揮官也被擊斃，還從他的口袋搜出一紙命令：命令是由布羅格利伯爵簽發的，內容是要求沿途各市鎮長官招待這支隊伍，為他們提供住宿。卡瓦利埃立刻想到可以利用這紙命令，作為打開塞韋城堡大門的鑰匙。

於是，他吩咐12名卡米撒戰士穿上繳獲來的敵人服裝，又讓另6個卡米撒戰士穿上他們平常的服飾，用繩子捆住，裝作俘虜模樣；他自己則換上那個軍官的制服。一行人喬裝打扮，帶好武器，沿著陡峭的坡路往城堡走去。到了門口，卡瓦利埃遞上布羅格利伯爵頒發的命令，佯稱是為了夜裡看護好卡米撒俘虜，不讓他們逃跑，需要借住一宿。主人馬上就將一行人迎了進去。還帶他們參觀城堡的城牆，向他們展示城堡堅固的防禦，還不忘誇耀幾句，說他們曾經如何如何地嚴厲懲罰叛亂者。

在晚飯時，卡瓦利埃的士兵小心地、裝作無意地一個個進了房間，一等卡瓦利埃給出暗號，他們立刻一擁而上，把總管及其隨從拿住、捆上。與此同時，在城門口，卡米撒戰士也撲向門衛，制服了他們。隨後大門被打開，戰士們蜂擁而入，占領城堡，全殲了守衛的士兵。卡瓦利埃帶上能夠找到的武器、彈藥和給養，然後帶著部隊往回走，撤向他們在布凱的倉庫，臨行前他們在城堡裡放了一把火。城堡裡除了卡米撒戰士找到的彈藥以外，可能在某個地窖裡還藏了不少彈藥，所以，當卡米撒戰士往回走了不到一英里，突然聽見身後一聲巨響，頓時地動山搖，彷彿地震一般。回頭看時，塞韋，這座曾經讓他們咬牙切齒的城堡，它的城垛已被掀到了半空中。

之後不久，在距離昂迪絲幾英里遠的一座倚山而建、防衛森嚴的小城鎮佐弗，卡瓦利埃在塞韋運用的策略，又由羅朗重新上演了一次，結果也是大獲全勝。城鎮居民的武裝全部被解除，武器、給養都被帶走。羅朗沒有殺害被俘的軍官、士兵，只是槍斃了一個作惡多端的司鐸和嘉布遣會修士，並把市鎮裡所有羅馬教會的象徵物都搗毀一空。

這些可怕的舉動，再度讓塞文山區的天主教神職人員陷入恐慌。貴族離開了城堡，商人丟下了店鋪，都跑到有守衛的市鎮避難。甚至連芒德、於澤斯和阿萊斯這些地方的主教也知臨大敵，都在轄區內安設路障，加強戒備，布置防衛。

每取得一個新的勝利，卡米撒戰士的勇氣便增添一分，也一日更比一日更讓對手生畏、恐懼。現在，整個塞文山區，再連同尼姆和蒙彼利埃之間的低地地區，都在起義軍的勢力範圍之內。他們大白天也敢敲鑼打鼓，由他們的首領帶著，大搖大擺地到處走動；地方上的居民給他們供吃供住，一如對待國王的軍隊一般。羅朗在他的轄區內強行徵稅，甚至徵收什一稅。他還以性命相要脅，要農民把食物帶到他那「主的兵營」。這中間，他們也仍然在荒漠中舉行宗教聚會，由他們的首領向教眾布道、施洗、發聖餐。

起義軍的勢力範圍如此之廣，而其崛起又如此之突然，使當局幾乎陷於癱瘓。此前，總督一再向國王稟告朗格多克已經太平無事，故而，當最新的這一起、而且是最嚴重的一起起義發生時，他幾乎不敢再往上稟告了。《賴斯韋克停戰協議》使大批士兵無所事事，他們整天的活動僅限於「改造」新教徒的信仰，強迫他們參加彌撒。用於這一目的的武裝力量估計有 50 萬人之多，他們的作用類似員警，而這樣的職責對於這些士兵而言，無異於一種羞辱。

其餘的沒有這一任務的武裝力量，現在就在巴維爾的統帥下，開始圍剿起義軍。這支多由退伍的騎兵和步兵組成的部隊，在經歷了一場場大戰之後，勇氣已經遠非昔日可比；但倘若說，這麼一支人數眾多的部隊，就會受阻於由農民、牧人、梳毛工組成的幾千人的起義隊伍，在被後者稱之為「良心權利」而戰的戰爭中會敗下陣來，那也未必盡然。巴維爾就沒有將它當真。他決心利用手頭可以支配的眾多武裝力量，全身心地剿滅這支起義軍。

於是一支支部隊被派了出去，試圖襲擊、鎮壓起義軍，一次次地，他們都無功而返。一次次被逼無奈的行軍，不斷地由一個地方趕到另一個地方，以驅趕荒漠中聚集的教眾。這些行動使士兵筋疲力盡，而起義軍神出鬼沒，行蹤不定，又攪得他們心煩意亂。卡瓦利埃常常從一個市鎮奔往另一個市鎮，一會夜裡出發，一會又大清早偷襲，每次都是軍隊還未到來，他已經完事大吉，轉移到 50 哩開外，又開始另一次的行動了。如果官兵化整為零，他們就有被消滅的危險，而倘若是大部隊一致行動，又動作遲緩，永遠趕不上起義軍的步伐。「從道理上說，」卡瓦利埃說，「我們 3 個小時就能走他們一天的路程。我們可以翻山越嶺，穿越森林，而正規軍卻不能。」

最終，起義的事實再也無法掩蓋。朗格多克各級長官都彙集蒙彼利埃，開會商討對策。現在，大家總算完全清楚，事情已經演變到多麼糟糕的程度。一些主要教區的主教若不是派出相當人數的部隊加以護送，他們幾乎無法來出席會議——因為主要的幹道都在卡米撒的控制之中。會上主教們怨聲載道，責怪當局出賣了他們。在他們的緊急呼籲之下，政府又派出 32 個天主教連隊和一隊龍騎兵趕赴這一地區。應總督的要求，還從羅埃格地方調了一支龍騎兵部隊，駐紮在馬賽和土侖的海軍也派出一營士兵，魯西永則派出一支擅長山地作戰的部隊，最後又從愛爾蘭軍中抽調了一大批官兵，來增援這一地區。

有人會問，這些流亡在外的愛爾蘭愛國志士，怎麼會來到塞文山區，幫助路易十四的部隊屠殺卡米撒戰士，強迫他們信仰另一種宗教呢？這裡，事情的原委是，那些從法國被驅逐出境的胡格諾教徒，他們有些參與了威廉三世在伯恩和奧格里姆的戰鬥，這些戰鬥導致了愛爾蘭抵抗人士的流亡，他們來到了法國。不過，必須承認，這些愛爾蘭部隊在為路易十四戰鬥時，遠比他們為愛爾蘭效力時，表現得更為出色。

西元 1691 年，在《里梅利克投降協定》簽署之後，追隨詹姆士二世的愛爾蘭人士多數宣布他們將遺棄愛爾蘭，為他們國王的盟友、法國國王效力。據愛爾蘭歷史學家考證，這支隊伍的人數一開始有近 30,000 人之多。[28] 他們在法國作戰勇猛，參與了多次戰役，表現異常勇敢；不幸的是，他們竟被派遣為路易十四做了許多不名譽的事。他們參與的最早的一次戰役，就是由卡蒂納指揮的、在沙沃伊鎮壓韋爾多教派（又稱為「巨嘴鳥」）的戰鬥。

韋爾多教派農民幾乎都是手無寸鐵的，他們唯一的罪名就是他們的信仰。克萊子爵和迪龍子爵的部隊，就是因為鎮壓韋爾多教派而一舉成名。這是一場種族滅絕式的戰爭，無數韋爾多教派信徒遇害。奧康納先生曾指出，就被殺害的阿爾卑斯山民人數而論、就這一帶所遭受的劫掠和毀滅的程度而論，愛爾蘭人可說是以一種讓人恐懼的忠誠態度，在執行卡蒂納交給他們的任務。這一切，「使他們自己、使愛爾蘭這個民族，在韋爾多教派信徒眼裡形同惡魔。至今，」他評論說，「6 代人過去了，但是，無論時間如何沖刷，也無論隨後還發生了多少不幸，這一次軍事行動所到之處的淒涼景象，它所造成的巨大傷痛，始終無法從人們記憶中抹去。」[29] 愛爾蘭人對居住在那片山谷裡的手無寸鐵的婦女和兒童施加的暴行，使得韋爾多教派信徒至今提起他們的時候，仍然稱之為「外族劊子手」。

這支愛爾蘭軍就是這樣在皮德蒙特為路易十四忠實地效力，而今，他們又被調往塞文，執行同樣的任務。研究這支部隊戰史的學者，並未一一指出他們參與了哪幾場對卡米撒的戰鬥，只是簡單地提到，「有幾次，這

[28]　奧加拉甘：《服役法國之愛爾蘭軍史》，29 頁。——原注
[29]　同上。180 頁。——原注

些愛爾蘭人又為自己、尤其為自己的長官贏得了名聲。」

卡瓦利埃得知軍隊的調動，有眾多的部隊現在正派往塞文，他大膽決定轉移戰場。他帶上兩百名戰士直下低地地區，在沃涅日挨村舉行教眾的聚會。他的行蹤很快被國王的軍隊打探到，這一日，指揮卡爾維松民兵的博納福上尉，得知卡瓦利埃正在聖科姆村布道，立刻帶領人馬前去緝拿叛軍。

博納福最為人所知的一項功勛，是幾年前，他帶兵驅趕沃韋爾和科迪亞克兩地聚會的教眾時，下令將那些驚恐萬分的信徒悉數殺死；而這次，對卡瓦利埃及其信徒，他又想如法炮製。他帶領部隊，縱馬奔向會場，到達時遇到卡米撒哨兵的阻攔，他二話不說，一槍將其擊斃。槍聲驚醒了眾教徒，教徒們又全身心地做了一次禱告，隨後起身站好陣形，迎擊來犯的敵人。他們一開火，國王的軍隊竟然嚇得馬上轉身逃跑。

隨後卡瓦利埃又南進科迪亞克，決心要尋個機會讓全埃馬格斯都吃一驚：他要殲滅埃馬格斯地方的民兵，正是這些民兵，是當地新教徒一切苦難和不幸的根源。於是，在一個晴朗的日子，他步行來到埃馬格斯，行走在當地人中間；這時，根據種種跡象判斷，他的意圖已經為人所知，敵人已有防備，顯然他的圖謀已不可能得手。於是他決定放棄原計畫，籌劃其他行動。不過，這時他的部隊槍枝彈藥極其匱乏，急需補充，他就把自己改扮成一個商人模樣，帶著一個很大的馬褡子，騎馬去尼姆為部隊購買彈藥。臨走前，他將部隊交給兩個副手拉夫內爾和卡蒂納，這兩人都預言說，在卡瓦利埃離開期間，他們會打一個漂亮的勝仗。

很快，布羅格利伯爵就從吃了敗仗的博納福上尉那裡，知道卡米撒部隊就在附近，於是他帶上一大隊騎兵，出發追擊這些叛軍。他在尼姆周圍的葡萄園，還有米爾博多周圍的山地裡搜索了幾天，終於知道卡米撒部隊是在科迪亞克。可是，當他趕到科迪亞克的時候，起義軍已經離開北去。他不死心，繼續追擊，終於在第二天，在瓦爾德巴恩一個叫加法勒爾農莊的地方 —— 從尼姆往西約 3 英里 —— 遇到了起義軍。

國王的軍隊這時共有伯爵父子親自指揮的 200 人民兵，拉杜爾維爾上尉和此前提到的那位可怕的波爾上尉指揮的兩隊龍騎兵，面對波爾所率領的龍騎兵的進攻，卡米撒戰士只有極短的時間進行禱告，隨後就起身，高唱起他們的讚美詩發起衝鋒。但敵人火力過猛，打亂了拉夫內爾的陣腳，這次衝鋒失敗了；稍後他們重新集結，又勇敢地投入戰鬥，最終守住了陣地。波爾被一位年輕的沃韋爾磨房工人薩米埃勒用投石器發射的石頭擊中，落下馬來；布羅格利自己也被步槍子彈擊傷，許多龍騎兵橫屍於地。卡蒂納眼看波爾已經倒在地上，立刻飛奔上前，用馬刀將他的首級割下，又騎上波爾的戰馬，幾乎孤身追擊四散而逃的國王軍隊。布羅格利一路逃到貝尼斯城堡，才覺得有一個安全的避難所，方才鬆了口氣。

正當這一切發生的時候，卡瓦利埃正在尼姆，全心思在想怎樣才能買到彈藥。他沿著埃斯伯拉納德漫步 —— 那裡和現在一樣，是一個風景怡人的休憩之處 —— 忽然注意到人群中湧動著一股激動的情緒，人們奔來奔去，他感到一定發生了什麼重大的事情，就找了一個當地人詢問，結果那人告訴他，卡米撒起義軍已經近在咫尺，他們隨時可能進城洗劫。不久，他又看到一名騎兵沿著蒙彼利埃大道向人群飛奔過來，他身上既沒有盔甲，也沒有武器。到了近前，他幾乎是上氣不接下氣，只是連聲地驚叫：「完了，全完了！布羅格利伯爵死了，波爾上尉也死了。卡米撒正在一路追趕我們的部隊，馬上就要進城了。」

城門立刻關閉，並設柵阻攔；到處都是緊急集合的鼓聲，軍隊、民兵迅速集結；神父們在街頭沒有目的地亂跑，口裡唸唸有詞，「完了！」有些天主教人士甚至跑到新教民眾家裡避難，懇求他們的庇護。當晚就這麼過去了，人們驚慌的心理也慢慢過去，卡米撒並沒有出現。次日凌晨，藏身在貝尼斯城堡的布羅格利伯爵傳來口信，命令駐軍過去保護他。

與此同時，卡瓦利埃在尼姆朋友的幫助下，買到了他所需要的物品，正準備返程。他離開城市的時候，正值總督帶著部隊由西門出發去保護布羅格利，雙方還同行了一段路。這時，卡瓦利埃仍是商人裝束，騎在馬上，身後馱著一個大的旅行包，兩邊還各掛一個馬褡子，裡面鼓鼓囊囊的都是武器彈藥。他混身在這些士兵中間，若無其事地與他們談論著卡米撒及其所作所為。到聖伊波利特，他要轉彎時，那些士兵還警告他道路危險，很可能會落到卡米撒的手裡，那樣不僅馬匹、貨物保不住，小命也要丟掉。卡瓦利埃對他們的提醒表示了謝意，說自己並不怕卡米撒，之後就繼續上路，不久就在約好的地點與他的部隊會合。

這群卡米撒戰士由尼古拉大橋過加爾河，往他們在上游左岸布凱的指揮部而去。這時，該地區的民兵司令德聖夏普特騎士動了念頭，想切斷他們回去的路，但拉夫內爾率領部隊一陣猛衝，竟然把大部分敵人都趕到了加爾河裡，讓河水嗆了個夠。那些不會游泳逃跑的，不是被卡米撒戰士殺死，就是被溺死。

就這樣，儘管政府採取了種種努力鎮壓起義軍，但他們的勢力反而一天一天地在增長。派駐該省的軍隊始終在增加，已經遍布整個農村；卡米撒小心翼翼，注意不給他們有展示自己軍力的機會，即使交鋒，也要瞅準敵人兵力處於劣勢的時機動手。國王的軍隊對此無計可施，只好考慮有沒有其他的手段來平息起義。他們其實心裡清楚，一個最簡單的辦法就是聽任這些可憐的、謹慎規矩的人們，按照自己的方式不受打擾地禮拜。一旦享有這項權利，他們隨時都會放下武器，追求平凡而和平的生活。

可是，國王不想這樣做，畢竟這麼做了，就意味著承認國王犯了錯，這無論是國王還是他的謀臣，都不願接受。為了使他的臣民都順從一種信仰，路易十四除了將成千上萬的人推向絞刑架、地牢，或是強迫他們服苦役之外，還放逐了幾乎 50 萬民眾。現在，要他給予這些牧人、農民、梳毛工信仰的自由，豈不等於叫他承認，這位「最虔誠的天主教國王」，他所孜孜不倦加以推行的政策，竟完全是個錯誤？

國王最後的決定是這樣的：不給予這種自由；而且，必須迫使這些農民放棄自己的方式，必須像他所有的臣民一樣，按照他的方式進行禮拜。為了這個目的，如果必要，可以不惜動用武力。就這點來說，整個事件中如果少了那些讓人厭惡的瀆神行為、那些傷天害理的罪行，反而讓人覺得奇怪了。即使如此，國王的軍隊還是認為自己對於那些新教農民過於寬宏大量；更有甚者，有一些心地更歹毒的人甚至主張，餘下的新教徒要是不肯改宗羅馬教廷，就應對他們毫不留情，格殺勿論。

這裡要提一提一個叛教的新教徒 —— 朱利安准將，他曾在愛爾蘭的奧蘭治的威廉麾下效力，以後又到皮德蒙特，在沙沃伊公爵手下當差，因為不滿擢升太慢，又轉而投奔了路易十四。現在，在這場鎮壓他以前的教友的戰爭中，他也指揮了一支隊伍。一個變節者在鎮壓起從前的盟友時，會超乎尋常地熱心，而且心狠手辣，朱利安就是這樣。在巴維爾的參謀會議上，他的聲音往往最大，要求採取最嚴厲鎮壓措施的就是他。他要求完全消滅起義者，必要的話，把整個國家都變成一個荒漠也在所不惜。「僅僅殺死那些手拿武器的人是不夠的，」他說，「那些給他們提供士兵、提供掩護和給養的村莊，都應該統統燒掉。只有這樣，我們才能成功。」

從純軍事的觀點看，朱利安的觀點有許多正確的地方。可是這麼殘酷的策略，甚至連巴維爾都為之吃驚。「毀壞城鎮村莊，」他說，「這其實不難，不過這會使朗格多克最富庶的一個地區一片荒涼。」但最終，巴維爾還是採納了這條被他指責的策略。

不過，最首要的還是要抓住、消滅卡瓦利埃和他的部隊。最後的部署是，德圖芒伯爵率800人駐紮於澤斯，朱利安率埃諾爾特團的兩個營駐紮昂迪茲，布羅格利帶領一大隊龍騎兵和民兵守住聖昂布魯瓦山口，成三面夾擊之勢，中間就是布凱森林，據說卡瓦利埃就藏身在這裡。他們步步逼近，試圖合圍起義軍，然後消滅。

但是，卡米撒首領對他們的動向瞭若指掌。卡瓦利埃先往北行，把敵人從自己的倉庫圍引開，然後又從逼近的幾路敵人的縫隙間溜走，繞到了布羅格利的背後，縱火焚燒兩個天主教村莊。三股敵人立刻掉轉方向，往失火的村子趕來，這時卡瓦利埃早已再次不知去向。他們花了整整4天，在加爾河和塞茲河之間的鄉村裡搜索，樹林、岩洞都搜過，還是毫無收穫。最後他們又氣又恨，只好無奈地回到各自的軍營。

正當國王的軍隊在忙於搜索的時候，卡瓦利埃又攻擊了馬西禮上校帶領的一支往蒙達約爾城堡運送給養的隊伍。他驅散了護衛隊，殺死許多兵士，然後帶著騾子和貨物回到他們在布凱的倉庫。整個一月分，雖然氣候極為惡劣，不過卡米撒戰士一直在進行運動戰，在敵人最意想不到的地方露面。羅朗一次從米爾萊村出發，夜襲昂迪茲，把布羅格利從睡夢中驚醒；卡斯塔內則突襲聖安德雷，將教堂的所有收藏付之一炬；約尼解除了熱諾伊里亞克的武裝；拉弗勒則騷擾了在洛澤爾省首府芒德眼皮底下的各個村子，引起驚慌。

在法國南部地中海沿岸地區，冬季氣候相對暖和怡人。但內陸山區卻截然不同，白雪皚皚，河流冰封，險惡的氣候條件造成部隊的減員，對隊伍的這種狀況，卡瓦利埃曾在回憶錄中有過描述，大家「沒得吃，沒得住，也沒有錢，要和飢餓、寒冷、冰雪、痛苦和貧窮搏鬥。」

「布羅格利將軍以為、並且希望，」他繼續寫道，「儘管他無法在戰場上消滅我們，可是冬季惡劣的氣候帶給我們的種種難以忍受的不幸，會幫助他達到這一目的。只不過，全能的主用他的力量阻止了這一切發生，祂用我們所料想不到的方式把一切安排得井井有條；冬天過去的時候，我們發現自己還活著，而且比我們所能期望的還活得更好……至於休息，我們常常是夜裡出去找一個村落，或者是到樹林裡（或者樹林旁邊）找個羊圈睡覺；要是突然發現一塊石頭、一段木材，可以當成枕頭，我們就會感到幸福。在這種環境下，我們睡得像躺在床上一樣香、一樣沉。

「氣候經常變得很冷，我們常常需要烤火；因為我們多數是歇在樹林裡，可以很方便地找到大把大把的木柴，然後我們就弄個火堆，大家在四周圍著取暖。我們就這樣度過了整整一個冬季，成天四處移動，有時往東，有時又往西，在林海雪原之間穿行。儘管氣候惡劣，給養有限，儘管我們被迫不斷行軍轉移 —— 因為這個緣故，我們甚至沒有時間洗一洗我們身上唯一的一件襯衣 —— 不過我們沒有一個人倒下。從神情上看，你甚至會覺得我們像是剛剛美餐了一頓。冬季結束的時候，大家都情緒高漲，可以馬上投入新的一輪戰役。」[30]

西元 1703 年 —— 這是起義的第三個年頭了，戰事開頭對卡米撒來說並不順利。布羅格利伯爵在塞文山區的糟糕表現，再也沒能瞞得住路易十四，他決心派出最能幹的一員大將 —— 蒙特勒維爾元帥，由他去接替

[30]　卡瓦利埃：《塞文山區戰爭回憶錄》，111 ～ 114 頁。—— 原注

伯爵，並且還從德意志和義大利調回了 10,000 名最精銳的法國部隊增援朗格多克。現在，這裡的部隊有 3 個龍騎兵團，包括愛爾蘭軍、魯西永的山地部隊和朗格多克步兵團在內的共 24 個步兵營，外加地方民兵，總兵力不下 60,000 人。

駐紮在朗格多克，準備對付這裡的農民起義軍的，就是這麼一支強大得難以抵擋的部隊，它的指揮官包括一名法國元帥，3 名中將，一名少將，3 名准將。所以，卡米撒首領在接到報告，說有這麼一支部隊調過來要剿滅起義軍時，他們暗暗感到吃驚也是不足為奇的事情。

他們最終決定，首先要做一個大的戰略調整，盡可能擴大起義軍的活動地區。為此，卡瓦利埃 2 月初就帶著 800 名戰士，30 頭騾子的輜重，出發去朗格多克東北部的維弗雷地區，那裡有許多卡米撒支持者，他們試圖在這裡發動起義。這個時節，地上還被冰雪覆蓋，這一小隊人馬經羅歇古德和巴亞克後北行。在瓦格納茲鎮，他們遇到德羅勒伯爵率領的 600 人的民兵隊伍阻擋，在一陣猛烈的衝鋒之後，敵人四散而逃。

但這時，在他們身後出現了一支更強大的王室軍隊，這是朱利安准將從呂桑帶出來的 1,800 名士兵，他們一路追蹤卡瓦利埃到這裡，最終在瓦格納茲森林趕上了。第二天早晨，卡米撒投入了戰鬥，他們仍和從前一樣勇敢，不料卻中了敵人的埋伏，寡不敵眾，最終丟下了騾子、輜重、7 面軍鼓和一大批武器落荒而逃。傷亡達 200 人。卡瓦利埃艱難地逃脫，在大家都以為他已經失蹤、對他不抱生還希望的時候，他筋疲力盡地出現在布凱的集合地。在他之前，拉夫內爾和卡蒂納已帶著殘兵敗將來到這裡。

羅朗和卡瓦利埃現在決定改變策略。不能再像在瓦格納茲那樣和敵人硬碰，那樣一旦失手便容易全軍覆沒，而應當把部隊分成許多小股力量，不斷移動，不時地騷擾敵人，切斷敵人的運輸線，伺機殲滅小股零星的敵人。

蒙特勒維爾誤以為卡米撒已在瓦格納茲全軍覆沒，所以，當他突然得到報告，說有許多據點遭到攻擊，城堡和教堂被焚毀，多支運輸隊伍被俘虜，而小股分散的國王軍隊也屢遭襲擊時，讓他感到十分震驚。

約尼進攻熱諾伊里亞克，把守衛的民兵全部殲滅，而後帶著他們的武器彈藥還有其他戰利品，返回位在弗德阿莫茲的營地。不久，他又攻擊了往朗特去的一支運輸隊，奪走了載滿衣服、酒和食品的 40 頭騾子；雖然兵力占優的敵軍在後面窮追不已，他仍然成功逃脫，進入山林。

在西面，卡斯塔內的活躍程度比起約尼毫不遜色。他洗劫、焚燒天主教村落，為了報復國王軍隊的殘暴，他也如法炮製，把村子裡的居民盡數殺害。與此同時，蒙特勒維爾也在洗劫、焚燒新教徒居住的厄澤和聖讓德凱爾拉日兩個村子。這時候，沒有一個村子避免得了這隨時可能發生的洗劫、毀滅，不過有時是這一方，有時又是另一方動手罷了。

羅朗也沒有閒著。他的部隊武器彈藥和衣服鞋帽極度匱乏，於是他帶領一撥隊伍，下山前往那些富庶、人口稠密的南部城市，尤其是岡日這個卡米撒有許多朋友的製造業城市，為部隊解決這個問題。羅朗特意派了一支小隊深入尼姆附近，在那裡引起混亂，為的是轉移蒙特勒維爾的視線，不讓他注意岡日。可是，很快就有一支人數眾多的王室軍隊聞風趕了過來。

羅朗聽說蒙特勒維爾逼近岡日，立刻北撤，但元帥帶著正規軍騎兵部隊，包括地方民兵、山地部隊、海軍和愛爾蘭軍，共有幾個團的兵力，對卡米撒形成了包圍之勢。卡米撒雖然一如以往地勇往直前，最後突破了敵人的包圍，但損失慘重，羅朗最後艱難逃脫，帶著殘部越過迪爾弗，回到位在米爾萊的大本營。

戰鬥結束後，蒙特勒維爾返回岡日，嚴厲處罰新教居民，除了處以1000里弗爾的罰款，還派兵到他們的家裡洗劫；並對在這次卡米撒的岡日之行中表現最為活躍的十幾個人全部處以絞刑。與此同時，他向巴黎的總部報告，起義軍完全被消滅，朗格多克又恢復了平靜。

但是，沒隔幾週，他又大吃一驚了。在羅朗遠征岡日期間，因患天花一直臥病在床的卡瓦利埃，這時又在鄉村出現。襲擊過往的運送隊伍，侵入村莊，奪走武器，甚至直接威脅到了尼姆；而後，他又趕著一大群牛羊作為糧食補給，往北經羅納河谷，最後安全返回在布凱的大本營。稍後，他再由當地出發，奔襲奈斯，消滅了德．雅諾德帶領的國王的軍隊一支小分隊；第二天，他又跨過加爾河，殲滅一支增援索米埃駐軍的部隊；再後一天，據說他又到了另一個地方，襲擊一支運輸隊伍，掠走了槍枝彈藥和食品。

蒙特勒維爾眼見自己所做的努力都以失敗告終，不僅如此，卡米撒似乎每遭受一次打擊，他們的勢力不僅不會衰減，反而還會壯大、擴展，讓他不禁惱羞成怒：想想自己可是堂堂法蘭西的元帥，指揮著60,000大軍啊！這讓他還有何顏面？他擔心若是聽任這些牧民和梳毛工，繼續違抗他所代表的王室權威，不馬上把這些眼中釘拔掉，他在朝廷裡的朋友面前，就會名譽掃地。於是，蒙特勒維爾決心重新振作精神，全力以赴，澈底消滅敵人。

一天，當有人報告，說胡格諾教徒正在波特德卡莫斯外運河旁的磨房裡舉行禮拜時，他正處於這種憤怒狀態中。這時他在尼姆，剛用完午餐坐在椅子上喝著葡萄酒，得到報告便立刻帶領一營步兵前去包圍磨房。士兵衝進大門，在裡面發現有兩三百名的婦女、兒童和老人正在禱告，於是屠殺開始了。但這位元帥嫌這種方式過於緩慢，他失去了耐心，命令士兵住手，改用火燒。

士兵按他的命令去放火；那房子多是木頭結構，很快便著了起來，裡面傳來婦女和兒童驚恐的尖叫聲。有些試圖往外跑，不過出來的不是被刺刀殺死，就是又被逼回到熊熊燃燒的磨房裡。最終，屋裡的人全部葬身火海 —— 只有一個小女孩例外，蒙特勒維爾的一個僕人於心不忍，把她救了出來。可是，毫無憐憫之心的元帥又下令，將女孩連同那名僕人一起處死。女孩當即被絞死，而那位男僕則因當時恰好有幾名修女路過，經她們代為求情，才得以倖免。

蒙特勒維爾正是以這樣一種凶殘野蠻的手段，來繼續他的滅絕行動。凡他能找到的胡格諾教徒，一概不能倖免。他下令將尼姆主教教區的 22 個地方教區中，所有的可疑分子都予以逮捕。然後將其中的男子送往北美，婦女和兒童都囚禁在魯西永要塞。

其中最為殘忍的行為，發生在上塞文山區。在那裡，唯一能夠讓元帥滿意的結局就是毀滅。32 個地方教區成了荒無人煙之地；當地人的牲畜、穀物和出產被盡數掠走，帶到國王的軍隊駐紮的安全之處，如阿萊斯、昂迪茲、芙羅拉克、聖伊波利特和尼姆，以免留下任何可利用的物資給起義軍。最後總共有 466 座村落被夷為廢墟，即使有僥倖逃脫的村民，也攜家帶眷逃到荒野避難。

所有新教徒居住的主要村落，連同他們的磨房、穀倉，還有所有可以棲息的房屋建築，盡數被夷平。米爾萊村被洗劫，然後又被焚毀。而羅朗因為身負重傷，尚未痊癒，無法採取行動保衛他的營壘。聖朱利安村也遭受了同樣的劫難，村民被當作俘虜押送到蒙彼利埃，其中的婦女和兒童被囚禁，男子則送到艦艇上服苦役。

卡瓦利埃得知蒙特勒維爾決心在鄉村實行焦土政策，立刻讓人帶話，聲稱每毀滅一個胡格諾村莊，他就會同樣毀滅兩個天主教村莊。從這時起，一方的暴行立刻就會在對方那裡激起更大的暴行，戰爭已變成一種相互的滅絕行為；最不幸的是兩邊的一般百姓，內戰所包含的全部恐怖，現在都降臨到了他們頭上。

不過，就王室所要鎮壓的卡米撒而言，毀滅胡格諾教徒的住所，只會使他們隊伍更加壯大，從而在他們再次下山襲擊平原地帶的天主教徒時，實力更強、仇恨也更深。蒙特勒藏整個被摧毀 —— 只有它的教堂因為有堅固的防禦，阻擋住了卡瓦利埃的攻擊。奧里拉克也同樣被洗劫一空。這一波破壞的浪潮，席捲了塞文山區的所有城鎮村莊。

卡瓦利埃神出鬼沒，膽大妄為，連戰連捷，以致國王的軍隊將他列為卡米撒首領中的頭號危險分子，總督祭出巨額懸賞要他的首級。種種出賣他的圖謀也隨之產生。他的周圍常有奸細出沒，有的甚至打入了他的隊伍；一次次地，這些奸細被甄別出來 —— 事後他都告訴人們，是借助了預言的能力 —— 當即處決。但有一次，由於被一個偽裝打入隊伍的奸細出賣，卡瓦利埃和他的部隊險些被消滅。

正當國王的軍隊在上塞文山區的村莊實行焦土政策之時，卡瓦利埃、薩洛蒙和亞伯拉罕決心再度出擊。襲擊現在防守相對薄弱的低地地區，以轉移敵軍的注意，使他們的目的不能得逞。為了這一行動，他們集合了大約 1,500 名戰士，從科萊下山，計劃在博利瓦什渡過加爾河。4 月 29 日，週日，他們在米爾萊北面不遠的馬拉布瓦西埃樹林停下來，做了一天的禱告和禮拜，並舉行 3 次宗教儀式，參加儀式的人非常多。而後，他們向比列爾塔前進。比列爾塔是一間已經廢棄的農場，在今天的阿萊斯 —— 昂迪茲公路的南面。

農場建在一座封建城堡的遺址上，它的名字來自於至今仍聳立在那裡的一座古塔。它的周圍環繞著一道乾燥的石牆，圍成了庭院，入口處設有障礙。卡米撒到達時已經是深夜時分，隨後他們用了晚餐。這次，晚餐是專門由一個「承包商」準備的，他是附近地區一個叫吉尼翁的磨房工。他的虔誠顯而易見，因為他的兩個兒子都在卡米撒部隊裡戰鬥，讓人們可以確信他的忠誠。

但是，就在卡米撒戰士躺下入睡不久，這個利慾薰心的磨房工，竟然直接去 3 英里遠的阿萊斯，到蒙特勒維爾的兵營，把卡瓦利埃宿營的祕密，連同他自己的兩個兒子、還有 1,500 名夥伴的生命，以 50 金幣的價格出賣給元帥。

元帥立刻調集阿萊斯城所有可以調集的部隊，包括 8 個步兵團（其中有一個是愛爾蘭軍），兩個龍騎兵團，立刻出發去比列爾塔。出發時，他注意在各個城門都派出警衛，嚴防有任何人離開報信給卡瓦利埃。國王的軍隊為了切斷卡米撒的退路，分三路包抄。而這時，卡米撒戰士對即將來臨的危險毫無意識，都橫七豎八地躺在塔樓、穀倉、馬廄裡，或者就躺在屋外，蒙頭大睡。

當晚夜色很濃，正有利於國王的軍隊行動。國王的軍隊其中一個分隊，遇到了最前沿的卡米撒哨兵，一開火哨兵立刻被打死。他們身後的戰士馬上飛奔回宿營地，大聲喊醒人們。卡瓦利埃跳了起來，馬上招呼他的人馬拿起武器，帶了 400 人，身先士卒往外衝鋒。衝鋒被擋了回來，他們再度集合，這次有更多的戰士加入，又向敵人衝去。

敵人的優勢兵力從四面八方包圍過來，卡瓦利埃看清敵情，不禁有些沮喪。他竭盡全力，打退了敵人又一次的進攻，這時，又有四五百名戰士加入。而後，他開始撤退，在一處山澗 —— 可能古時它是城堡壕塹的一部分 —— 稍作休息，在那裡把人馬集合起來，然後又跨過山澗，試圖做最後的努力，解救困在塔裡的卡米撒部隊。

一場生死搏鬥開始了。這中間，兩支王室的軍隊由於黑暗，彼此誤將對方當作對手，互相開火，使得局勢更加混亂，血腥味也更重。在這恐怖的一幕中，一輪明月悄然升起，藉著亮光，國王的軍隊看清了對方其實人數不多。戰鬥時斷時續；卡瓦利埃仍試圖解救困在塔裡的戰士，而國王的軍隊現在也開始集中兵力，試圖包圍、消滅卡瓦利埃。

在僵持了近 5 個小時之後，最終，卡瓦利埃眼看無望，為了保全剩餘的力量，決定在天亮之前撤退。他撤退得十分順利，沒有被敵軍咬住。

困在塔裡的 300 名卡米撒戰士拒絕投降，他們將這塊遺址變成一個堡壘，堵住了所有的入口通道，從每一個洞孔後面向外射擊。彈藥用完了，他們就用石頭、托梁、瓦片當武器，從塔頂向外扔。4 個小時過去，他們仍然堅持不屈。國王的軍隊專門去阿萊斯調來大炮，以便轟開大門；但大炮還未運到，一切已經結束。塔樓被手榴彈投中著了火，被包圍的卡米撒戰士在熊熊火焰中高唱著讚美詩，直到最終倒下。300 名戰士全部戰死。

蒙特勒維爾雖然獲得了勝利，但損失慘重。在這次的生死決戰中，他的部隊共傷亡 1,200 人，而卡瓦利埃則損失不到 400 人，其中 118 人的屍體是天亮後沿山澗發現的。這裡面，有一個人的屍體當時被誤當作卡瓦利埃，蒙特勒維爾以他慣有的殘忍，下令把頭顱割下，送給卡瓦利埃的母親辨認。

由蒙特勒維爾這些可恥的行徑，我們可以略微窺見他的人品。他的天性中一定包含著某種難以言喻的卑鄙與惡毒。正因為這樣，所以有一次，他受了這位年輕的卡米撒首領捉弄，大怒之下，竟然派一隊龍騎兵趕往里博特，而目的僅僅是為了將卡瓦利埃出生的住所推倒。

這裡交代一下，那位出賣熟睡中的卡米撒戰士給蒙特勒維爾的磨房工吉尼翁的下場，作為比列爾塔血戰的尾聲。他的罪行最終暴露了，人們在他身上找到金幣，他被判處死刑。全副武裝的卡米撒戰士聚集在一處，親眼目睹死刑執行。他們跪在死刑犯的周圍，先知們依次為他的靈魂禱告，為他祈求萬能的審判者的仁慈。吉尼翁表示自己追悔莫及，懇請教友們的饒恕，最後一刻還希望能擁抱兩個身為卡米撒戰士的兒子。不過這兩位年輕人都予以拒絕，以示對他的厭惡；他們在一旁，神情悲痛而嚴肅，注視著叛徒的處決。

現在，蒙特勒維爾又認為他已經剿滅了起義軍，認為隨著卡米撒首領的戰死，起義軍也會群龍無首。然而，他所認為的卡瓦利埃的屍體，結果證明完全是個錯誤；沒過幾天，卡瓦利埃又在阿萊斯城門前露面，他向總督下了戰書，要他們出來迎戰。這裡我們可以注意到，現在在卡米撒戰士中間，出現了一股強烈的、為戰鬥而戰鬥的情緒。所以卡斯塔內有一天也來到梅勒伊斯城門前——科爾德的團隊就駐紮在這裡——要上校出來，與他公開較量，可是對方沒有接受挑戰。另有一次，卡瓦利埃也以類似的方式向韋克的指揮官叫陣，要他帶 30 名士兵出來與 30 名卡米撒戰士分個高低。這次對方接受了挑戰，於是一場生死搏鬥開始，最終一直到雙方都只剩 10 人才罷手。卡米撒贏得了勝利。

蒙特勒維爾加緊了剷除卡米撒的努力，其餘一概不顧。西元 1703 年夏天，教宗克萊芒十一世也出手襄助，他發布了一道諭令，聲稱這些叛亂者「與古代阿爾比派屬於同一個邪惡的族類。」允諾凡是在路易十四的部隊中效力的，他們在「消滅那些邪惡的、既是神的敵人、也是君主敵人的異教徒和惡棍」的戰鬥中，「所犯的一切罪行都可給予完全的、澈底的免除。」這一諭令的力量在佛羅倫斯人、或者說白卡米撒身上得到了體現。

白卡米撒的名字，來源於這些人在帽子前佩掛的白色十字架，他們中多數是一些暴徒、惡棍。幾乎不分敵友地四處燒殺劫掠，最後甚至連天主教會自己也要求元帥鎮壓他們。這些佛羅倫斯人無惡不作，乃至讓羅朗下了決心，招募一隊騎兵追捕、消滅他們。為了籌建這支騎兵隊伍，一位舊日的龍騎兵，卡蒂納特地趕赴卡馬格斯。卡馬格斯是羅納河口的一個島嶼，同時也是草原，阿拉伯人曾在這裡留下可以作戰勇敢的良種馬。卡蒂納一共購買了 200 匹戰馬，用牠來配備卡米撒騎兵，而他自己也被任命為這支騎兵隊伍的指揮官。

這裡，沒有必要詳細描述起義期間發生的各次戰鬥、行軍過程。在雙方的爭奪之下，農村一片荒蕪。沒有農民耕地，因為最後他能不能獲得收成絲毫沒有保證，更有可能的，反而是他的收成會落到兩邊的部隊手裡，或者乾脆被一把火燒光。到處都可以看到乞丐、流浪漢的身影，他們肆意搶劫，也不顧及所搶劫的是屬於哪一派別、信奉哪種宗教。社會一片混亂，毫無安全感。

這時，蒙特勒維爾還要求上面派更多部隊給他。在調撥給他的 20 個營隊之中，有三分之一以上已被消滅，而起義卻仍然在繼續，沒有被鎮壓下去。不過這一次，他內心存著希望，覺得有機會完成任務；他注意到鄉村的荒涼景象，寄希望在西元 1703 年冬季的饑荒和嚴寒，能把倖存的叛軍完全消滅。

但事實上，這個冬季卡米撒首領們不僅把部隊保存得完好無損，而且還儲存了相當的食品和彈藥，其中多數是從敵軍手裡奪來的。到了冬去春來的時候，他們甚至有了更多的兵力可以投入戰鬥。事實上，戰役一開始他們就打了兩場大勝仗。可是，這既是他們最輝煌的成就，也幾乎是他們最後的成就。

馬蒂納格斯之戰是卡米撒的一個傑作。戰鬥的發生地就在馬蒂納格斯這個村子附近，它離奈斯不遠，時間是西元 1704 年春天。戰鬥是由上面提到的那些佛羅倫斯人挑起的。這些佛羅倫斯人把上塞文山區變成荒漠之後，又開始洗劫平原地區的新教村莊。卡瓦利埃一直緊緊盯著他們，對他們發動毀滅性的攻擊。在絕望中，他們想到了蒙特勒維爾，就把卡米撒部隊的行蹤告訴他，請求他派兵支援。

蒙特勒維爾立刻派拉戎基埃准將帶領一支強大的騎兵和步兵隊伍追擊卡米撒。這位准將首先來到卡瓦利埃前一夜曾經到過的、信奉新教的拉斯庫爾村，他以庇護卡米撒的罪名，嚴厲懲罰當地居民，處死 4 人，其中包括兩名懷疑是卡瓦利埃的女先知的女子。由於居民拒絕說出卡米撒的去向，准將下令洗劫村莊，士兵立刻四處劫掠，時間長達數小時之久，這中間，他們打開了酒窖，將裡面一掃而空。

這時，卡瓦利埃正帶著部隊沿著加爾河的一條小支流，德魯德河的右岸往北行進。拉斯庫爾村的一位送信人追上來，將官兵的暴行告訴了他；隨後不久，村民們自己也來了，其中有男人也有婦女和兒童，都是家中遭到國王的士兵搶劫後被趕出來的。卡瓦利埃聽著這些人訴說自己的不幸，一股怒火在胸中燃燒，儘管自己的隊伍人數還不到敵人的六分之一，他毅然決定回頭與敵人決一死戰。

卡瓦利埃先把這些可憐的村民安置好，然後帶領部隊占據一個小山谷前頭的一處高地，那山谷正臨近馬蒂納格斯村。卡瓦利埃自己居中，前方是一條奔流的山澗，擋住了陣地。拉夫內爾和卡蒂納帶領小股人馬占據山谷的兩側，隱身在灌木叢裡。國王的軍隊逼近時，只看見卡瓦利埃人數不多的部隊，以為卡瓦利埃已經是囊中之物了。

「看！」拉戎基埃喊道，「我們總算抓住這些讓我們找了這麼長時間的巨嘴鳥了。」他把龍騎兵居中，將手榴彈兵和步兵擺在兩側，滿懷自信地命令部隊開火。第一排槍響之時，卡米撒戰士全部臥倒，子彈從他們頭上飛過；這位指揮官以為他們已被排槍打中，立刻命令士兵渡河，用刺刀解決剩下的卡米撒戰士。說時遲，那時快，卡瓦利埃的士兵忽然站起身子，一陣猛烈地開火，打得敵人人仰馬翻。同時，一直隱身的兩翼部隊也向國王的軍隊開火，使敵軍更加混亂。隨後，卡米撒唱起戰歌，開始衝鋒了。一開始，敵人的手榴彈兵還頑強抵抗，但很快整支部隊，包括龍騎兵、手榴彈兵、海軍和愛爾蘭軍，就往後向加爾河潰逃了，士兵不是被殺死就是在河裡溺死，拉戎基埃自己也是費盡周折才逃脫。

這一役，國王的軍隊方面損失了一位上校、一位少校、33 名上尉和中尉，還有 450 名士兵，而卡瓦利埃只死傷了 20 人。卡米撒在戰地上繳獲了大量戰利品，除了敵人從拉斯庫爾掠奪的財物、戰馬之外，還有大量的金銀珠寶、佩劍、軍服、頭巾和衣服等等。

事實證明，正是搶劫村莊的酒窖，導致了國王的軍隊慘敗，許多士兵喝得酩酊大醉，不僅打不了仗，連跑步都困難。再說卡米撒這邊，他們在戰場上向上帝感恩之後，卡瓦利埃隨後安排歡樂的村民回到自己的村莊，自己則帶著戰利品返回在布凱的指揮部。

不久，在昂迪茲與聖讓迪加爾兩個城市中間的薩蘭德雷大橋，發生了另一場激戰，結果羅朗大敗拉朗德准將指揮的一支軍隊。一開始，羅朗聽說國王的軍隊逼近，就布置部隊在狹窄險峻、遍布岩石的一個山谷中 —— 加爾河就在谷底奔流 —— 部隊人數不多，他分成了 3 個小隊。自己帶一個小隊占領大橋，一個小隊埋伏在隘口，還有一個小隊布置在剛好居高臨下控制大路的崖頂。

國王的軍隊還沒有對大橋發動進攻時，隱蔽著的卡米撒就已衝出來在背後開火了，同時在崖頂的部隊向底下投擲巨石，國王的軍隊頓時陷入一片混亂中，潰不成軍，紛紛向河裡逃跑。如果不是羅朗疏忽，忘記派人把守通往淺灘的一條險峻小道，敵人會全軍覆沒的。就這樣，國王的軍隊蒙受了沉重的損失，將軍自己也是歷盡艱險才逃脫，他的那頂插著白羽毛的帽子，也落在了卡米撒戰士的手裡。

第八章　卡米撒起義的終結

塞文山區的起義持續了兩年多的時間，最終引起凡爾賽的嚴重不安。此時法國正和葡萄牙、英國和沙沃伊處於戰爭中，宮廷把卡米撒起義視為造成國家衰弱、甚至威脅國家存亡的一個直接原因；它發現，起義軍正在急切地向國外尋求援助，試圖鼓動法國北部的新教國家與法國交戰，以便有助於他們的事業，政府由此就更加警惕。

卡米撒尤其向英國和荷蘭這兩個國家要求幫助。英國軍隊裡有眾多的胡格諾教徒服役，卡米撒提出建議說，倘若英軍能夠在朗格多克海岸登陸，與他們攜手戰鬥，這既是對宗教自由的幫助，同時，對正在低地國家和萊茵河地區與法國軍隊作戰的盟軍，也是一個有力的支持。

為了確認卡米撒所提議的登陸行動是否可行，同時也了解起義軍的處境，安妮女王（Queen Anne）的內閣派出一位在英國避難的胡格諾教徒馬奎斯．德．米勒蒙，出使塞文山區。他成功抵達起義軍在聖菲力克斯的軍營，會見了羅朗和其他首領，與他們一起安排派遣一隊胡格諾戰士奔赴海岸的事宜。

西元1703年9月，在里昂灣艾格莫爾特港外，出現了一支英國艦隊，它向岸上發出信號，但沒有得到回應。蒙特勒維爾元帥此前已經得到警訊，知道敵人圖謀入侵，他從各地調來了部隊，在海灘實行警戒。他們的警戒非常嚴密，任何登陸行動都不可能逃過他們的眼睛。卡瓦利埃儘管就在附近，卻苦於無法與艦隊連繫。艦隊在海上停留了幾天，最後只能揚帆而去。卡米撒目睹著自己約請來的解放戰士漸漸消失，心情沮喪。

這一事件給路易十四的大臣敲響了警鐘。儘管這一次的入侵受到挫敗，可是敵人下次也許還會回來，而且最終有可能成功登陸。他們必須採取防範措施，而且要馬上行動。現在已經很清楚，用恐怖和暴力脅迫這一套辦法，來對付起義軍是完全失敗了，甚至路易十四也明白這點。所以，可能的話，還應當採取其他措施，消滅這次危害極大的起義。於是。為了實現這一目標，路易十四召回了蒙特勒維爾——這對他真是一個重大的羞辱——派出了曾在霍赫施泰特和弗里德林根立下赫赫戰功、名震天下的維拉爾元帥，讓他全權處理，以平息朗格多克的事態。

維拉爾於西元 1704 年 8 月底來到尼姆。在他到來之前，蒙特勒維爾與卡瓦利埃算了一次總帳，卡米撒遭受到起義以來最沉重的打擊，蒙特勒維爾以此洗刷了自己過去的恥辱。這是他與卡瓦利埃交手中的第一次、也是最後一次的勝利。卡瓦利埃近來連戰連捷，讓他有些大意。他每次都是在絕對劣勢的情況下擊敗國王的軍隊，便自以為不可戰勝，對敵人開始存在輕視之意。馬蒂納格斯一役大獲全勝之後，隊伍又壯大許多，西元 1704 年春天，他便帶著大約 1,000 名步兵、200 名騎兵奔襲低地地區。

他先來到布西藍，未遇任何抵抗就進了城，他將城裡的防禦工事破壞殆盡，然後繼續往南，攻擊並占領了聖熱尼茲，帶走許多騾馬和武器。第二天，他仍往南前進，來到卡韋拉克，這裡距尼姆只有 3 英里之遙。

蒙特勒維爾故意讓消息傳開，說自己某天將帶著他的辦事機構以及一小隊人馬，離開尼姆前往蒙彼利埃，而大部隊將沿相反的方向開往博凱爾，迎送他的繼任維拉爾入城。他故意露這個破綻，正是要引誘這位卡米撒首領，讓他上鉤。

消息傳到了卡瓦利埃耳裡，他監視著蒙彼利埃大道，準備送上臨別的厚禮給這位一直受他捉弄的對手。然而，蒙特勒維爾帶往蒙彼利埃的遠不是一小股部隊，他集中了尼姆幾乎全部的守軍，一共超過 6,000 名騎兵和步兵，決心迎頭痛擊沿路埋伏的卡瓦利埃。他將隊伍分成 3 股，巧做布置，在朗拉德一舉包圍勢單力孤的卡米撒部隊。首先交火的是菲爾馬孔的王室軍隊，它被卡瓦利埃完全擊潰；但卡米撒過於心急，一路追擊，結果側翼遭到埋伏在路邊葡萄園裡的一支強大步兵隊伍攻擊，被趕得步步後退，從而遭遇了敵人的主力。現在卡米撒看到，居然還有一支更強大的敵軍一直躲在他們背後，不論他們朝哪個方向，都有敵人的部隊把守。目前，除了從敵人中間殺開一條血路以外，再沒有其他選擇，卡瓦利埃手拿長劍，身先士卒，往前衝鋒。

接下來是一場惡戰，卡米撒好不容易來到了羅茲尼大橋，可是這裡也有敵軍守衛，他們占據了路兩邊的高處。卡瓦利埃這時為了不被敵人認出來，脫下了軍服，換上一套普通的卡米撒戰士服裝，又向敵陣衝殺過去，然後又是一次次的白刃戰，戰場一直延續了 6 英里遠，時間持續了將近一整天。路上橫躺的屍體不下 1,000 具，其中有半數是卡米撒戰士。王室軍隊繳獲了 6 面軍鼓，62 匹戰馬，4 頭滿載貨物的騾子，但就是沒有抓住一個俘虜。

維拉爾來到尼姆的時候，聽說了這次戰鬥，便來到戰場視察。他對這位卡米撒領袖讚譽有加，「這個人，」他說，「沒有受過任何教育，沒有任何戰爭經驗，卻能夠在這麼惡劣、這麼不利的情況下，表現得這麼出色，讓人覺得以前他似乎指揮過千軍萬馬一樣。老實說，這樣的仗只有凱撒才打得出來。」

事實上，正是卡瓦利埃在這一次戰鬥中的表現，給維拉爾元帥留下了深刻印象，若是可以，他想將卡瓦利埃和他手下那群勇敢的戰士爭取過來，把他們改編成王室軍隊。維拉爾為人絕不固執，心地善良，受人尊敬，可以算是一個不折不扣的戰士。這場醜惡的戰爭讓他痛心疾首，他決心只要可能，應當儘快採取措施，爭取一個令人滿意的結局。

與此同時，卡米撒又遭到接二連三的打擊。趁卡瓦利埃不在南部的時候，國王軍隊方面的拉朗德將軍帶領 5,000 人部隊，進攻駐紮在布勒努的羅朗和約尼聯合部隊，大獲全勝。後來拉朗德又帶部隊守候在卡瓦利埃在厄澤附近的隱蔽處，等待正在往回趕的卡瓦利埃和他的殘部。國王的軍隊在兵力上有絕對優勢，等卡瓦利埃一走近，立刻就向士氣萎靡的卡米撒發動進攻，讓他們又遭受了一次重大的損失。

對卡瓦利埃來說，更大的災難是，他在厄澤附近岩洞中的倉庫被國王的軍隊發現、收繳。事情是這樣的，國王的軍隊有士兵注意到，有一位老太太經常拎著一個裝得滿滿的籃子，離開村莊到附近的樹林裡去，出來的時候籃子是全空的；士兵們就懷疑她是在送東西給叛軍，便把她抓住，帶到將軍那裡。審問開始的時候，老太太什麼也不說，將軍就下令將她吊死。不過在押去位於集市中的絞刑架的路上，老太太動搖了，要求帶她回去見將軍，她願意坦白。隨後，她承認在附近的樹林裡有一間醫院，她每天都要去那裡做事。將軍答應她，如果她願意馬上帶路，便可以饒了她。她照辦了，有一個營的士兵跟在她後面。

老太太帶著士兵進了樹林，來到一個岩洞前，她把入口指給士兵看，士兵便從洞口進去了。他們看到石壁上鑿出了許多平臺，許多卡米撒傷病員就躺在平臺的床上。他們立刻上去砍死這些人，然後再往洞裡走，又到了另一個洞穴裡，這時他們吃了一驚，那裡竟然存放了大量的麵粉、穀物、栗子、大豆，以及盛著果酒和白蘭地的木桶，還有各種藥品藥膏、包紮用具和醫護設備，最後，還有一個軍械庫，馬刀、步槍、手槍、彈藥，以及造彈藥的原料，應有盡有。士兵將這些全搜刮走了。

拉朗德在離開厄澤的時候，嚴厲地處罰村子的人。他先是聽任士兵加以洗劫，然後又放一把火將它燒得精光，最後把居民全部處死。唯一例外的就是那位老太太，最後只留下她一個人，孤零零地面對著遍地的屍首和一片廢墟。拉朗德凱旋返回阿萊斯，他的士兵有的舉著刀尖炫耀，因為卡米撒遇害者的耳朵還沾在上面。

新的打擊很快又來了。薩洛蒙在蓬德蒙維爾——這場起義的誕生地附近又遭到攻擊，損失了大約 800 名士兵。同時他在馬奇斯塔沃爾的倉庫也被發現，所藏的物品被洗劫一空，其中包括 20 頭牛、100 隻羊。

四戰下來，卡米撒損失了幾乎一半的力量，還有許多武器彈藥和給養。他們居住的村莊都遭到了蹂躪，只剩下一片荒蕪，眼見他們幾乎不可能再給敵人任何打擊了。

在起義的最後一年裡，死亡人數十分驚人，幾乎達到 20,000 人，其中有 8,000 名國王的軍隊士兵，4,000 名天主教平民，七、八千名左右的新教徒。

維拉爾上任不久，看到事態如此嚴重，便致力於補救措施。他的好心，得到了代加利埃男爵的鼓勵。男爵是一位地位顯赫、很有影響力的貴族，信奉的是新教，在《南特詔書》廢除後就流亡到英國，但後來又返回。他熱切地希望能夠調停國王和新教徒之間的衝突，同時，法院也鼓勵他去說服塞文的反叛者坐下來談判。

維拉爾做的第一件事情，就是出發去被戰亂毀壞的地區視察；行程中，映入眼簾的，都是村莊的廢墟，荒蕪的葡萄園，無人耕種的土地，廢棄的家園，這幅景象讓他為之震驚。每到一個地方，他都放出話，對於那些願意放下武器、順從國王軍隊的人，無論他是一般起義者或是他們的首領，他都予以赦免；但如果誰拒絕投降、頑抗到底，那將會有最嚴厲的手段降臨到他們身上。他甚至提出，那些願意與他合作、共同鎮壓起義的新教居民，也可以擁有武裝。

與此同時，連吃敗仗的卡米撒正在羅朗的領導下重新集結力量，準備重燃戰火。他們不願接受維拉爾所宣稱的好意，他們是為了使宗教信仰權利得到承認，才拿起武器的。若是這一點沒有獲得足夠的保證，他們就不會停止戰鬥。羅朗在一些曾經遭到毀壞的地方，又建立了新的倉庫，同時，他從新教社區繼續招募戰士，而隊伍中的許多傷病員現在已經康復，在他的帶領下重新集結了起來。

就在這個時候，代加利埃男爵向維拉爾建議，直接與卡米撒首領談判，讓他們同意放下武器。羅朗對一切建議都置若罔聞，但卡瓦利埃有所鬆動，表示只要能夠尊重、承認他們的宗教信仰，他願意談判，實現和平。

在這一點上，卡瓦利埃是對的。他清楚地看到，任何進一步的抵抗都是徒勞無功的，只會造成更大的破壞；他也非常聰明，知道怎樣在現有的形勢下，為他多災多難的教友爭取最有利的籌碼。在羅朗和卡瓦利埃中間，羅朗對所有這些和平提議都不加考慮，顯得更加不妥協，不達目的誓不甘休；而卡瓦利埃儘管年輕時非常激進，現在卻表現得更為務實、更有謀略。

無疑，卡瓦利埃也開始厭倦了戰爭。他現在變得極為灰心、多愁善感，即使打了一場勝仗，他也會在死者和傷患中間跪下，向上帝禱告他願意國王回心轉意，願意在這塊土地上重建古時的那些禮拜堂。最終，拉朗德安排了一次與卡瓦利埃的面談。這位准將邀請卡瓦利埃參加會談，許諾不會加害於他，同時又表示，如果他拒絕與會，他就會被視為是破壞和平的凶手，就要在上帝面前，為將來所有的流血事件承擔責任。卡瓦利埃回覆說他同意進行面談，並提出了會談的時間、地點。

卡米撒騎兵司令卡蒂納帶著卡瓦利埃的覆信，換了一身華麗的裝束作為掩護，騎馬趕往阿萊斯。士兵將他帶到拉朗德那裡的時候，拉朗德正在餐桌邊，他看了看這位不速之客奇怪的穿著，看著他一臉凶相，問他是誰。「卡蒂納。」他回答。「啊！」拉朗德叫道，「你就是在博凱爾殺人如麻的卡蒂納？」「是的，我就是。」卡蒂納回答，「我只是在盡自己的職責。」「你膽子真大，竟然敢在我面前露面。」「別人都跟我說你是個君子。」這位卡米撒回答，「而且我的兄弟卡瓦利埃也向我保證，你不會動我一根毫毛，我相信這一點，所以來了。我來是要帶封信給你。」說著，他將信遞給准將。

拉朗德把信掃了一眼，說：「回去告訴卡瓦利埃。兩個小時後，我會趕到阿弗恩大橋，我隨身只帶 10 名軍官、30 名龍騎兵。」阿弗恩大橋位於阿萊斯城南幾英里處，雙方在約定的時間見面了。卡瓦利埃帶了 300 名步兵和 60 名卡米撒騎兵隨行。雙方互相報了姓名，就把隨行隊伍喝止住，翻身下馬，開始一邊走一邊談，身後只有幾名將領跟著。

拉朗德把一直在國王監獄裡關押著的卡瓦利埃的弟弟帶來了，並交給了卡瓦利埃，說道：「這是陛下的善意。」兩兄弟自母親去世後，就再也沒有見過面，現在抱頭痛哭。卡瓦利埃向將軍表示了謝意，然後擯棄左右，走到一邊單獨交談。

「陛下希望他的寬宏大量，」拉朗德說，「能夠結束這場戰爭。你有什麼條件和要求？」「我們有 3 個要求。」卡瓦利埃回答，「第一是保證我們的信仰自由；第二是把關押著的、還有服苦役的教友放出來；最後，若是無法答應第一個條件，就允許他們離開法國。」「會有多少人希望離開法國？」拉朗德問。「男女老幼，加起來有 10,000 人。」「10,000 人！這不行，最多只能走 2000 人，10,000 人肯定不行。」「那麼，」卡瓦利埃說，「要是陛下不希望看到我們離開法國，他最少應當重新恢復我們古老的法令和權利。」

維拉爾會不會接受這些條件，拉朗德心裡也沒有底，但他答應卡瓦利埃，會將會談結果稟報給元帥。准將臨行前向卡瓦利埃表示，無論什麼時候，他都樂於為他提供幫助，但這時他犯下一個重大的、庸俗的錯誤：他把自己的錢包遞給這位卡米撒首領。「不，」卡瓦利埃臉上露出輕蔑的神情，「我們要的不是錢，而是信仰自由。沒有信仰自由，就讓我們離開這個國家。」

拉朗德要求去看看卡米撒軍隊，他們一直在好奇地注視著首領的舉動。他來到隊伍前面，說道：「這個錢包裡有 100 金路易，你們用它去買酒，為陛下的健康乾杯吧！」他們的回答和卡瓦利埃如出一轍，「我們要的不是錢，是信仰的自由。」「我沒有權力給你們這些。」將軍說，「但是，你們應當好好遵從陛下的旨意。」「我們願意服從他的命令。」他們回答，「只要他答應我們的要求。如果不答應，我們就戰鬥到死。」這令人難忘的會談持續了大約兩個小時，然後拉朗德帶著他的手下回阿萊斯，卡瓦利埃則帶著部隊去韋贊博雷。

敵視卡瓦利埃的人說，在他與拉朗德會談的過程中，拉朗德提出，倘若他願意到國王的軍隊效力，可以給他榮譽、獎賞，還能提升他的軍銜。還有人說，卡瓦利埃被這些條件打動了，於是背叛了他的事業和戰士。但更符合事實的可能是，卡瓦利埃看到在眼下若是繼續與國王的軍隊作戰，是沒有任何取勝的可能，他誠心誠意地想和國王達成公平合理的條件。假使卡瓦利埃真是因為這些誘惑動了心，那麼這些誘惑從來沒有變成現實；

國王也沒有給他任何獎賞，雖然他盡力結束了這次起義。

羅朗對這些談判不屑一顧，拒絕和「巴力」[31]做任何交易，這是他慣有的風格。為了表示和卡瓦利埃劃清界限，他又帶領部隊撤退到上塞文山區。就在卡瓦利埃和拉朗德在阿弗恩橋上舉行會談的時候，羅朗和約尼帶了一隊騎兵和步兵，又在豐特莫爾特高地伏擊了圖爾努伯爵 —— 這高地正是卡米撒的第一位首領塞吉耶戰敗、被捕的地方 —— 把國王的軍隊打得落荒而逃。這樣又有豐厚的戰利品落到卡米撒的手裡，其中一部分是薩爾加被沒收的地產 —— 現在已經落到國王的徵稅人維亞拉手裡，這支部隊護送前他往聖讓迪加爾收季度租金。卡米撒在對這位以殘暴著稱的徵稅人施加酷刑之後，連同他的兒子和姪子一起槍決。這也表示，羅朗和他的部隊毫無投降或者妥協的意思；現在維拉爾別無選擇，只有用武力消滅他們。

這時，卡瓦利埃在整個低地地區，都受到人們的歡呼喝采，人們把他視為朗格多克和平的締造者。兩邊的民眾現在已極度地厭倦戰爭，只要可以實現和平，安全有保證，無論什麼協議他們都願意接受。在維拉爾元帥的邀請下，卡瓦利埃出發前往尼姆，他每經過一個市鎮，人們都夾道歡迎，駐守的部隊也殷勤招待他的士兵。他可以想做什麼就做什麼；每天都有宗教集會，他公開地布道、禱告和唱聖詩。最終，他帶著一小股部隊來到尼姆近郊，那裡的人們早就對他的到來格外關注。

尼姆這座古老的城市，曾經目睹過許多不尋常的景象，而這位年輕的卡米撒領袖入城時發生的一切，可能稱得上是最不同尋常的一幕了。這位塞文山區的放牛童、麵包房的學徒，在與法國軍隊堅持對抗了將近 3 年的時間後，現在要來和法國最著名的將軍簽定和平協定了。卡瓦利埃把他的

[31]　巴力，古代迦南和腓尼基人的一個神祇，借指異教的神。

大部分騎兵和全部的步兵，都留在距離尼姆幾英里遠的聖塞薩爾，隨身只帶了卡蒂納指揮的 18 名騎兵，縱馬往城裡去；到南門的時候，他發現有無數的民眾正在等待他的到來。「即使他是君王，」聖熱爾曼的神父說，「也不會有比這更隆重的歡迎。」

卡瓦利埃帶著隊伍，自己騎馬走在前面。卡米撒的首領對於穿著打扮如何才算得體，都知道得很少。卡瓦利埃就穿得過於豔麗，他身披一件鑲著金邊的鹿皮緊身外套，猩紅色的馬褲，薄紗圍巾，頭盔上插著一根白羽毛，長長的頭髮垂到了肩上。右手邊是卡蒂納，騎著一匹高頭大馬，他身材極好，一身盛裝，眉宇間有英武之氣，竟把所有的目光都吸引了過去。卡瓦利埃左手邊是他的摯友丹尼爾·比拉爾，身後是他的弟弟，現在已經換上軍服，夾在兩位和平的調停人拉康貝和代加利埃男爵中間。

兩旁密密麻麻的人群幾乎攔阻不住，卡瓦利埃一行就在人群中穿過，先經過羅馬競技場，然後沿著聖安東莞大街來到教士花園。這花園是聖方濟會的女修道院，就在雍容典雅的梅松·卡雷羅馬教堂附近不遠。卡瓦利埃跳下馬，把衛兵交給卡蒂納指揮，自己一個人進入花園，有人把他帶到維拉爾元帥那裡，旁邊還有總督巴維爾、尼姆總督桑德里古男爵、拉朗德將軍以及其他顯貴。維拉爾一看卡瓦利埃還是一個乳臭未乾的年輕人，幾乎不敢相信眼前站的這位，就是著名的卡米撒首領。但他還是往前走了幾步，問候卡瓦利埃，而卡瓦利埃也彬彬有禮地做了回答。

然後會談就開始進行了，中間被巴維爾頻頻插話打斷，因為他一將把卡瓦利埃視為一個下賤的造反者，所以很不能忍受國王的這位元帥竟然對他平等相待。不過，元帥制止了他的發言，提醒巴維爾這是陛下單獨委託給他的事務，他無權干涉；然後，就轉向卡瓦利埃，希望他說出自己的條件。

卡瓦利埃在回憶錄裡，列出了他所提的各項具體條件。他表示，維拉爾和巴維爾很快就同意了這些條件。西元 1704 年 5 月 17 日，他們代表國王簽了字。第一個條件，是良心自由的權利，同時准許在鄉村舉行宗教集會 —— 這一條被接受了，可前提是不再新建新教教堂。第二條是自協議簽署之日起 6 週內，釋放所有在押的、以及被強制服苦役的新教徒 —— 這也獲得同意了。第三，准許所有因為宗教原因離開這個國家的人士返回國內，恢復他們的財產和權利 —— 同意，但條件是他們宣誓效忠國家。第四，重建朗格多克議會，恢復它在古時的地位 —— 可以考慮。第五，本省免除 10 年人頭稅。第六，允許新教徒控制蒙彼利埃、塞特、佩皮尼昂和艾格莫爾特，作為防範 —— 不行。第七，所有內戰期間住家被焚毀的塞文居民，免徵 7 年的稅 —— 可以。第八，卡瓦利埃可以帶一隊龍騎兵前往葡萄牙為國王效力 —— 這條也同意了。這些條件得以簽署，顯然是基於這麼一種認知，那就是，起義會因此結束，所有反抗國王的人們都會放下武器，聽命於國王的仁慈。

這些條件大致得到滿足，卡瓦利埃謙恭地離開元帥，回去找他留在入口處的卡蒂納和戰士，但卻找不到他們。原來，因為會議時間太長，一共兩個小時，卡瓦利埃的這位騎兵將領等得不耐煩，就和同伴一起到聖杯的象徵那裡，稍事休息以恢復精力。一路上，他高超的馬術讓整個尼姆為之傾倒，他讓他的戰馬做出各種跳躍姿勢，跟在身後的人群一片歡騰。

等他們回到教士花園，卡瓦利埃就跳上戰馬，在這些士兵的護送下，前往德拉波斯特旅館休息。晚上，他走出旅館，自由地在人群中散步，那些人裡有許多女士，她們急切地想看一看這位卡米撒英雄，甚至因為能夠聽到他的聲音、碰一碰他的衣角而欣喜不已。然後他就去拜訪丹尼爾嬷嬷。丹尼爾嬷嬷是卡瓦利埃最喜歡的一位先知，她是尼姆本地人，她的父親和兄弟都由於宗教原因而被捕。然後，卡瓦利埃又回到旅館，召集衛兵出發去卡爾維松；在他身後跟隨了數以百計的民眾，他們在他出城的時候唱起了《詩篇》第一百三十三首，「看哪，弟兄和睦同居是何等地善，何等地美！」

卡瓦利埃帶著他的人馬在卡爾維松待了8天，這8天裡，他享有完全的行動自由。每天他都舉行公共的宗教儀式——一開始是在被毀壞的新教教堂，後來因為地方太小，就轉移到城牆外的開闊平原上舉行。人群從四面八方趕來，有沃涅日的，有索米埃的，有呂納爾的，有尼姆的，甚至還有從蒙彼利埃趕來的。據說卡瓦利埃在卡爾維松短暫逗留期間，有40,000人參加了他主持的儀式。從白天到夜裡，有時借助火炬一直到深夜，那片地方到處迴響著布道和唱詩的聲音。

羅馬天主教的頑固派對此深感不快，認為這是敵人的勝利。他們大聲抱怨維拉爾的做法，認為他即使不是在推動，至少也是容忍了異端，而在他們看來，這些異端只能毀滅。尼姆主教弗萊西埃對此滿腹牢騷，甚至毫不忌諱地宣稱，戰爭雖然有種種恐怖伴隨，但也強過這樣的和平。

不幸的是，和平只持續了短短的一段時間，卡瓦利埃預想的團結友愛並沒有成為現實。我們不清楚羅朗是出於妒忌卡瓦利埃受到的擁戴，懷疑王室方面有詐，還是他相信自己的部隊有能力贏得宗教自由，用戰鬥強迫政府重新頒布古老的飭令。總之，無論卡瓦利埃做什麼，他都拒絕追隨。當與維拉爾討論過的協議送到他手裡時，他拒絕簽字。在這些卡米撒首領之間發生了爭論，甚至是激烈的爭吵。不過卡瓦利埃克制住了自己，仍然希望說服羅朗採取一條務實的路線，結束這場不幸的戰爭。

最後雙方同意再做一次努力，以說服維拉爾把條件放得更寬一些，尤其是在重建新教教堂這個問題上。卡瓦利埃同意由薩洛蒙陪同他一起再去和元帥做一次會談，盡力設法修改現有的協議，以滿足羅朗的要求。很快，在尼姆的教士花園又舉行了一次會談，這次，卡瓦利埃讓薩洛蒙當談判代表。

可事實上，薩洛蒙和他的上司一樣缺乏妥協精神。他直截了當、不容置疑地發出最後通牒，要求恢復《南特詔書》，給予完全的良心自由；否則，他說，卡米撒絕不會放下武器。維拉爾仍和往常一樣客氣、注意禮節，但立場卻和薩洛蒙一樣地堅定：他會遵守已經簽定的條款，不會去滿足更多的要求。談判持續了兩個小時，最後薩洛蒙情緒激動，竟然恐嚇起對方，維拉爾轉身就離開了房間。

卡瓦利埃的手下一直不知道他與維拉爾簽定的協定內容，不過他們都相信《南特詔書》會恢復，他們可以重新享有信仰的自由。後來，由於拉夫內爾的提醒，又激起了他們的疑心。這位拉夫內爾和羅朗一樣地執拗，堅持要恢復《南特詔書》才肯放下武器。

就在卡瓦利埃在薩洛蒙陪同下，第二次出行去尼姆見維拉爾的時候，留在卡爾維松指揮部隊的拉夫內爾，將大家召集起來，告訴他們說，他很擔心他們的利益會被出賣 —— 王室方面不會答應讓他們在自己的教堂舉行宗教儀式，還會要他們作為王室的部隊出海，而結果可能是讓他們統統死在海上。「教友們，」他說，「我們一定要緊緊守在自己的土地上，要為主去生，為主而死。」拉夫內爾堅決的態度贏得了眾人熱烈的掌聲，大家都在等待他們前去參加談判的首領回來，等得越來越不耐煩。

卡瓦利埃一回來就沮喪地發現，大家沒有像往常那樣熱烈地歡迎他，而是一個個都拿著武器，站在拉夫內爾身旁，一言不發、怒目相向。他責備拉夫內爾不應該這麼迎接他，聽到這樣的話，拉夫內爾再也控制不住自己的情緒，「協議，」拉夫內爾喊道，「你和他簽定了什麼協議？」

卡瓦利埃一時窘住了，他想避開這個問題。拉夫內爾在手下的慫恿下繼續追問，要他公布細節。「好，」卡瓦利埃說，「按照協議，我們要去葡萄牙服役。」人群立刻發出一陣咆哮，「叛徒，懦夫，你出賣了我們。我們不要和平，不給我們教堂，我們就不要和平。」

國王留在卡爾維松等待談判結果的使臣溫舍爾，聽到這些人的怒吼，看情勢不對想要逃跑，而那些暴怒的人們這時都恨不得將他撕成碎片，但卡瓦利埃出來擋住他們，大喊道：「回去，你們回去！不要傷害他，要殺就先殺我。」他的聲音、他的舉止，震住了卡米撒戰士，溫舍爾乘機掉轉頭，飛快地逃命去了。

拉夫內爾隨後命令隊伍緊急集合，戰士們排好隊伍，拉夫內爾自立為主帥，就帶領他們往北門出了卡爾維松。卡瓦利埃又是羞愧，又是沮喪，跟著這支他已經不是他們首領的部隊；他還不能這樣就離開他們，這些人，他可是一次次地帶領過他們去奪得勝利，他們曾經那麼全心全意地追隨他。他跟在隊伍後面，寄希望於他們會回心轉意，重新擁戴他當首領。

騎兵司令卡蒂納注意到卡瓦利埃一直跟在隊伍後面，轉回身來對他喊道：「你要去哪？叛徒！」天哪！這些人裡面，竟然連卡蒂納也不信任我了？事實正是如此，卡蒂納甚至拔出手槍，對準他從前追隨的首領，不過他沒有開火。

卡瓦利埃還是不願離去，他趕上隊伍，和他們並排而行，不住地懇求他們，甚至要他們看在從前對他的愛戴上，要他們跟他走。可他們依然冷冷地行進著，甚至不願屈尊回一句話。拉夫內爾不住地謾罵他，想把他趕走；他的謾罵最後激怒了卡瓦利埃，他拔出佩劍，就要和拉夫內爾鬥個你死我活。幸好有一個先知出來擋住他們，避免了流血。

卡瓦利埃還是不肯放棄，繼續跟了他們幾英里的路，最後，在隊伍到達聖埃斯迪夫的時候，他要求這些戰士選擇願意跟誰，戰士們都歡呼拉夫內爾之名。卡瓦利埃只好做最後的呼籲，他喊道：「你們中誰還愛戴我，跟我來。」有 40 名老兵離開了隊伍，跟著卡瓦利埃往尼姆去了；而大部隊仍然跟著拉夫內爾。拉夫內爾將刀一揮，喊道：「上帝之劍萬歲！」便帶著部隊往北向上塞文山區前進，去和羅朗會合。

手下的背叛使得卡瓦利埃心神疲憊，他不知道該往哪裡去。他既不能再走進卡米撒的軍營，也不能到塞文的村莊去；他無顏去見維拉爾，擔心他指責他失信。不過，他還是寫了一封信給元帥，告訴他調停失敗，卡米撒還會繼續反叛，他們已經不要他再當首領了。維拉爾十分寬宏大量、體貼人心；因為已經有人告訴他，卡瓦利埃並沒有不忠，整個過程他一直是守信的。元帥就讓代加利埃男爵帶信給卡瓦利埃，邀請他立刻返回尼姆，為將來做打算。卡瓦利埃就帶著他的弟弟先知丹尼爾往尼姆去了，隨行的還有仍然忠實於他的 10 名騎兵和 30 名步兵。

這裡，沒有必要再進一步細述卡瓦利埃的歷史，我們只要提一提就夠了。應維拉爾元帥的請求，他去了巴黎，和路易十四進行了一次並不愉快的會談；而後，他擔心羅馬教廷方面會將他關進監獄，便跑過邊境去了瑞士，最後又到了英國加入英軍，還被授予上校軍銜；還有，他招募了一支由流亡法國人組成的部隊 —— 其中多數是他的卡米撒部下 —— 帶領他們在阿爾曼薩之戰中表現得英勇無畏；之後他又被任命為澤西島總督，西元 1740 年死時他是英軍少將，受到了所有與他相識的人的尊敬愛戴。

就卡瓦利埃來說，雖然他沒有把和約變成現實，但在這種時候，他的離開卻給了起義軍致命一擊。餘下的卡米撒首領試圖重新激發隊伍的士氣，以前正是這種士氣才使他們贏得了一個又一個勝利，可結果全是徒勞。人們感到這是一場無望的戰鬥，感到繩索已經套到了他們的脖子上。許多人開始想，卡瓦利埃希望為他們爭取到最有利的條件，他的努力是對的。卡瓦利埃一度將他的指揮部設在博凱爾上游不遠，羅納河的一個叫瓦拉伯爾格的島上；卡米撒中就陸陸續續有人跑來投奔這位從前的首領。

恩威並施的維拉爾元帥，也嚴重削弱了卡米撒的武裝。他許諾赦免所有主動投降的分子，但對那些繼續頑抗的，他絕不手軟，一律處死。在塞文山區的所有村莊裡，許多年來一直豎立著絞刑架，維拉爾元帥為了表示他的善意，下令把它們都移開。他還到各個城鎮巡視，鼓勵那些正直善良的人們與他合作 —— 無論他們屬於哪一教派 —— 一起結束這場造成這一地區嚴重損害的罪惡戰爭。

元帥的誠意打動了人們；沿維杜爾勒和加爾河的一些主要市鎮，人們都選派了代表，一起去羅朗的兵營，勸說他接受元帥的赦免。在羅朗的聖菲力克斯兵營，這些代表見到了羅朗，把此行的目的告訴了他；但是，羅朗命令他們馬上離開，否則就處死他們。

維拉爾自己也派出信使去見羅朗 —— 其中包括代加利埃男爵 —— 向他保證，只要他和他的部隊放下武器，任何人都不會因為宗教受到處置。不過羅朗仍然堅定不移 —— 除了澈底的宗教自由，否則他絕不會投降。

聽從羅朗和約尼指揮的、在上塞文山區的卡米撒部隊，大約仍有 1,000 人，他們決心消滅盤踞在蓬德蒙維爾的一支王室軍隊。卡米撒將部隊分成 3 路，準備向村莊的 3 片區域同時發動進攻。但是，國王的軍隊指揮官事先得知了羅朗的計畫，做了相應的安排。結果，戰鬥中卡米撒的一翼腹背同時受敵，陷入一片混亂，最終慘敗。而其他兩支隊伍也蒙受了沉重的損失，被趕回駐地。

這是羅朗的最後一戰。大約一個月後，西元1704年8月，卡米撒一支部隊正占領著奈斯附近不遠的卡斯特諾高地，深夜，一支龍騎兵突然包圍了他們。得到警報後，羅朗還未來得及穿好衣服，就匆匆騎馬逃跑。敵人緊追不捨，最後趕上了他，把他逼到一處樹林裡，他背靠大樹，勇敢地與人數數倍於自己的敵人搏鬥，最終被一位龍騎兵一槍射中心窩，倒地身亡。羅朗死後不久，起義也宣告壽終正寢。其他一些首領帶著隊伍四處流竄，此時他們已經失去信心和希望，不敢再與官兵遭遇，之後便陸續投降了。卡斯塔內和卡蒂納也放下了武器，他們獲得許可，帶著手下22人離開法國前往瑞士；約尼也與46名隨從一道投降。

所有這些首領一個接一個投降，唯有的兩個例外是亞伯拉罕和拉夫內爾，他們寧可在國內享受自由和痛苦，也不願出國過和平與放逐的生活。他們繼續在上塞文山區流竄，白天在樹林躲藏，夜晚就在岩洞睡覺，過著被追逐、被遺棄的悲慘生活。最終，朗格多克實現了和平；西元1705年1月初，維拉爾元帥返回凡爾賽接受國王的祝賀和勛章。

那些流放出境的首領，在之後也曾有過幾次徒勞的努力，試圖使起義死灰復燃。卡斯塔內和卡蒂納厭倦了日內瓦那種無所事事的生活，又偷偷越過邊境，重新加入還在塞文山區的拉夫內爾部隊。他們的莽撞最終使他們失去了自己的性命。他們全部被捕，並被處以死刑。卡斯塔內和薩洛蒙在蒙彼利埃受車裂之刑，卡蒂納、拉夫內爾還有另外幾個卡米撒戰士，在尼姆的德拉博凱爾廣場被執行火刑。

最後被消滅的是亞伯拉罕和約尼。他們一個是在克托農莊一間村舍的屋頂，開槍阻擊官兵時中彈身亡；另一個則在塔恩河源頭附近的山裡被抓獲。在押往監獄的路上，官兵將他栓在一個騎兵的後面，就像司各特（Walter Scott）小說中的紅酋羅伯．羅伊[32]一樣，不過就在隊伍經過蓬德蒙維爾橋的時候，他掙脫了繩索，滑下馬，翻過欄杆，縱身跳下塔恩河。士兵立刻開槍，他身中數彈，摔到河裡，被急流卷走。蓬德蒙維爾，這個起義開始的地方，也目睹了它的結束。

[32] Rob Roy，英國小說家司各特同名小說中的人物。

第九章　苦海無邊的胡格諾教徒

最後一位卡米撒首領犧牲之後，就再也沒有任何起義。胡格諾教徒似乎已經完全被鎮壓下去，新教好像也土崩瓦解了，不再有抵抗，也沒有任何反對意見。即使還有胡格諾教徒沒有改宗歸信天主教，他們也都緘默不語。暴力最終獲得了成功，堵住了他們的嘴巴。

整個法國一時被一種深邃的死寂籠罩。農村成了一個包圍圈，四週都有荷槍實彈的士兵 —— 包括龍騎兵、步兵、弓箭手和海岸警衛隊 —— 在虎視眈眈。胡格諾教徒若想逃跑，就非得要冒入獄、服苦役、甚至絞刑的危險不可。

國家的各級長官競相向路易十四諂媚，吹噓他的功績，稱胡格諾教徒不是改宗，就是被根除，要不就是被驅逐出境；路易十四也以此沾沾自喜。他還專門鑄造紀念章，上面寫著「慶祝異教徒的滅亡」字樣。西元 1715 年 3 月 8 日，國王頒布了這樣一道文告，宣布法國的胡格諾教徒已經全部改宗，以後，凡有脫離天主教加入新教的，都以異教徒論處。

那麼，現在胡格諾教徒又是怎樣的一種狀況呢？他們暫時屈服了，可他們的生命並沒有真正消失。許多人確實是「改宗」了，他們無力抗拒種種的痛苦和嚴厲懲處 —— 要是他們拒絕，這一切就會降臨到他們頭上。因為這個緣故，他們去做彌撒，參加有違心願的儀式。他們也為自己的叛教感到羞愧；他們已經歷了太多打擊，遭受了太多不幸與壓迫，無力再去爭取自由了。

儘管許多胡格諾教徒做出改宗的姿態，絕大多數卻是以一種沉默的方式保持著克制。他們緘默不語，等待時機，同時，對迫害帶給他們的種種煩惱，他們也默然忍受下來。從他們出生的那天起，迫害就降臨到他們身上，一直到他們告別人世，也沒有任何的緩和。每一個新生的嬰兒，都要送給神父受洗；長大後，入學受的也是神父的教育。倘若父母不將孩子送去，政府就會強行帶走，送到耶穌會的學校或是女修道院撫養。最後，當他們成年後，結婚也要有神父主持，否則他們的後代將被視為私生子。

胡格諾教徒拒絕遵從這一切。然而，要拒絕服從神父並一以貫之絕不是容易的事；政府通常都為神父安插不少奸細，而每個教區最大的奸細其實就是神父自己，還有就是各類遊手好閒、居心不良的人，和他們稱為「溫良馴服的朋友們」，此外還有各種職業間諜。在和平年代，士兵通常也要承擔這種有辱他們身分的職責：窺視胡格諾教徒的一舉一動。

政府還規定胡格諾教徒必須去做彌撒，否則便要處以罰款或者監禁。假定他拒絕服從，因為他不認為一個神父會有這麼神奇的力量，能夠把麵包和酒變成某種正好相反的東西；而神父堅持自己確實有這種魔力，而且他還得到國家的支持，可以要求胡格諾教徒一定要來參加，看他如何把麵包和酒變體成為耶穌的肉與血。「我不相信這些。」胡格諾教徒說。「但這是我的命令，路易十四已經宣布你皈依了天主教，如果你不服從，馬上就會以異教徒論處。」一名神父，若是他背後站著一個劊子手，或者是一位擁有數十萬軍隊的國王，要與他爭辯就十分困難。因為這個原因，這些受到威脅的胡格諾教徒就去參加彌撒了，神父說自己如何擁有神力的那些話，他們也就裝作相信了。

但還是有許多人堅決拒絕服從，寧可承受最嚴厲的懲罰。所以我們會看到，雖然國王的文告上宣稱新教已經滅亡，但實際上它並沒有真正消失，不過是在稍事休息，積蓄力量，準備東山再起。那些留在法國的胡格諾教徒，無論是「新近的改宗者」，還是「頑固的異教徒」，在一片模糊中最終又開始慢慢現出他們的身影：他們來到岩洞裡，來到荒僻的地方，到那些幽深的峽谷和深山密林裡，又開始聚集禱告，唱他們歌頌大衛的歌，互相交流。

最後，從一開始的私下聚集、禱告，到後來荒漠中的宗教聚會，傳教士又露面了。各地遍布的奸細馬上向管事者稟告，所以，這些聚會常常受到官兵的驚擾。有些時候，士兵是突然現身，向男女老幼射擊。有的時候，當場就會有一百多人遇難。被抓住的人中，傳教士會被絞死，或者是車裂，婦女下獄，小孩送到女修道院，男人則送到艦船上服苦役。

降臨到胡格諾女教徒和兒童身上的迫害，使得法國境內的監獄和女修道院人滿為患。很多古老的城堡都改成了監獄，甚至裡面的地下室也都派上用場，以關押這些不肯改悔的異教徒。其中，最為臭名昭著的一處地方，是艾格莫爾特城裡的康斯坦斯城堡，這裡是關押胡格諾女教徒的一個主要場所，至今，人們一想起它仍然心有餘悸。

艾格莫爾特城位於加爾省，臨近地中海，由於海水的沖洗，形成了許多鹽地和礁湖環繞著這座城市。它是 13 世紀由鹵莽者腓力建造，至今仍是作為封建古堡的一個樣本而吸引著人們。城堡的壕塹已經填平，因為裡面的死水形成了瘴氣。

經過沼澤地上修出的一條長長的堤道，就可以來到城堡前面。門洞上方橫跨著一座古時的門樓。進去之後，往北走，在牆角孤零零地矗立著一座巨大的圓塔，作堡壘之用。塔的直徑是 66 英尺，高 90 英尺。塔裡分成兩個大的拱狀房間，連接兩個房間的樓梯就修在牆上，牆壁約有 18 英尺厚。上面的一個房間由於牆上的縫隙，而有一些微弱的亮光，最底下是一座地牢，一點亮光都沒有，也不通風。地板中央是一個洞，往下就是一座蓄水池。

在大約 100 年的時間裡，這座康斯坦斯城堡一直是法國關押胡格諾女教徒的主要場所。這裡極其不衛生，押到這座地牢，簡直與押到艦船上服苦役無異，幾乎必死無疑 —— 雖然會慢一些。西元 1686 年關押在這裡的 16 名胡格諾女教徒，不到 5 個月就告別人世，她們的夫家多是尼姆的商人，或者是這一地區的地主。犯人一死，馬上就有更多的人被關押進來，地牢幾乎沒有空閒的時候。這種狀況一直持續到法國大革命爆發之前的幾年。

如果是男子參與宗教聚會被捕，他們所受的處罰是送到艦船上服苦役，而且多數是終身苦役。他們多半是一大批人集合在一起，然後用鏈子捆著押送到港口。遣送都是公開進行的，有時為了示眾就穿行整個王國。它的用意是要告訴人們，所謂的信仰新教是一項多麼可怕的罪行；而再沒有別的方式，比這更能展示天主教的優美、仁慈了。

這些被押送的犯人遭遇的懲罰或輕或重，各不相同，要看押送的差役。馬泰爾勒曾於西元 1712 年冬天被由勒阿弗爾押往馬賽，他描述了他們的遭遇。他們這一行，一直到西元 1713 年 1 月 17 日才到達馬賽，天寒地凍，但絲毫不影響當局處置這些胡格諾囚犯的方式。

押送的一隊囚犯，都會用各種方式鎖在一起。他們這次，是兩個兩個地用一條長 3 英尺的粗鐵鍊繞著脖子扣緊，鐵鍊中間是一個圓環。這樣鎖好後，再一組一組地排成縱隊，然後再用一根又長又粗的鐵鍊從那些圓環中間穿過，夾在了整個隊伍的中央，而隊伍也就相當於上了兩道鏈子。這一行的人數不少於 400 人，可是由於這種野蠻的關押方式，中途就有相當一部分人倒下。

不過，補充一句，這個隊伍裡不全是胡格諾教徒，他們只占了一部分，其餘的還有殺人犯、小偷、潛逃者和其他形形色色的犯人。胡格諾教徒可以從他們穿的紅色短上衣辨認出來。犯人沿路行進所受的折磨簡直難以想像。每個人負荷的鏈子的重量不少於 150 磅，夜間的住宿條件也惡劣得無與倫比。在巴黎的時候，這些苦役犯被安置在度爾勒爾城堡，這座城堡的設計，體現著耶穌會的精神。它的監牢是一間大地窖，巨大的橫梁緊緊貼著地面。粗重的鐵製頸圈用鏈子栓在橫梁上，犯人就把脖子套在裡面。這些頸圈都是一錘一錘地敲打、鉚接上的。每根橫梁上栓 20 個人，兩人一組。地牢很大，可以關 500 人。犯人既無法伸展四肢睡覺，因為橫梁太高；想坐著或者站直了睡也不行，因為橫梁太低。他們所受的懲罰遠非筆墨所能描述。這些犯人就羈押在這裡，直到總數夠了，然後起程押往馬賽。

離開巴黎的第一站是夏朗東，一天的勞累後，休息的地方還是和原來一樣糟糕。他們被栓在馬廄裡，幾乎無法坐下來，最後是坐在麥堆上，就這樣坐了幾小時，然後鐵鍊才拿走，旅店有一個寬敞的庭院，他們就被趕到那裡，然後又要他們把衣服脫光扔在腳下，再走到庭院的另一頭去。

這些過程的目的是要搜查一下，他們的口袋和衣服裡是不是藏了什麼刀片、銼刀，或者其他什麼可以用來切割鐵鍊的器具。要是藏了錢幣，或者其他有價值的東西和必需品，也會被搜走。

夜裡刮著北風，寒風徹骨。犯人們就這樣凍了將近半個小時，身體幾乎麻木得不能動彈，無法再穿過庭院去拿自己的衣服。第二天早上，這些不幸的人中有 18 個被死神帶走，這算是一種幸福了。

這裡無須再加以細述整個行程中這些犯人所受的折磨，不過有一個小小的細節可以提一提。就在去海濱的路上，那些筋疲力盡的胡格諾教徒，實在不堪鐵鍊的負重，忍不住拿下他們木頭杯子，向路邊的村民討一滴水喝。他們一般都向婦女要，那些婦女卻是用最惡毒的言語回答他們的請求，「滾開、滾開！」她們喊道：「到了地方你們可以喝個夠。」這些人來到最終要到的港口，就被分派到各艘軍艦的甲板上。這些軍艦多數停泊在土倫港，但也有一些關押著胡格諾教徒的軍艦停泊在馬賽、敦克爾克、布列斯特、聖馬婁和波爾多。下面我們簡短地描述一下那個時代的軍艦。

軍艦一般長大約 150 英尺，寬 40 英尺，可以容納 500 人左右。一共有 50 張椅子坐划槳手，左右各半。長椅中間凸出的部分就是過道，4 英尺高，3 或 4 英尺寬。船槳有 50 英尺長，其中 37 英尺露在船體外面，17 英尺留在裡面。每只槳有 6 名划槳手，他們被同一根鏈子栓在椅子上。他們划槳的動作要整齊，不然會被從前後擺過來的划槳手打中。旁邊有監工監督他們，拿著長鞭，稍有鬆懈鞭子就會落下。為了讓鞭子能夠發揮作用，划槳手在幹活的時候都一絲不掛。無論夏天或冬天的衣服，他們都不穿，只有下身用一塊紅布遮擋，因為他們戴著鐐銬，都沒辦法穿衣服。

划槳手被鏈子栓住腳來固定在椅子上，鏈子的長度恰好夠他划槳時兩腳來回擺動。晚上，這些苦役犯就躺在原地，躺在他划了一天槳的椅子上睡覺。沒有地方可以讓他躺下。他不用想離開那張椅子，除了去看病，或者進墳墓。但有一些胡格諾教徒努力讓自己活了下來，他們在那張椅子上做了三四十年。

他們的周圍充滿了汙穢的、令人作嘔的語言，因為他們是和盜賊、還有其他一些重犯混在一起。他們吃著麵包，喝著海水，似乎已經被世界遺棄。他們沒有人愛，因為他們的家人不是在家裡，就是在修道院或監牢裡。他們生活在監工一刻不停的吆喝下，他用鞭子一會讓他們更用力些，一會讓他們坐起身來，一會又讓他們躺倒。馬泰爾勒幹活的那條船叫「勝利號」，船長是朗格隆騎士，他常把監工喊到面前來，說：「去，給那些胡格諾教徒一頓鞭子，讓他們背上換換顏色。」看來，這位船長有一種「最接近於耶穌會的情感」，憎恨這些胡格諾犯人甚於那些盜賊、殺人犯。

然而，無論什麼時候，只要一句話，這些胡格諾教徒就可以獲得自由。天主教神父常常會光顧這些艦船，要求這些人改信。假使他們「改信」，聲稱他們相信神父擁有神力，馬上就可以去掉鐵鍊，回到這個世界、回到家庭、回到自由。又有誰會不願意聲稱自己「改信」，而願意去忍受那些可怕的懲罰呢？但是，絕大多數的胡格諾教徒不會。他們不願做偽善的人，不願對神說謊。他們沒有這樣做，而是以一種英勇無畏的精神——也有人叫它頑固不化——選擇留在船上做一輩子苦役，

在這樣的折磨之下，許多的苦役犯都活不了很長時間。一個男人，無論他什麼年齡，什麼生活條件，長期習慣室內生活，都受不了日晒雨淋——而這也是對苦役犯的一種處罰。老人、少年很快就堅持不住死了，中年人活得最長，但經常會有調整。倘若一艘船上死的苦役犯人數太多，就會有其他胡格諾教徒準備送上來。他們可能就在內地的某處監牢裡待著，等著湊齊一支押送大軍，然後和往常一樣，送到港口，送上艦船，再被銬住，被折磨，一直到死，這就是和平年代苦役犯的遭遇。而這些艦船同時也是戰艦，船上有人數眾多的全副武裝的士兵。這些船隻有時會出發到地中海，保護法國的商船，防備海盜的襲擊。有的時候，又要航行到英吉利海峽，攻擊荷蘭和英國的船隻，有時可以得手，有時就會發生海戰。

若是需要，他們要不分晝夜、一刻不停地划槳，中間沒有休息，除非有緊急情況。在遭遇敵人的時候，便會對他們格外防備，唯恐他們造反、譁變；所以，甲板上總是有士兵監督著他們，一有騷動，可以不加任何警告立即開槍，再把死屍拋進大海。在划槳手座椅的後面，還放置了大炮，

大炮已裝好彈藥，如果需要就會射擊。

敵人的船隻靠近的時候，這些苦役犯會被用一塊亞麻布遮住，以免他們向敵人發送信號。若有戰事，他們也最為危險，因為為了讓船不能動彈，划槳手和船槳總是最先成為射擊的目標，就像現在蒸汽戰船上的鍋爐、或是螺旋槳會成為最先被攻擊的目標一樣。所以，這些苦役犯比船上的士兵要遭到更多的射擊，往往是甲板上的士兵和船員還沒有發生什麼事情，划槳手的長椅上已經倒下一大片。

馬泰爾勒在「勝利號」船上服苦役的時候，就有一次歷險，險些丟掉性命。4 艘法國戰艦正沿著多佛爾到當恩斯的英國海岸航行時，看到一隊商船（有 35 艘）從特克塞爾河駛向泰晤士河，旁邊只有一艘英國海軍的護衛艦護航。4 艘戰艦的指揮官在商量之後，決定發動攻擊（他們以為可以輕而易舉地得手），以便俘獲整個英國艦隊。

護衛艦艦長看到敵人艦隊逼近，就讓那些商人揚帆全速駛向泰晤士河，他們已經快接近河口了。然後，他將軍艦開向敵人，決心必要的時候犧牲自己的船隻，以保護他的同胞。艦隊開火了，但這艘護衛艦卻一槍不發地折過來。馬泰爾勒所在的那艘船的船長說：「看，他要投降。」護衛艦越來越近，法國人的子彈已經完全落到它的身上。這時，這艘護衛艦忽然改變方向，好像要逃跑一樣。法國人高喊英國人是懦夫，不敢迎戰；說如果不馬上投降，就要將它擊沉。

英國艦長對這些不聞不問，又把船尾掉過來，向法國軍艦開去，好像準備讓法國人登船一樣。法軍指揮官立刻命令船隻向敵人船尾開去，船員準備登船。衝鋒號吹響了，這些苦役犯在鞭子的驅趕下，划得更加用力。軍艦靠近了護衛艦的船尾，這時，那艘護衛艦機靈地一擺，就轉向了一邊。而這艘法國軍艦剎不住，往前衝了過去，那一側的船槳全部被折斷，整艘軍艦立刻就整個暴露在敵人的舷側。

接下來就輪到英國人表演了。他們用鉤錨鉤住軍艦，將它往自己這邊拉。軍艦上的人現在就像在一艘木筏裡面一樣，護衛艦用霰彈向他們猛烈開火，一場慘不忍睹的屠殺開始了。英國人還投擲手榴彈，炸死許多划槳手。然後，他們就登上軍艦，把抓住的士兵全都處死，但那些沒有防禦之力的罪犯都被留了下來。

然後，那位英國艦長就丟開了這艘已經被解除武裝的軍艦，去救援那些商船。其他幾艘法國軍艦此前已經開往泰晤士河口堵截，有幾艘船束手就擒。但這些軍艦的艦長看到自己的同胞艦長發出求救信號，就放開了他們的獵物，集中攻擊這艘護衛艦。他們將它包圍，經過一番艱苦的戰鬥，直到那位英國艦長確信他所護航的所有船隻都安全進入泰晤士河以後，法國人才俘獲了這艘護衛艦。

在與英艦的遭遇戰中，馬泰爾勒差點丟了性命。他和其他 5 名苦役犯人坐的那條椅子，正對著敵人的炮火，他意識到這裡會直接遭到敵人的炮火攻擊。他的同伴都想臥倒，但他站起身子。他看到炮手已經點燃火柴伸向火門，他的心幾乎要飛了出來。再下來，他昏倒了，身子俯臥在軍艦中間，盡可能地用上了鏈子的長度。他伏在一位海軍上尉的屍體上，過了很長一段時間 —— 這中間戰鬥還在進行 —— 才甦醒了過來，看到周圍他的同伴多數已被打死。而他自己，肩上有一處很大的傷口，正流著血，此外膝蓋、胃部都受了傷。

在他周圍的 18 個人中間，他是唯一倖存的，只是受了 3 處傷。屍體都被扔進大海，船上的人正要把馬泰爾勒也接著扔下去，就在他們搬動他的身體、替他打開鐵鍊的時候，他們碰到他膝蓋上的傷口，他重重呻吟了起來。他們就又把他放下。之後不久，他和其他一些人一起被抬到貨艙，一直躺在傷患堆裡。最後他康復了，又回到了他的座椅上，重新開始了艦上可怕的苦役生活。

和這項苦役的差事有關，還有一項極其卑鄙齷齪的規定，它只是針對胡格諾教徒的。如果一名刺客或者其他罪犯，為國效力，在戰鬥中負了傷，那麼馬上可以恢復自由；但胡格諾教徒即使受傷，也不能被釋放。他還是要和從前一樣，回到他的座椅上，繼續用鏈子鎖著；他的受傷，無非是在懲戒過程中，需要忍受的、額外添加的一種折磨而已。

馬泰爾勒，我們說過了，他完全康復後，又和其他罪犯銬在一起，繼續起航，穿過整個法國。到了馬賽，他又被帶到另一艘軍艦上，一直服役到英法簽定《烏德勒支和約》。在馬奎斯・德・羅歇加德的鼓動下，英國的安妮女王做了一次努力，試圖讓法國釋放在艦船上服苦役的新教徒。最後，在當時服苦役的 742 名胡格諾教徒中，136 人獲得了自由，其中就有馬泰爾勒。這樣，他才能夠離開他毫無人道的同胞，在新教徒可以自由生活的英國和荷蘭度過餘生。

第十章　安托尼・庫爾：熱忱的召喚

幾乎就在路易十四臥在凡爾賽的病榻上奄奄一息的時候，一位青年已開始構想如何在法國重建新教了。路易十四想借助迷信和殘暴進天堂，可是在病榻上，他開始懷疑，是否「他的權威還到不了那麼遠。」但耶穌會教士試圖減少他的痛苦，他們把真正的十字架遮蓋在他的身體上。

這位青年的立場與他們截然不同。他所要消除的，正是路易十四在其情婦曼特農夫人，和他的耶穌會懺悔神父謝滋的影響下，終其一生希望實現的事業。他是一位聰明過人的年輕人，父母是維弗雷的胡格諾教徒，出身較為貧寒、卑微。可他自己卻是一個精力旺盛、願意行動的人，做事的願望非常強烈。他注意到，由於沒有牧師，新教有一種傾向，會漸漸演變成一種陰鬱的盲信，安托尼·庫爾於是設法重建主教團，恢復被禁的法國新教會。這一想法實在大膽，但最後的結果證明了他的正確。

西元 1715 年 8 月，路易十四駕崩。同月，庫爾召集一小部分胡格諾教徒，討論他的建議。會議是在黎明時分，在本書多次提到的尼姆這個城市附近的一個採石場舉行。不過，這裡有必要把這位熱心的年輕人早年的生活，先向讀者做個介紹。

安托尼·庫爾，西元 1696 年出生於維弗雷的維爾納夫·德貝爾格。那時，宗教迫害正值高峰期，當局不遺餘力地鎮壓宗教聚會，所有被捕的牧師都被押往蒙彼利埃絞死。父親死時，庫爾年僅 4 歲；他的母親下定決心，假使小孩能夠帶大，就培養他，讓他侍奉主。卡米撒戰爭期間，他依然十分年幼，但他耳濡目染，聽到了許多事蹟，而所有聽到的這些，都生動地留在了他的記憶裡。

安托尼·庫爾也和其他許多新教兒童一樣，被迫去附近的一處耶穌會學校上學。還年幼的時候，他就憎恨彌撒。對於新教徒而言，那時候的彌撒是迫害的象徵，它意味著《南特詔書》的廢除，與武力鎮壓、苦役、監牢、各類修道院和耶穌會具有同等的意義。彌撒不是一個知識上的問題，而是代表了憂懼、恐怖和世代沿襲的憎恨。

在學校裡，庫爾因為出身胡格諾家庭，受到其他小孩的欺負。每一種惡作劇，他都經受過；小孩壓迫人的時候，常常是最殘忍的。那些人向他扔石頭，為難他、辱罵他、戲弄他，向他吐口水。他放學回家的時候，孩子們就跟在他後面喊：「看，看，喀爾文的孩子。」有時，他們一路喧鬧，用石頭追打他，一直追到家門口，居住在附近的天主教兒童，也都加入他們的行列。有時，在舉行彌撒的時候，他們強迫他去教堂。事實上，這個孩子對天主教、對彌撒的憎恨與日俱增。

這些壓迫，外加在家裡讀了一些他感興趣的書，庫爾對耶穌會學校的憎恨更為牢固。同時，他急切地盼望參加那些祕密的新教聚會，他知道附近就有。一天，當他的母親起身去參加這樣的聚會時，他跟了出來。母親看到了他，問他要去哪裡。「妳去哪裡，我就去哪裡，媽媽。」他說，「帶我去妳去的地方。我知道妳要去向神禱告，我也要和妳一起這麼做，妳會拒絕嗎？」

聽了這些話，她流淚了。她告訴他，參加這樣的聚會非常危險，一再告誡他一定不能和別人說。最後，她還是同意帶上他了。他那時還太弱小，還不能自己走完那段路，這時，就會有其他的朝拜者過來，將他背到肩上，一起上路。

17 歲的時候，他開始在這些聚會上看《聖經》。一天，他突然被一陣興奮感攫住 —— 這在這類聚會上是常有的 —— 他開始向聚會的教友談他的體會。他的話得到大家的認可，大家都鼓勵他繼續布道。很快，他在這些山民中間出了名，被視為一個可以做大事情的年輕人。

再大些，他終於決定要將一生都獻給這些遭到遺棄、飽受折磨的新教徒，服侍他們，為他們布道。這是一項崇高的奉獻，它能得到的唯一的、世俗的報償，就是勞作和艱險。他的母親十分煩惱，因為安托尼是她唯一還在的兒子，即便如此，她並沒有要求他改變決心。庫爾向她引述經文，「凡愛父母勝於愛我的，不配稱我的名。」這以後，在她的兒子身上，她看到的只是另一個亞伯拉罕，一個奉獻給神的祭品。

下決心之後，庫爾開始走訪下朗格多克地區的胡格諾教徒，從於澤斯到尼姆，凡是能召集聚會的地方，他就向人們布道。他在這段短途旅行中取得了成功，這又將他引到多菲內，在那裡他遇到了另一個傳教士布律內爾，他身背背包，為了躲避暗探、神父和官兵而四處走動。兩個人都同樣具有熱忱，在許多地方，他們一同布道，及時地相互勉勵。

後來庫爾從多菲內前往馬賽，這是皇家艦隊停泊的地方，大約有 300 名胡格諾教徒就在這裡服苦役。他暗中潛入那些可怕的水上監獄，嘗試在苦役犯中間建立一套祕密的禮拜制度。之後，他又回到尼姆，從這裡開始穿行整個塞文山區和維弗雷，向那些自卡米撒戰爭結束以來，一直沒有做過新教禮拜的人們布道。由於他所表現的熱忱，那些暗探開始密切注意他，為了避開這些暗探，他不停變換地點，每天都去一個新的地方。

常年的勞累損害了他的健康，他有一段時間被迫在厄澤的溫泉區休息。這段退隱生活最終證明大有裨益。在這段時間，他開始思考如何復興法國的新教。注意，這時他只有 18 歲！一個沒受過什麼導引的年輕人，哪怕是心裡有這樣一個夢想，都會被視為不知天高地厚了，更何況真正去做？所有世俗的權力手段，國王、教宗、主教、神父、士兵、暗探，都是容不得他的。他唯一可以依靠、用來對抗這一切的，只有真理、人品、良心和永不疲倦的工作熱忱。朗格多克倖存的幾位新教傳教士遇到庫爾，聽了他的想法都猶豫不決。他們是在尼姆一個朋友家做聖事的時候碰面的，參加的人包括博姆邦諾（一位老卡米撒戰士）、克羅特、科泰茲、布律內爾和庫爾。他們沒有形成一致的意見，隨後就分手了，有的去了瑞士，有的去了法國的西部和南部。現在，如何重新組織教會，這個任務就要由病中的庫爾來思考和行動了。

當時，法國境內剩餘的胡格諾教徒可以分為 3 類。第一類是所謂「新近的改宗者」，他們口稱皈依天主教，內心卻懷著憎恨；第二類是古老新教信念的信奉者，他們還堅守自己的信念；第三類是更為蒙昧的一般民眾，他們仍然相信預言和啟示。正是最後這一類，使新教教會的名聲受損，因為在知識分子眼裡，他們無非是一班狂熱蒙昧的信徒。

庫爾感到有必要繼續讓後者感受到精神的引導，同時，還應當重新確立一套有效的牧師布道儀式，以便那些「新近的改宗者」回到他們父輩所屬的教會裡。所以，他主張宗教聚會要堅持，並選任各級長老、長老會、教會會議，同時訓練一批年輕的牧師讓他們在民眾中間布道，讓他們接受新教教會規則的訓練，由此建立一套教規。自《南特詔書》廢除以來，新教教會有接近 30 年的時間陷於無組織的狀態，因而，人們幾乎都忘了教會會議、長老會、忘了訓練傳教士這些事項了。

就在路易十四咽氣的那個月裡，第一次教會會議舉行了，就在上文提到的尼姆附近一處廢棄的採石場。會議由庫爾召集，規模不大，只有兩三個一般信徒和幾個傳教士，總人數為 9 人。這個採石場很久以來，一直被胡格諾教徒當作祕密的禮拜場所，這裡的宗教聚會常常被龍騎兵驅散，可以說，它沒有一塊石頭沒濺過胡格諾教徒的血。在新教「最終被鎮壓下去」以後，安托尼·庫爾召集了他的第一次教會會議，來重建這被封禁的教會。

第一次會議在西元 1715 年 8 月 21 日凌晨舉行。禱告之後，會議主席庫爾向大家解釋重組教會的辦法，獲得了一致同意。於是，從在場的人員中選出了第一批長老，大家還通過一套制度和規則，並將在全省推行。傳教士的職責就是走到人群中，去鼓舞他們的意志，盡力引導回那些「新近的改宗者」。

他們沒有耽擱，立刻開始執行使命。最早派去布道的地區，是朗格多克的芒德、阿萊斯、維維勒、於澤斯、尼姆和蒙彼利埃，這些地方在 15 年前正是卡米撒戰爭的戰場。在那裡，在那些不知名的河谷、山腰和深山裡，在充滿了敵意的市鎮村落，他們從小屋裡面、從農場、從住所裡，找到了那些隱匿的、失散的、擔驚受怕的胡格諾教徒。他們面對地方官員的公開恐嚇，還有更讓人厭惡的神父和暗探的威脅，依然大街小巷地禱告、布道、勸服，努力激發老朋友們的熱情。

這些傳教士多是朗格多克本地人，多數一貧如洗，有些自己就是勞動者。讓·韋松是一名箍桶匠，年輕時就受了「神啟」，在狂喜中說出了神示。馬札萊，他年事已高，以前曾受到卡米撒戰士的頌揚，為羅朗的士兵做的布道極獲成功。40 歲時，他還不識字；那以後，他被迫逃往瑞士，在日內瓦受了一些教育，在一位流亡同胞的指導下研習神學。

博姆邦諾是卡瓦利埃手下的旅長。指揮官變節後，他決心用布道，而不是戰鬥的方式堅持到底。西元 1705 年他曾被捕，關押在蒙彼利埃的監獄。他的兩個卡米撒戰友，當著他的面被推上刑臺，然後被扔到火堆裡活活燒死。殘酷的刑罰並沒有嚇倒他，他設法從蒙彼利埃的監獄裡逃了出來，仍一如既往地四處召集聚會，向民眾布道。

這些人之外，還有於克、科泰茲、迪朗、阿諾德、布律內爾和羅維埃爾（或克羅特），他們都巡遊四方，聚集教友，進行布道。還有一些人，不妨稱為地方上的傳教士，他們年事已高，不能走遠路，他們的生活有時就是白天犁地，晚上傳教。屬於這類的有蒙泰爾、吉洛和邦納爾，都已經年過花甲了。

庫爾，由於他年輕，精力旺盛，似乎是他們中間最活躍的一個。有一天，在聖伊波利特附近一個主要的胡格諾教徒集會地，在半山腰上，他召集了近年來最大的一次聚會。教區神父報告了當局，阿萊斯總督祭出懸賞，誰要是抓住這位年輕的傳教士，押到他那裡，就可以得到 50 金幣。軍隊立刻出發趕赴那一地區；庫爾獲知後隨即下山，來到下朗格多克地區所屬的市鎮，不久之後又來到尼姆。

在尼姆，庫爾見到了雅各 · 羅歇，這個人後來對他的工作有很大的幫助。羅歇長期流亡烏爾滕堡，最早是朗格多克布瓦西埃地方的人，年輕時與父母 —— 他們都是胡格諾教徒 —— 一同被迫離開法國。儘管祖國對待他和家人如此無情，他的心還是不斷把他帶回到這片土地。

羅歇長大後決定回到法國，幫助教友。他想到一個計畫，這個計畫和安托尼 · 庫爾正在實施的有些相似。不難想像，羅歇在尼姆遇到庫爾，知道他的計畫時有多高興。結果，羅歇決心「喚醒」多菲內的新教徒，努力完成庫爾在朗格多克逐步推行的一切。西元 1716 年，羅歇在 7 名傳教士和 7 名長老的協助下，在多菲內召開了他的第一次教會會議。

與此同時，庫爾開始走訪加爾河沿岸修繕一所教堂。他患了感冒，一段時間就會發作，但他不等身體痊癒就上路了。他沒有馬，都是步行，而且常常在夜裡行動，走的也都是那些不知名的荒郊野徑，不時地還要停下來休息。最後，他因為身體虛弱又患著病，再也走不動了，就說服了兩個人，讓他們帶他一程。那兩個人四臂交叉，疊了個臨時的座椅，把庫爾抬在中間，繼續往前走。

在一位朋友那裡，庫爾找到一個臨時住處。才躺下沒多久，就被告知有情況，需要動身離開。原來朋友們發現，有一名暗探在暗中監視他們。庫爾便起身穿好衣服，忍著巨痛繼續上路。天正下雨，路上漆黑，庫爾獨自一人在鄉間走了幾個小時，渾身不住打著寒顫，半是受凍、半是發熱，最後走到另一個朋友家裡，有了棲息之地。而這一切，在這些傳播福音的牧師那裡，是再平常不過的。他們終日漂泊不定，卻無時不在奉獻自己；雖然所做的一切都被禁止，卻表現了不畏艱難的勇氣。

他們的工作並非沒有遇到其他更大的危險。只不過，既然已經把新教徒組織起來，就沒有必要再鼓勵他們去做公開的禮拜，反而應該加以勸阻，以免引起官方的警覺，招來敵意。所以，當西元 1717 年年初，傳教士韋松在昂迪茲附近舉行公開聚會的時候，教會會議甚至批評了他，因為他把自己的教友暴露在一些無謂的危險中。那次聚會，最後被軍隊打斷，有 72 人被捕，其中男子被送往艦船服苦役，婦女則押往康斯坦斯城堡。

民眾面臨的危險是失去自由，而對於有勇氣站出來，為他們的宗教需求服務的那些牧師，他們的危險則是失去生命。艾蒂安．阿諾德在阿萊斯附近的一次聚會上布道時，不幸被捕，被押到蒙彼利埃受審，最後判決將他押回阿萊斯執行絞刑。這位勇敢的青年臨刑時大義凜然，從容就義。他的死，讓他的新教教友們感到悲痛，可是，人們並沒有因此被嚇住，那些牧師、傳教士仍在繼續他們已經開始的工作。阿諾德死了，又有許多人出來接替，揚．貝特萊恩向教會會議毛遂自薦，最後被接受，接替阿諾德的工作。

教會會議還任命了許多讀經人，有些時候傳教士無法參加，就由他們在會上朗誦《聖經》。可是，新教徒手裡的《聖經》極為匱乏，這都是因為年輕的路易十五，這位耶穌會的寵兒，他接替王位後做的第一件事就是，宣布沒收新教徒使用的《舊約》、《新約》、讚美詩和其他宗教著作。這類書籍，雖說在路易十四統治時期已經收繳、焚毀了不少，這一次又搜出一大堆，也都扔進火裡了。

「我們太缺書了。」庫爾寫給國外朋友的信裡說道；同樣的話，在他的許多信裡都有提到。他最需要的是《聖經》，因為那些讚美詩，胡格諾教徒多數都已牢牢記住。通常，當有了一本《新約》的時候，都會被四處傳閱，還要將它的大部分內容默記下來。默記的工作一般進行分工：找一些記憶力好的人，一個人 —— 有時是男童（或女童） —— 專門去默記福音中的章節，另一些人則去背《使徒書》，就這樣，一直到把書中的大部分內容記住，可以在聚會上背誦出來為止。因為這個緣故，一般教徒在日常的會話中，也像傳教士的布道一樣，越來越帶有《聖經》的風格。

後來，人們把目光轉向國外，懇請那裡的新教徒給他們幫助，解決書籍的問題。此前逃到瑞士、荷蘭和英國避難的人們，慷慨地向這些依然留在國內的胡格諾教徒伸出了援手。他們送來許多的《新約》、讚美詩，外加一些為年輕人準備的教義問答，以及由旅居英國、荷蘭的法國神學家，如德勒蘭庫爾、索蘭、克勞德和其他一些人寫作的禱告書。這些東西，都是夾在貨物中安全越過邊境，帶入法國，送到書商手裡，然後再分發給法國南部的新教徒。為此，設在日內瓦的印刷機也派上了用場，庫爾的許多布道書，就是在那裡印製，然後再發到教徒手裡的。

迄今為止，庫爾所做的一直是傳教士的工作，現在教會會議決定授予他本堂牧師的聖職。授職儀式雖然不算正式，但非常感人。儀式是在西元 1718 年 11 月 21 日深夜舉行的，有一大批沃涅日地區的新教徒出席儀式；祈禱結束後，庫爾站起身子，發表了一會演說，說的是牧師的職責，還有布道的必要及其意義。他感謝上帝，在眾多敵人都在想方設法消滅新教教會的時候，依然養育出了許多願意為教會服務的牧師。最後，他請全體教友為他祈禱，祈禱上帝賜予他新的熱忱去完成他即將應召去完成的使命，賜予他完成這些使命所必須的德行。聽眾聽了這些發自內心的話後，被淚水模糊了視線。而後，一位年邁的牧師科泰茲，走到屈膝跪在地上的庫爾面前，將一本《聖經》放在他的頭上，以耶穌基督的名義，以教會會議的權威宣布，授予庫爾職權以履行牧師的職責。一時，會場上充滿了歡樂的聲音。隨後，大家又做了一次禱告，然後就在夜幕中散去。

西元 1720 年，法國發生了一場瘟疫，瘟疫幫助了新教教會的發展。新教徒都把瘟疫視作自身的墮落而遭受的天譴，於是，他們比以前更加虔誠，參加荒漠集會的人數比從前多許多。官府不再來騷擾他們，軍隊也不出兵營一步。獲准布道的傳教士越來越多，推舉出來的長老也越來越多；整個朗格多克，又建立了許多新教堂，而地處塞文山區的洛澤爾省，再一次成了新教教徒的天下。在多菲內，羅歇和維爾韋勒兩人同樣極為成功。聖通日、諾曼第和普瓦圖這幾個人，也開始注意到，要在朗格多克地區的新教教堂之間保持連繫。

第十一章　培養殉道者的學校

教會組織在荒漠中出現，這是歷史上最令人稱奇的一件事情。在法國，胡格諾教徒舉行祕密聚會，這種做法由來已久。早在《南特詔書》宣布廢除之前，在展開武力鎮壓、政府開始毀壞新教教堂的時候，就已經有了這樣的祕密聚會。胡格諾教徒找了一些廢棄不用的地方，安排聚會，進行禮拜。

早期這類會議多在朗格多克舉行，而朗格多克一帶，尤其是塞文山區，確實都是些荒涼廢棄的土地，所以它便被稱為「荒漠中的聚會」；此後，這個稱呼沿用了接近 100 年。

卡米撒戰爭結束後不久，庫爾開始重新組織法國的新教教會，這時，大家幾乎都已不知道什麼是荒漠中的聚會。雖然，偶爾也有一些禱告的聚會，會上由一些記憶好的人為大家朗讀或者背誦《聖經》的某些段落，也唱讚美詩，但這樣的聚會幾乎都沒有牧師出席。庫爾決心復興這些荒漠中的教會，要重新召集會眾，並且，還要根據胡格諾教會規定的措施，恢復以往的管理制度。

要重新召集會眾，需要做的第一件事，就是任命一些大家都熟悉的信教人士為「長老」；這是非常重要的職務，他們是一個教會的基石，沒有長老，就不會有教會。全部長老就構成長老會，照看會眾、挨家走訪、主持捐贈、指定牧師、持秩序，都是他們的職責。他們首先由牧師提名，但要由會眾選舉才算通過；而能否當選，要看他們的能力、熱心和虔誠是否為人信服。

聚會時，牧師未必在，長老卻總是在的。他要做的事情，包括防止教友因為受著其他吸引而中途離席，對不名譽的事情提出批評，努力呵護人們的宗教熱情，加以勸勵有過失的、或是舉目無助的教友；最後，他還要把教會收集並託付他照管的捐贈，分發給窮人。

這裡提到長老的部分職責是，對教友的不名譽行為提出批評。如果哪位教友，他的行為不符合信徒的標準，牧師就不再去他那裡探訪，他也不能再參與聚會，直到他表示決心，願意過一種更好的生活，那時才能重新享有這些權利。不許人們參與聚會！要知道，參與那樣的聚會若是被發現，牧師會被絞死，一般人則要終生在艦船服苦役。這是一種怎樣的處罰啊！聚會由長老召集，他們把消息告訴幾個好友，再由他們告知其餘的人。很快，大家都知道了消息，一兩天內，甚至是居住在遙遠村落裡的教友，都會及時得到聚會的通知。這樣的聚會，常常在夜裡舉行，一般都選一些較為祕密的場所，諸如岩洞、林中的空地、深谷，或是廢棄的農場。

參加聚會的男女老少都有，他們常常是走了一里格，[33] 有時是 2 里格、甚至 3 里格的路後，才到會場。這樣的聚會充滿危險，因為到處都有暗探潛伏，天主教神父更常常扮演告密者的角色，軍隊往往離他們不過咫尺之遙。除了這些因素外，聚會還可能由於冬夏的雨雪而中止、解散。

在卡米撒戰爭結束後、庫爾出現之前的這段日子裡，這樣的聚會人數很少有超過 100 人的。而到了庫爾以及他的牧師同事活動時，人數常常超過 2,000 人。有一次在下朗格多克地區的聚會，甚至超過了 4,000 人。

如果聚會在白天舉行，一般都要派出哨兵站崗、瞭望，若是聚會地靠近敵人駐地就更是如此。去站崗的，都是身手敏捷的年輕人，他們注視著敵人營地的出入口，要是敵人出動，他們就發出信號，由一個山頭傳到另一個山頭，用這種辦法發出警報給會眾，讓他們分散。不過，更通常的情形還是夜裡舉行，但即使這樣，也會在四周安排崗哨，只是不用像白天分

[33] 里格，舊時長度單位，1 里格相當於 3 英里或 5 公里。

布得那麼遠罷了。

整個組織機構，牧師在最高一級。最初的一級是一些享有教會權利的教友，然後是長老，最後就是牧師。胡格諾——喀爾文派也像長老會派一樣，採取共和制式的管理形式。組織的最底部是一般教友，他們選舉長老，長老挑選、推薦牧師候選人，而所有的教友、長老和牧師組成的教眾（以教會會議的形式），就維繫著教會的整個組織機構。

牧師又可分為 3 級：學生、傳教士和牧師。想想，一個幾乎意味著死亡的職業，居然還要招收學生，真是絕妙！不過，卻有許多熱心的年輕人，他們願意為這個被禁止的教會服務，願意為它光榮獻身。因為人數太多，有時不得不對他們的資格加以限制。

一次，庫爾寫信給皮埃爾．迪朗，當時後者正在維弗雷地區重建那裡的秩序和組織。他的信裡寫道：「這是一項光榮的工作，對於那些主動報名、等待您許可的人們，在接受他們之前，應該好好地考驗他們，一定要為這項真理的事業找到品德高尚、充滿熱忱的人選。能夠激發一個靈魂的高貴、偉大的，只有虔誠。在最危險的情形下，是虔誠支持著我們；在最嚴重的障礙面前，也是虔誠幫助我們獲得勝利。一顆正直的靈魂，會堂堂正正地闊步向前。」

倘若年輕人的品格獲得認可，接下來就開始他們的學業了。這是一個被禁止的宗教，與它相關的一切都必須在祕密中進行，年輕牧師的學習也不例外。他必須追隨他的導師（也就是牧師），與他一起遊歷四方，一起星夜趕路，時而大白天在岩洞藏身，時而又露宿在滿天星光下，永遠都在趕路，從一個會場趕到另一個會場，永遠都有死神在前面不遠處召喚他們。

「我常常是在一塊巨石底下的溪流邊，教授我的學生。」庫爾說，「我們將天空作為屋舍，岩石縫隙中伸出的樹枝就遮蓋在我們頭上。我和學生要在那裡停留 8 天，它既是會場，也是教室。大多數時候，我給學生一篇經文讓他們討論，比如，我會讓他們討論《路加福音》第十五章前面十一節。之後，我會提醒他們注意某個地方的教義、經文的某些段落、某句道德箴言，或者，我就講解某些有疑難的段落。我讓大家都針對討論的問題發表意見，他們都說完後，我再讓他們之中最年幼的一個先出來，問他對大家的意見有什麼看法，然後依次輪到其他人。最後我會指出，哪些見解最為公允、合理。再下來，輪到那些程度較高的學生布道。事前，我們會在岩石間豎立一根杆子，就充作講經壇，布道的學生就在那裡宣講。宣講結束後，我會要求其餘的人，依次對布道的主題發表意見。」

若是這些試講的學生能力已經足夠，就會被派去走訪各個教堂。有時，讓他講的是其他牧師已經通過審核的主題；有時，他可以按自己的主題布道，可是需要經過教會會議任命的有關人士審查。一段時間以後，倘若教會會議的主席和委員會認可，那麼，他就可以正式布道了，這時，他的工作和牧師已經沒有多大差別，只是仍不能主持聖禮。只有獲得教會會議的批准之後，他才可以行使更高一級的牧師職責。

那麼，傳教士、牧師如何維持生計呢？就自己而言，庫爾不無驕傲地說，從西元 1713 ～ 1723 年的 10 年間（除了在日內瓦的那段日子以外），他為胡格諾教會的服務分文未收，他的家庭和朋友承擔了他日常的私人需求。就其他人而言，則靠聚會上募集到的捐贈維持。因為教友幾乎都是窮人，捐款通常只有微不足道的數目。一次，3 場聚會只募集到了一個多便士。

後來，教會會議建立起一個正規的募捐制度，神職人員的薪水就由籌集到的捐款裡面支付。最先領到這筆薪水的是已婚牧師，然後再分配給單身的牧師，但金額都非常之少，僅能免於飢餓。

預備當牧師的學生，最先都是到庫爾這裡接受教育和布道的訓練，而庫爾需要終日在他那危險的旅程上奔波，從一個聚會趕往另一個聚會。傳教士人數太少，無法顧及所有業已組織起來的會眾。庫爾就有心在條件成熟的時候，成立一間專門的學校，培養傳教士和牧師，這樣可以使他的工作效率更高些。為此，他曾與在英國、荷蘭避難的、有影響力的法國教友聯絡，但他寫給巴茲納日和索蘭的信遭到冷遇，而當時的坎特伯雷大主教威廉．韋克卻答應提供幫助。最後，庫爾決定趕赴瑞士，說服在那裡避難的法國人幫助他這項工作。

在日內瓦，他找到了皮克泰先生，向他解釋了目前國內的狀況。在國外的新教徒中，有一種謠傳，以為法國新教徒中盲信和迷信神啟的正在增加。庫爾解釋說，這全然是錯誤的印象，對於被禁的胡格諾教而言，最需要的就是受過良好教育的牧師。真正的宗教的朋友，一切反對盲信的人，都應該來幫助他們，為他們提供最需要的東西。如果他們能夠找到教師，庫爾說，他可以負責召集會眾。而且，胡格諾教徒不僅在朗格多克和多菲內，甚至諾曼第、皮卡第、普瓦圖、聖通日、貝阿恩及其他一些省，都在迅速地增加。

最終計畫逐漸成型。他們發現，日內瓦並不適合建立這類學校，因為法國一直對該城市虎視眈眈，日內瓦也經常因向法國難民提供庇護而受到政府譴責，所以最好先在洛桑建一所這樣的傳教士學院。於是，計畫於西元 1726 年實施，在迪普朗先生的負責下開始籌建。

一個由流亡人士組成的委員會，就這樣在洛桑成立，取名叫「幫助受壓迫的信仰者協會」，目的是籌集捐款，以維持傳教士、牧師和神學院的日常開支。最先捐贈的是定居在瑞士的胡格諾教徒，之後，在荷蘭、德國和英國居住的流亡人士也紛紛解囊相助。英國國王答應每年捐助 500 基尼。迪普朗是個工作起來永不疲倦的人，14 年裡，他一共募集了 1,4000 英鎊。由於這種種努力，入學的學生數量穩步上升，他們來自法國各地，而主要又來自朗格多克地區。從它成立的西元 1726 年到 1753 年，一共有 90 名學生從這裡畢業。

學生完成了教授布置的全部課業後，從瑞士返回國內，去從事需要他們付出生命的事業。他們已經受過專為烈士而設的學校教育，現在，就要去那些宗教聚會上布道了 —— 他們已走在通往絞刑架的路上。

這些傳教士每一次的出行，都有生命危險。為了趕到下一次的聚會地，他們多是夜晚趕路，避開大道，專走已無人跡的路線，尤其是山間小路。至今，塞文山區的土壤仍留有他們的足跡，人們依然傳說著，這些布道者如何沿著荒僻的路徑，從一個教區到另一個教區，向他們的父輩傳教。

他們為了掩護自己，用各種方式喬裝，有時是農民裝束，有時是工匠，有時是牧民。庫爾和迪普朗有一次竟裝扮成了軍官。員警知道後，立刻派人前往他們要去的市鎮、要去的那間住所捉拿他們。但他們成功逃脫，而後又換了一套新裝束。

還有一次，在尼姆附近，庫爾坐在樹下布道，這時來了一隊聞風趕來的官兵，已經到了近前。庫爾見無路可去，靈機一動，縱身爬上樹，在樹枝間躲藏起來，過後又設法逃脫敵人的搜捕。

又有一次，他在一位朋友家過了一晚，第二天，兩人正在一起時，一隊官兵突然包圍了房子，帶隊的軍官上前大聲叩門。庫爾立刻讓他的朋友佯裝有病躺下，自己則縮身藏在牆壁和床之間狹小的縫隙裡。士兵正要破門而入時，朋友的妻子慢慢地前去應門。士兵裡裡外外，翻箱倒櫃，還往牆上敲敲打打，又跑到病人的房間裡搜了搜，就是沒有任何發現。

所有的牧師都辛勤地工作，庫爾也不例外。一次，庫爾在下朗格多克地區和塞文山區走訪，開始時是一個人，後來有個年輕人陪著。在短短兩個多月的時間裡，他先後走訪了 31 座教堂，為它們召集聚會、布道、主持聖禮，行程超過 300 英里。天候的影響對這些牧師根本無足輕重，他們從來都風雨無阻。即使疾病也往往難以滯留他們，只能使他們身體虛弱，卻不能動搖他們的決心。

暗探、軍警遍布全國，無孔不入，每一間傳教士可能托庇的住家，他們都心裡有數。在省長那裡，就有一份這樣的名單。如果在這些住家發現傳教士，那麼，無論庇護人或是受庇護人，都知道他們必須面臨什麼：前者，他的全部財物將被沒收，他們自己則要被送往艦船服苦役；後者，先會經受酷刑，而後再被絞死。傳教士庇身的房屋，多數都要被焚毀。

儘管整個組織活動進行得極為隱祕，仍然不時地會有傳教士被捕，宗教聚會遭到襲擊，許多人因此而入獄，送往艦船服苦役。每一個村莊都有一個大暗探，那就是神父，而在神父底下，又有許多小暗探，他們從事這一勾當，或是為了錢財，或是天性殘忍，或是出於報復。要舉行胡格諾教徒聚會了，是嗎？好，暗探也可能是內奸，馬上就會報告上去。神父一道命令，就足可把最近的駐軍調來驅散。他們緊急出動，包圍會場，隨著槍聲響起，這些非法的禮拜者或是被射殺，或是上絞架，或是入獄。全部的處罰都突如其來，不必經過任何的訊問。《舊約》、《新約》、讚美詩，統統扔進火裡；男人，送到艦船去；女人，有監獄和女修道院；至於傳教士，有絞刑架。

西元 1720 年，一大群新教徒聚集在尼姆附近那間著名的採石場，做祕密禮拜，官兵突然包圍他們，參加的人全被抓獲。婦女被送往康斯坦斯城堡終身監禁，男人則用鐵鍊一組一組捆著，遊行經過全法國，預備送往位於拉羅謝爾的艦船服苦役。不過由於英國大使出面求情，他們得以減刑，被判永久流放出境。由此，他們被送往北美密西西比河畔的新奧爾良，成為這一地區的法國新興殖民地的移民。

罪惡隨處可見，針對胡格諾教徒的暴行沒有一起受到調查。占有、姦汙婦女屢見不鮮。一個父親完全知道，如果女兒被抓住，等待她的將會是什麼。西元 1733 年在於澤斯，一個胡格諾教徒在女兒被捕之後，很快就因悲痛而去世。在同一地，還有兩姐妹也被捕，她們的直系親屬立刻被投入監獄。這一切就這麼發生著。康斯坦斯城堡永遠人滿為患，而且還不斷往裡面投入新的犯人。

瀕死的人也要受種種折磨。要是他們拒絕接受臨終聖餐，就會被當作「受詛咒的人」來對待。卡奧斯的讓．德．莫勒納茲在死時承認自己是新教徒，他的身體立刻受到詛咒，不得入墓地安葬。一位婦女，她向瀕死的約瑟夫．馬丁說了些寬慰的話，立刻被處 6,000 里弗爾的罰金，並送往博勒加爾城堡關押。至於馬丁，則被宣布，任何對他的悼念都要永遠受到詛咒。這一類的侮辱、暴行頻頻地發生。獄卒也有了掙錢的管道，他把胡格諾教徒的屍首放在集市上展示，願意付費的都可以前往，參觀「這受詛咒之人的屍體」。

儘管遭遇種種暴行，新教仍然迅速地發展起來，在朗格多克和多菲內地區尤其如此。在教會重新建立的過程中，整個國家分成許多地區，傳教士和牧師盡可能每隔一段時間就走訪一遍歸屬他們的教友。朗格多克因此分成 7 個地區，每一地區都任命了一位見習傳教士。長老會和教會會議定期舉行，地點通常在岩洞、乾涸的河床上、或者是深山裡等一些祕密的地方。傳教士們彼此鼓勵著，雖然，他們前進的每一步路上，常常有同伴的屍體。

任何一位牧師或者傳教士，一旦被捕就必死無疑。西元 1723 年，在蒙彼利埃，政府抓住了 13 名在私人住宅裡做禮拜的胡格諾教徒，其中就有韋松牧師和他的助手邦尼塞爾及安東莞孔特，他們立刻被判絞刑，其餘 10 人則被送往監獄，或者是去服苦役。

之後不久，年邁的于克牧師又在塞文被捕，隨後被帶到蒙彼利埃處絞刑。省長博納日列出了一份牧師名單，懸賞 1,000 里弗爾要這些牧師的性命。名單上有庫爾、科特茲、迪朗、羅維埃爾、博姆邦諾及其他一些人。其他一些人是誰，這裡沒有提到他們的名字，也許是覺得他們還不夠資格上絞刑架。

就在這個關頭，阿萊斯的主教還向政府呼籲，反對對胡格諾教徒表現出寬容。西元 1723 年，他送了一份長長的備忘錄去巴黎，聲稱天主教正受到嚴重的損害，這些損害表現在：不僅那些「新近的改宗者」又退出了天主教會，一些老的天主教信徒也去求助於胡格諾派的宗教聚會。在這類聚會上，人數有時候多達 3,000 ～ 4,000 人，四野都能聽到他們的讚美詩歌聲；相反，天主教堂卻無人光顧，一些教區的神父做彌撒時，竟找不到一個天主教徒。還有，新教徒不再把自己的孩子送去學校，受洗、婚姻這些儀式也都撇開了天主教會。

這些呼籲帶來了效果。當時的攝政大臣波旁公爵，立刻下發了一道緊急命令給地方當局，要求嚴格執行法律規定，禁止這類的聚會舉行，違反命令的牧師一律處死。普通人則全體送去服苦役；此外，必須強迫人們去天主教教堂，強迫他們的孩子去學校，由此，他全面恢復了路易十四針對新教徒頒布的酷刑峻法。不久，許多聚會就遭到襲擊，有許多人被囚，隨後被送去服苦役，越來越多的牧師也被捕、受刑，而後被絞死。

當局想盡辦法，要抓捕安托尼・庫爾這位新教復興的靈魂人物，出了很高的賞金要他的性命。暗探、員警四處搜捕，凡懷疑他可能居住的房屋，皆派士兵趁夜間包圍，澈底搜查屋裡的每一個角落、每一處可能藏人的地方。有一晚上，他們一口氣連著搜索了 3 處房屋，庫爾數度都是在極困難的情形下逃脫。一次，他竟在一堆肥料中藏身 20 多小時。他的朋友試圖說服他離開這個國家，直到搜捕行動過去。

從西元 1722 年開始，庫爾肩上又多了新的責任。他成了家，有了 3 個孩子。他的妻子是於澤斯的一名年輕女子，也是胡格諾教徒。他們第一次相遇時，庫爾正為躲避暗探而藏在她家裡。結婚後，他依然忙於牧師工作，他的妻子照看家庭，仍然住在於澤斯。庫爾從不公開與她在一起，只能祕密地回家看望。他的妻子一向因德行受人尊重，只是，她現在有 3 個孩子，父親卻不露面，這不免讓人懷疑。

暗探們受著巨額賞金的誘惑，想方設法要揭開這個祕密。一天，城市新來的指揮官路過庫爾妻子的住處，他停了下來，手指著房子，向鄰居打聽一些問題。有人把經過告訴了庫爾，庫爾立刻猜測他的行蹤已經為人所知，他的妻兒也已被發現，或許很快就會被捕。於是，他立刻做了安排，把一家人都送去日內瓦。他們於西元 1729 年 4 月順利抵達，而庫爾仍一如既往地在朗格多克地區奔走、布道。不久後，庫爾患了重病。他掛念妻子，也掛念家人，希望能夠去瑞士與他們團圓。又經過幾個月的勞累和疾病，他筋疲力盡，終於離開朗格多克，踏上了去日內瓦的行程。他年齡不大，只有 33 歲，可是最近十多年來，他是過分操勞了。從 14 歲開始，他就在朗格多克宣揚福音。

庫爾離開法國去瑞士不久，西元 1729 年，烈士的名單上又多了一人，傳教士亞歷山大・魯塞爾，年僅 26 歲。他被捕時正在維岡附近參加一個宗教聚會，教友全部離開了，唯獨他走在最後。他被帶到蒙彼利埃關押在城堡裡，城堡從前就關押過眾多的胡格諾牧師。政府要他宣布放棄自己的信仰，並允諾，如果他肯成為一名天主教徒，可以給他一筆可觀的賞金。他拒絕了，從而被處死。後來，安托尼・庫爾去撫慰他的母親，那位母親回答說：「若是我的孩子放棄了，那將會是我最大的痛苦；現在，他能夠寧死不屈，我衷心感謝主給了他力量，讓他可以盡好這最後的職責。」

庫爾的朋友一再勸阻他放棄離開法國、離開教友的決定，。他們聲稱，他對妻子、對家庭的愛，消磨了他服侍主的熱情。迪普朗、科特茲都一再勸阻，他親手建立的朗格多克教會也呼籲庫爾重新回到他們中間，繼續他的職責。

但庫爾沒有聽從他們的要求，他的決心沒有受到動搖。他需要安靜下來做許多事情：籌款幫助法國舉步維艱的教會；維持為培養學生、傳教士和牧師而辦的學校的正常開銷；幫助那些離開法國到瑞士避難的人們；致信給北部的新教國家，爭取它們的支持，一如布魯遜在 30 年前做的那樣。所有這些，都需要他去做。

伯恩市慷慨地接待庫爾及其他胡格諾教徒。庫爾自己以及他妻子的家產都留在法國，被政府扣押了，他無法維持家庭的生計，伯恩市政府便撥給他每年 500 里弗爾的撫恤金。庫爾在瑞士一些主要城市布道都極為成功，在伯恩市尤其如此，之後他又到了洛桑，在那裡度過餘生。

儘管他在瑞士的工作環境安定了許多，他仍然連續不斷地工作，一如從前在胡格諾教會時那樣。他為他們撰寫文章，培養傳教士和牧師。在洛桑，他做的一件主要工作就是，編撰廢除《南特詔書》後的法國胡格諾教派史。

最後，我們可以概述一下，庫爾為法國胡格諾教會的重建所做的工作。他於西元 1715 年開始他的工作，其時在法國南部還沒有固定的會眾，胡格諾教徒只是由偶爾路過的牧師負責布道。到西元 1729 年庫爾最後離開法國時，下朗格多克地區已經有 29 個有組織的、雖然是暗中管理的教會，上朗格多克地區有 11 個、塞文山區 18 個、洛澤爾 12 個、維弗雷 42 個。單單在朗格多克，身分得到認可的新教徒就超過 20 萬人。古時的教規得以恢復，並出現了 120 個有組織的教會，培養傳教士和牧師的學校也建立了，新教的勢力擴展到多菲內、貝阿恩、聖東熱以及其他一些地區。

所有這一切，很大程度上，都要歸因於庫爾及其助手在 15 年裡所做的努力。

第十二章　迫害臨近尾聲但沒有結束

對胡格諾教徒的鎮壓時緊時鬆。譬如，當法國把它的部隊派到佛蘭德爾或是萊茵河沿岸與外國作戰時，那些主教就會大發雷霆，抱怨政府對新教徒過於寬容。而其實，那是由於政府騰不出部隊來緝拿胡格諾教徒，驅散他們的荒漠聚會。一旦部隊由前線撤回，鎮壓就會重新開始。

政府一般都是以搜繳、焚毀圖書，來拉開鎮壓活動的序幕。遇到焚書的日子，都被視為最重大的節日。

西元 1730 年 6 月，朗格多克省長在 4 個營士兵的護送下來到尼姆。抵達之後，他立刻挑選一些主要的天主教徒，委派他們去監視被懷疑是胡格諾教徒的住家。夜深人靜的時候，軍隊突然出現，由事先派出監視的天主教徒引路，闖入胡格諾教徒家裡搜查。屋子裡的人被驚醒，士兵衝了進來，翻箱倒櫃，到處搜索，最後把搜查到的全部書籍集中到維爾旅館。

幾天之後，召開了一個隆重的公審大會，全部的天主教居民都出席觀看，還有省長帶來的 4 個營士兵、憲兵、天主教神父，以及主要的地方顯貴也都到場，準備觀看毀書的壯舉。搜出來的全部胡格諾派書籍被堆成一堆，擺放在以往的行刑場上，其中滿是《聖經》、讚美詩、教義問答和布道文，劊子手點燃了火苗，一時間，官員開懷大笑，神父洋洋得意，民眾則一片歡呼。這類場景在朗格多克地區已經是司空見慣。

如果說，神父們對這些印在紙上的字感到憎恨的話，對那些口中說出來的話，他們就更加恨之入骨了。罰金、公審、苦役、強占婦女、侮辱死者，這些都還是可以承受的處罰，而最管用的當數對傳教士的絞刑。「再沒有什麼比處決傳教士更能震懾他們了。」聖弗洛朗坦對拉德韋斯的指揮官說，「我們很樂於見到你馬上去抓一個過來。」

指揮官依令而行，逮捕了皮埃爾．迪朗。當時，迪朗正要去為一個教友的孩子施洗，那教友家住維弗雷附近的一座農場。這時，迎面來了一位似乎一直在候著他的人，農夫模樣，主動上來說為他帶路。迪朗未起疑心就跟著他，結果那位「農夫」卻是士兵改扮，他將迪朗一路引到了包圍網中。迪朗因而被捕，並送往蒙彼利埃。

迪朗的絞刑仍在老地方執行，臨刑前，士兵敲響軍鼓，試圖用鼓聲蓋住他的禱告聲；他的屍體被棄置在蒙彼利埃城堡的城牆底下，與亞歷山大．魯塞爾相鄰。至此，參加西元 1715 年教會會議的法國傳教士全部遇難，唯獨安托尼．庫爾身在瑞士平安無事。

這些神父抓捕克拉里斯的時候，就沒那麼順利了，他居然從他們的掌握中又逃了出去。那時，克拉里斯剛從洛桑神學院歸來，夜裡，就歇在於澤斯附近弗瓦薩克的一個新教朋友家裡。他躺下還未睡著，官兵就在暗探的指引下衝進房間，把他捆綁起來，連夜送往阿萊斯。在那裡，他被投進監牢，隨後被判處死刑。可是，他在阿萊斯的朋友卻祕密地將一把鐵鑿送進關押他的地牢。他設法將堵在地牢上的石頭移開，爬到了地面上，又悄悄翻過監獄的高牆，最後成功地逃脫。

在聖東熱、普瓦圖、加斯科尼和多菲內等地，各方面不斷地以新的熱情，繼續追捕牧師和傳教士。他們把這種行動稱為「大搜捕」，它甚至比 20 年前組織得還好。但天主教神職人員仍不滿意，繼續抱怨大搜捕行動收效不大，推上絞刑架的牧師還是太少。塞文山區的天主教牧師曾這麼向地方官員說：「你們沒有盡到責任，你們還不夠積極主動、不夠冷酷無情。」他們要求政府方面採取更嚴厲的措施。

這些受到指責的官員堅持認為，他們已經盡了自己的職責：凡是那些神父和暗探能夠發現、指引給他們的胡格諾派傳教士，都被處了絞刑；緝拿這些傳教士的賞金也越來越高。這種時候，若是新教還有那麼多信徒，該受指責的絕對不是他們。那些神父有盡到自己的職責嗎？就這樣，官員和神職人員輪番地互相指責。

不過，他們在對付那些牧師和傳教士的時候，手下並不留情，仍是殘忍地將他們絞死。這些牧師、傳教士深深知道，死亡的危險隨時會降臨。「我在一片草叢裡躺了 15 天。」科特茲寫道，「我現在就是在一棵樹下寫作。」傳教士莫勒爾參加一次聚會的時候，被士兵的子彈射中，不治身亡。皮埃爾．多蒂埃爾也是在舉行聚會時被捕，留宿他的那家主人被判終生苦役，舉行聚會的那一地區則受到 3,000 里弗爾的處罰，而他自己則被判死刑。當判決結果宣布的時候，他喊道：「哦！上帝，這是多大的榮耀啊！因為我堅守真理，所以從這麼多人中選中我接受死亡。。」他在尼姆被處決，死時毫無懼色。

西元 1742 年，因為法國對外宣戰，胡格諾教徒得以享有一定的自由。可是，針對他們的法令並沒有廢除，只不過延後執行而已。軍隊從各省被調走，天主教教士再不能動用他們來驅散荒漠聚會了。由此，聚會逐漸增加。人們以為是那些指揮官接到命令，要他們姑息這一切，聽任胡格諾教徒行動。

一次，在朗格多克的拉朗德和卡爾維松之間的一個山谷舉行的聚會，參加人數不少於 10,000 人，眾人公開地做禮拜。軍隊沒有過來，也沒有任何警報和驚擾；一切都在一種異常的靜寂中進行。其他許多地方，人們就在大白天公開禮拜、主持聖禮、為嬰兒施洗、舉行婚禮等等。[34]

---

[34]　長期以來，一直規定凡新教牧師主持的婚禮都為非法，但這些牧師依然故我，繼續在荒漠裡主持婚禮和施洗。到了西元 1730 年，儘管按照法國的法律，這類婚姻仍屬於非法，不過它的數目卻開始成倍地增加。在多菲內，許多新教徒穿過邊界，進入瑞士（主要是去日內瓦），在那裡舉行婚禮。——原注

天主教會再度向政府緊急控告，稱胡格諾教徒聚會日益頻繁。普瓦蒂耶主教抱怨說，在他的主教教區，已經沒有一名天主教徒。在下普瓦圖地區，一共有 30 座新教教堂，分成 12 個區，每區約有 7,000 名新教徒。諾曼第的總檢察長曾說：「現在這個國家到處都是胡格諾教徒。」即使如此，政府目前根本騰不出部隊，這些主教和僧侶不得不等待與英、奧兩國戰爭的結束。

西元 1744 年，由於布瓦耶牧師一些有違常規的舉動，在新教教會內部引起分歧。出於調解的目的，安托尼·庫爾再度來到朗格多克。最後，布瓦耶宣布服從教會會議，由此他得以恢復自己牧師的職位；隨後，胡格諾教徒在索斯特附近舉行了一次會議，與會的有數千人之多。庫爾在法國逗留約一個月，幾乎每天都有無數的教友湧來聽他布道。在尼姆的時候，他還到了著名的胡格諾派集會地——距離城市約 3 英里遠的那間採石場，在那裡布道。這時的採石場猶如一座圓形劇場，大約有 20,000 人依次排開，景象十分感人。人群中農夫和紳士混雜一處，甚至尼姆上流社會的人士也到場聆聽。這時，人人都以為宗教迫害已經結束。

與此同時，天主教僧侶的惱怒有增無減，他們不斷發出控告、譴責和恐嚇的聲音，對胡格諾教徒編排出種種謠言。例如，多菲內的神父就傳出消息，稱羅歇牧師曾看到一份據稱由路易十五簽署的法律文件，將給予胡格諾教徒以完全的寬容。這全然沒有根據，羅歇憤怒地予以否認，稱自己從未看到過任何一份這樣的文告。但無論他如何否認，消息還是傳到國王那裡。為此他發布了一項聲明，稱目前流傳的、關於他有意寬容胡格諾教徒的傳言，全然是捏造。

戰爭一結束，軍隊返回法國，不久迫害又一如既往，重新開始。尼姆的居民，由於他們近來對胡格諾教徒包庇縱容，而且參與庫爾主持的大型集會，故而被處以很重的罰金。原有的全部壓制、迫害新教的法律，都加以實行；凡有嫌疑的人，無須審判就可以直接逮捕、監禁；一場新的搜捕傳教士的行動也開始進行。現在，部隊綽綽有餘，足以對付荒漠中的那些集會，他們進駐到新教徒頻繁出沒的地方。總之，在全法國，迫害開始了，而其結果也可以想見。在多菲內，形勢尤為緊張。西元 1745 年初，它成立了一支騎警隊，隨隊的還有正規軍和一個絞刑吏；這支隊伍負責在省內巡邏，它將恐怖情緒帶到它要去的任何地方。他們的一項事蹟就是，他們曾抓住一位臥病在床的胡格諾老人，把他拖拽下床，要驅趕到監獄。這位老人在路上就咽氣了。

2 月。政府查明，胡格諾教徒曾在某處岩洞聚會做禮拜。為此，岩洞所在地的地產主人，儘管他對聚會一事一無所知，仍然被罰款 5,000 先令，並押往克雷城堡監禁一年。

3 月，路易．朗克牧師在替一個嬰兒施洗時被捕，隨後送往迪爾執行絞刑。行刑時，他還沒有來得及喘最後一口氣，絞刑吏就割斷繩索，砍下他的首級，並讓一名年紀不大的新教徒拖曳著屍身，在迪爾城市的大街上巡行。

西元 1745 年 4 月，庫爾的老朋友、助手，雅各．羅歇，這位多菲內的使徒 —— 一如庫爾是朗格多克的使徒 —— 也被捕，並押往格勒諾布爾。被捕時，羅歇已 80 高齡，而他的身體由於長期的貧困和勞累，這時已經完全垮了。他也被判死刑。他聲稱，自己還能以鮮血來衛護一再宣講的真理，對此他感到高興。在去刑場的路上，他高聲唱起了《詩篇》第五十一篇；隨後，他在迪布勒伊爾廣場被絞死。他的屍體在懸掛了 24 個小時之後，被解了下來，讓人拉著沿格勒諾布爾的街道巡行，最後扔進了伊塞爾河。

同年，在格勒諾布爾，有 7 人被判送往艦船服苦役；一名少婦也因為參加胡格諾派聚會，被當眾處以鞭刑；另外還有 7 名學生和牧師。因為找不到他們本人，就把他們的塑像押上了絞刑架代替執行絞刑。有 4 戶人家因為庇護傳教士，他們的住家被搗毀。所有居民一律被處以罰款，無一倖免；而受到形形色色各種處罰的，有上千人之多。西元 1745 年和西元 1746 年，整個多菲內迫害盛行。

朗格多克的情形也類似。監獄、艦船總是人滿為患，每一個胡格諾村莊都有龍騎兵進駐，由此，當地居民很快就被洗劫一空：房屋被劫掠，家具遭毀壞，床單被撕碎，酒也被喝個精光。如果那些士兵有閒心，就會四處追逐家禽、牛羊並把它們一一殺死。蒙托邦，一個古老的胡格諾教派城市，就這樣在短短幾個月的時間裡成為一片廢墟。

一天，在朗格多克的一個小村莊，一名士兵抓住一個年輕女子圖謀不軌。女子大聲呼救，村民聞聲趕來救援。這時，迎面出現一隊龍騎兵，他們朝人群開火。一位老人當場被打死，還有多人被捕；這些被捕的人，雙手被捆在馬尾巴上，押往蒙托邦受刑。

在上朗格多克地區，所有的市鎮和鄉村都遭遇了這種殘酷的對待。尼姆一次又一次地被處以罰款；維弗雷也受到常見的嚴厲處罰。德絮巴茲牧師就在這裡被捕，並押往韋努。在由農村往監獄的押解途中，村民成群結隊地出來，目送他經過。許多人一路跟隨著他，心想或許他們可以說服韋努的官員，讓他們釋放牧師。在城市的一條主要大街上，他們被攔住，不久就遇到部隊開槍襲擊，當場就有 30 人死亡，200 多人受傷；受傷者中，許多人因為傷勢過重，隨後就去世。

德絮巴茲牧師被押往尼姆，隨後又押往蒙彼利埃。在去蒙彼利埃的途中，牧師有一些農民朋友住在那裡，他們決心將牧師解救出來。可是，保羅·拉博聽說了這個消息，立刻趕到人們聚會的地點阻止。他反對一切對政權的抵抗，認為憑藉耐心和正直，可以度過這一場可怕的迫害。

德絮巴茲受到審判，照例被處以死刑。當時正值冬季，然而他在被押往刑場的途中幾乎什麼也沒有穿，兩腿裸露在外，全身只有一件單薄的麻布內衣。到了絞刑架前，他的書籍、文章當著他的面被扔進火堆，隨後，他就被交到絞刑吏手裡。一名耶穌會教士遞給他一個十字架，讓他親吻，但他把頭偏到一邊，抬眼直視前方。而後，執行了絞刑。

在法國的大部分地區，都可見到這類迫害的盛行。在聖東熱，傳教士埃利·衛維恩被捕，隨後在拉羅謝爾被處以絞刑。他的屍體在絞刑架上放了 24 小時，然後又被懸掛在另一處絞架上，直到全身被烏鴉啄食乾淨。

這一套迫害措施年復一年地持續，暴行在單調而悲慘地重複著：牧師被送上絞刑架，參加荒漠聚會的男子去服苦役，婦女、兒童則被關進監獄或是女修道院。無論是在什麼地方，只要發現有人是由胡格諾牧師主持婚禮，他們立刻會被帶到地方官員那裡；地方官員對他們處以罰款、監禁，並說他們是非法同居，所以他們的孩子不能得到合法的身分。

曾有一度，人們認為迫害或許會稍有緩和。那便是法國再度與英、奧兩國發生戰事之際。這時，人們普遍存在一種擔心，唯恐英國會在胡格諾教徒那裡煽起叛亂。可是，新教牧師在一次全體會議後做出的決定是，向政府保證他們會效忠國王，保證他們會擁護國家的法律！然而，他們宣誓效忠也全然沒有用處。朗格多克的各個市鎮由於那些荒漠聚會，仍一如既往，受到巨額的罰款；兒童也一如既往，從父母那裡被奪走，送到耶穌會修道院。在前文提到的那起農民們追隨殉道者德絮巴茲進入韋努的事件中，讓·德儒爾因為與這些農民一道，也被逮捕，隨即在蒙彼利埃被絞死。

天主教徒甚至無法容忍新教徒死後順利地安葬。一次，在萊沃爾，一位十分有名望的胡格諾教徒去世，他的兩個朋友趁著夜色替他挖好墓穴；然而，他們的舉動也被暗探發現，並報告給上級。這些朋友借助金錢和懇求的力量，總算將死者安葬。可是，人們在修道士的挑唆、鼓動之下，竟然挖開了墓穴，搬出屍體，將死者的頭顱用鋸子鋸下，還預備進一步挑起事端；這時，員警趕到，由於已經用鉅款打點好安葬事宜，於是員警又重新掩埋死者。

天主教民眾表現他們的凶殘幾乎臨近瘋狂。在普羅旺斯，一位叫蒙塔居的新教徒死後被祕密安葬；然而，他的墓地卻被天主教徒發現，他們決定將屍體掘出。於是，墓穴被打開，屍體被取出。這些天主教徒還用一根繩子套在死者脖子上，拽著屍體，敲鑼打鼓，環村遊行。一路上，他們對屍體又踢又拽，導致屍體最終四分五裂。這些暴徒又將死者的內臟取出，掛在竿子上，舉著竿子在村裡不住叫嚷：「誰要講道？誰要講道？」

看一看，這些法國君主，還有那些自廢除《南特詔書》以來，就掌握了整個國家教化之權的耶穌會教士，他們使自己的人民墮落到何等禽獸不如的程度；這些人損害的不僅是死者，也同樣損害了他們的名譽。

當這些絞刑和暴行發生的時候，主教們仍在抱怨對於胡格諾教徒過於寬大。阿萊斯主教蒙特克呂茲仍在煽動說：「這個國家遭受的一切不幸，均來自於行政官員對反對異端執法不嚴，他們不肯費神去對付新教徒，不像以往那樣擔心這些新教徒可能會遷出我們的王國。」他們聲稱，在國家內部有 200 萬人口沒有加入天主教會，不受法律的約束，這是這個國家面臨的最大威脅。

不幸接二連三地降臨到處境艱難的新教教會。西元 1748 年，品行高尚、一直在無私奉獻、工作永無疲倦的克拉里斯去世——他是極少數能夠死於床上的新教牧師。西元 1750 年，年輕又有口才的傳教士弗朗索瓦·伯納澤被捕，在蒙彼利埃被執行絞刑。當局更加盡力地襲擊、驅散荒漠聚會；士兵一旦包圍了聚會民眾，立刻開槍射殺，倖存者則送入監獄。

胡格諾教派牧師一再向路易十五及他的大臣致信，表示願意效忠，呼籲他們給予保護。西元 1750 年，他們又向國王遞上一份請願書，恭恭敬敬地表示，他們的一切聚會、公開禮拜、主持聖禮、施洗、婚姻，都純粹是良心的事務，他們說：「陛下的部隊將我們視如野獸，在曠野中追逐我們，我們的財產被沒收，我們的子女被搶走，我們還被送去服苦役。此外，我們的大臣一再告誡我們要盡到好公民、好臣屬的義務，可是，儘管如此，他們又出賞金捉拿我們；而一旦被捉住，就會遭到無情的處決。」不過，這份請願書像以前的那些請願書一樣，並未引起國王及其大臣更多的關注。

來自天主教方面的迫害，在略微中斷了一會之後，又重新開始。西元 1752 年，由於朗格多克新上任了一位省長，新教徒大量外遷。天主教方面要求這位省長加大執法的力度。俗話說，新官上任三把火，這位省長執行法律之凶殘，在全省激起了恐怖的情緒。聚會被部隊包圍，犯人被提出監獄，送去服苦役；女牢和女修道院塞滿了婦女和兒童。

於是，大遷徙再度出現。成千上萬的人去了荷蘭，前往都柏林投靠他們的同胞、以織布為生的就更多了。朗格多克省長試圖阻止這股逃亡潮，於是，道路又像從前一樣派了部隊監視，所有的出境口都關閉，由王室軍隊把守。許多有意出逃的居民被抓獲，他們的全部財物盡數被剝奪，自己也身陷監牢。儘管如此，仍有一大批人由法國出發，經瑞士於年底抵達愛爾蘭。

與此同時，在諾曼第和普瓦圖，由於宗教迫害也出現了遷移潮，人們被迫離開自己的國家，逃往英國避難。不過，這一次的宗教遷移在法國史上幾乎可算是最後一次。現在，儘管迫害已經臨近尾聲，但還沒有落下帷幕。

西元1754年，一位在洛桑求學3年、剛返回國內的年輕牧師特西埃，在他的歇腳處被暗探跟蹤。第二天早晨，房屋被軍隊包圍，特西埃從屋頂的一扇窗戶爬了出去，沿著緊鄰的幾戶住家的屋頂試圖逃跑。一名士兵發現了他，開槍將他打成重傷，從而將他抓住，他被帶到朗格多克省長那裡，當天就做了判決、執行了絞刑。

宗教聚會繼續受到軍隊的包圍，處理方式也與以往一樣殘暴。例如，西元1756年8月8日，在下朗格多克地區舉行了一次聚會，授予3位剛從洛桑學成歸來的年輕人聖職。有許多牧師到場參加儀式，從周邊農村也來了大約有10,000～12,000名左右的平民百姓，男女老幼都有。聚會的人們正唱著讚美詩時，一支部隊趕了過來；聚會的人們看見士兵後，便停止了唱詩；牧師勸說他們保持鎮靜，不要抵抗。士兵開了槍，人們四散而逃。聚會就這樣被驅散。劊子手，換言之，那些耀武揚威的士兵占領了會場。只有灑了一路的血跡還提醒著人們，此地曾經舉行過一次禱告。

這裡不再去複述那一樁樁的暴行了，那些集會如何被包圍，民眾被射殺，傳教士被逮捕、絞死，男人送去服苦役，婦女送去康斯坦斯城堡，小孩送去了修道院，這一切，就是在法國發生的對新教徒的可怕摧殘。一些古代的刑罰又重新被使用，對此，庫爾牧師嘆氣道：「唉，太陽底下並無新鮮事。在任何時候，迫害的浪潮都潔淨了主的穀場。」

儘管有種種殘酷的迫害，新教徒人數依然在增加。確切的人數難以確定，根據支持者的說法，總數有 300 萬，而反對的一方則認為不到 40 萬。但無論如何，那些流動的牧師人數一直在穩步增長。西元 1756 年，布道的牧師有 48 人，另有 22 名見習傳教士和學生；到了西元 1763 年，就有了 62 名牧師、35 名傳教士、15 名學生。

不久，安托尼．庫爾在瑞士去世，當時他剛去洛桑神學院視察了那裡傳教士的學習和培訓。此前，他已經感到精力不支，於是離開洛桑，到第蒙內定居，在他的兒子、神學院邏輯學教授庫爾．德．格伯蘭的幫助下，與境內外的法國新教徒保持通信連繫。

庫爾的妻子於西元 1755 年去世，這對於他是一個無法挽回的損失。在他度過的這麼多年的危險歲月中，妻子一直陪伴著他、給他安慰。妻子死後，庫爾無法再在第蒙內生活，這裡有太多痛苦的回憶，於是，他又回到洛桑。不過他也沒有熬過很長的時間，就在寫作法國新教史之際，他病倒了。庫爾所寫的關於卡米撒的歷史已送去印刷廠，雖然已看過校樣，但未能等到書出版，西元 1760 年 6 月 15 日，庫爾過世了，享年 64 歲。

庫爾死後，或者，更確切地說，是在庫爾離開法國前往洛桑定居之後，保羅．拉博就一直被視為地下的胡格諾教會的領袖。拉博最早是在朗格多克的貝茲里厄傳教，是普羅德爾的好友。他在尼姆的教會做事，普羅德爾則在於澤斯，二人都曾經在洛桑待過兩年。庫爾極為喜愛拉博，將他視為自己的繼承人；事實上，拉博也以一種崇高的品格，繼續了由庫爾肇始的事業。

拉博為人不僅熱心、勤勉，還十分虔誠，而且性格堅定，待人溫和，積極主動而不失精明。他對道德的力量有一種完全的信賴，一次在胡格諾教徒的聚會上，眾人因為他們所遭遇的迫害，異乎尋常地感到憤怒，決心以後全副武裝來參加這類聚會。拉博毫無商量餘地，就拒絕了這一建議。如果有人堅持，他便要退出這些聚會。最終他的意見占了上風，此後教友們參與聚會時唯一攜帶的武器就是《聖經》。

拉博有著直率的性格、高尚的情操，生活樸素，又勇敢無畏，這一切，決定了他一定會成為庫爾所肇始的這項事業的領袖。安托尼・庫爾、保羅・拉博，他們中一個重建了法國的新教，另一個則使它深深扎了根，成了形。

下面是拉博寫給日內瓦的一位朋友的書信節選，從裡面我們可以感受到他的熱情洋溢：「一旦我把眼光投向那為靈魂的救贖而燃起的聖火 —— 這聖火，我寧可說它是由宗教改革家及其後繼者，而非耶穌基督、使徒點燃的 —— 我便感到，與它相比，我們是冰。他們取得的巨大成就既讓我驚異，也讓我惶惑。我要在一切值得誇耀的方面，都向他們學習，為了這，我有什麼不能放棄？」

拉博與那些荒漠裡的牧師一樣窮困潦倒，處境險惡，困難重重。他為了趕到指定的地點布道，在趕赴的途中常常不得不隱姓埋名，喬裝改扮。他曾先後用過保羅、鄧尼斯、帕斯圖勒爾、德費爾等名字，改扮的身分包括普通勞工、商人、遊客和銀行家等等。

凡是違抗法令進行布道的傳教士，都被判處了死刑，他也不例外。只是由於他每次都精心改扮，而且聽他布道的教友也對他異常忠誠，所以那些神父、暗探一直未能得逞。而且，拉博有一點極為突出，除了布道外，在其他所有方面，他都願意認可當局的合法權威，不遺餘力地敦促教友，不要採取任何暴力手段違抗國王的命令。

而那些軍隊將領，對於神父招呼他們去做的這類事務也覺得可恥，是懦夫的行為，日益覺得厭惡。於是，有一次，在保羅．拉博位於尼姆的家中，一群新教徒正在聚會、禱告，忽然門被推開，進來一名蒙面男子。他做了自我介紹後脫去面罩，眾人才發現原來是鎮上駐軍的長官。「我的朋友，」他說，「在你們這裡，剛才神父送了消息給我們，15 分鐘後，我會帶著士兵還有神父過來。」所以，當士兵在長官和神父的帶領下來到這裡，自然沒有找到保羅．拉博的蹤跡。

「有 30 多年的時間，」保羅．拉博的一位傳記作者寫道，「拉博一直猶如野生動物一般，將岩洞、茅屋當棲息地。一次，他的一位忠實嚮導在一堆亂石和灌木叢中，為他找到了一個安全的棲身之處，他在那裡住了很長一段時間，但最終還是被一位牧民發現，他只能放棄這處地點。雖然那種地方更適合野獸而不是人居住，他還是心有不甘。他的處境之惡劣，由此可見一斑。」

然而，拉博的這個石穴在法國卻一度成為新教的中心。所有信奉新教的教友，當遭遇新的困境或者迫害之時，都本能地轉向拉博求助。甚而天主教徒也對他極為尊敬，因為他愛好和平，反對他的信眾發動任何起義和叛亂，這點是眾人皆知的。

一次，拉博在尼姆與蒙彼利埃之間的一個驛站換乘馬匹之時，遭遇了國防大臣馬奎斯．德．波爾米。他的勇氣居然讓他將一份請願書當面交給大臣。當時，他報出了自己的名字，大臣意識到，這個站在他面前的人，就是一直遭到通緝的牧師。馬奎斯本可以將他逮捕，可是牧師高貴不凡的氣質讓他折服；最後，他接過了請願書，答應遞交給國王。

第十三章　苦難的豐碑

西元 1762 年，一位默默無聞的新教徒在土魯斯遇難，這件事在歐洲掀起了軒然大波。此前，新教牧師的遇難已經司空見慣，激不起人們任何新奇的感受了：他們或是簡單地被絞死；或是在折磨之後再被絞死；或是被拷打得全身不見一處完整的骨骼，然後再被絞死。直到西元 1762 年之前，所有這些施加於新教牧師身上的酷刑，都未能在法國引起任何特別的關注，更不用說歐洲了。

當時，法國胡格諾教徒遭遇的暴行實在過於普遍，幾乎不能引起任何人 —— 無論他屬於哪一教派，抑或是無神論者 —— 的關注。新教徒完全不受法律的保護。他們的聚會一旦被發現、被包圍，士兵立刻就會向這些男女老少開槍；凶手不會受到質疑，因為這類聚會本身就是不合法的。那些在會場上被抓住的教友，他們受到的懲罰甚至比死還令人難以忍受。他們可能被送去艦船上服苦役，與盜賊、殺人犯一起度過他們的餘生。婦女、兒童則關押在康斯坦斯城堡。甚至有過一個 12 歲的男孩，因為陪伴父母去聽布道，也被送去服苦役的情形。

這類暴行也會降臨在那些普通人身上，無論他們是否為胡格諾教徒。這些可憐的人，他們唯一的娛樂就是偶爾追捕一下新教徒，有些地方的人們貧困到只能食草維生。而所有地方中，又以那些主教、神父擁有土地所有權的地區最為痛苦不堪。在其他地方已經廢除奴隸制後，他們還保留這一做法，直到革命發生。

這種種醜行所以會在法國滋長，原因在於人們已經失去了個人自由的感覺。路易十四在他統治時期，禁止人們信奉與他本人不同的宗教。他的首相盧瓦曾說：「陛下不能容忍他的王國之中，有任何人與他信仰不同。」他的做法路易十五都予以繼承，所有路易十四的專制法令、布告，他都原封不動地保存下來。

路易十四和路易十五絕非什麼品行高尚、信仰虔敬之輩，兩人都沉湎女色。對路易十四我們已有過描述，路易十五則更為荒淫放蕩。蓬帕杜爾夫人不再做他的情婦之後，又四處為他物色女人。這個名譽敗壞的女人，掌管著國家的錢庫，她專為國王在凡爾賽宮建了一個御花園，名叫「鹿苑」，為此花費了國家大約一億法郎。有許多女子被從巴黎帶到這裡享樂，這激起大眾極大的不滿。儘管在那個時代，人們普遍的道德水準並不是很高，不過國王的縱情酒色（他時常喝得酩酊大醉）仍然使得整個國家離心離德，激起了人們憎惡的情緒，並終於在他統治的後期衝破限制，爆發了出來。

就在這種大眾普遍對道德感覺漠然的氣氛當中，一種鄙夷和無視宗教制裁的態度，早已在那個時代的文學中浮現出來。在這一時期，社會中最有智慧、最能吸引人們注意的那些思想，激盪著莽撞、狂暴、誇大和嘲諷的精神，這使得所有從事文學研究、或是以讀書為樂的人士，都將注意力轉向了當時那些懷疑論著作 —— 這正是伏爾泰（Voltaire）、盧梭、孔多塞（Marquis de Condorcet）和百科全書派大師生活的時代。

一方面是國王縱情於聲色犬馬的生活，而後又到他的神父那裡懺悔以求免罪，另一方面是新教徒仍一如既往地遭受著迫害，這種駭人聽聞的反差，一直到它被輿論注意之後，宗教迫害才草草收場。

在法國，最後一起由於胡格諾教徒的新教信仰，而遭到迫害的例子發生在西元 1762 年。一位年僅 26 歲的年輕牧師法蘭西斯．羅歇特，由於疾病在蒙托邦臥床不起；等身體稍好之後，他便去聖安托南溫泉以恢復健康，結果他與兩個嚮導、或者說腳夫一起，被科札德鎮的市民糾察隊捉住。格雷尼埃三兄弟曾試圖為他們說情，但鎮長對他的獵物深感自豪，將他們一起送往監牢。

2月18日，土魯斯的法官審判了他們，判決羅歇特絞刑，而且行刑時只能穿著襯衣，襯衣前後都貼上紙條，上面寫有「『新』教牧師」字樣，而頭部和足下不能有任何穿戴；為羅歇特求情的格雷尼埃三兄弟，則以對抗世俗權力的罪名被斬首；至於那兩名一路背負重病在身的羅歇特，前去聖安托南溫泉的嚮導，則被送往艦船服苦役。

這一類野蠻的刑罰，倘若處罰的對象是新教徒，在當時是極為普遍的，所以，法官的判決是不可能引起任何特別的轟動。直到在土魯斯發生的讓．卡拉斯的死刑，才引起了一場非同尋常的轟動。而且，之所以引起轟動，不在於卡拉斯是一名新教徒，而是因為這一事件引起了伏爾泰的關注，由他向法國、歐洲、乃至全世界揭露這一極不人道的暴行。

對於新教徒的處決，隨著卡拉斯的死而結束，它的原委如下：讓．卡拉斯一家住在土魯斯。土魯斯在當時的法國可算是最偏執頑固的一座城市，城市裡充斥著神父和修道士，就他們的傾向來說，是更接近西班牙而不是法國；他們在各種城市的紀念活動、遊行慶典和幫會中，都有舉足輕重的地位。在其他地區的天主教徒雖然沒有明說，不過已經開始為聖巴托羅繆屠殺感到羞愧，甚而傾向於否定這一切的時候，土魯斯的天主教徒卻直言不諱，仍然為這起事件洋洋得意，甚至公開為這起發生在西元1562年南部聖巴托羅繆的大屠殺舉行慶祝活動。這樣的慶典在當時的南方是教會最重大的紀念活動之一，主教、僧侶，還有遠近趕來的無數民眾都參與其中。

卡拉斯當時已經64歲，由於中風身體極度虛弱。他們一家除了一個兒子信奉天主教以外都信奉新教。他的另一個兒子，因為生活不檢點，加之又遇到錢財的問題，在門柱上懸梁自盡。

這一事件，由於天主教徒的挑唆，人們心中對這個新教家庭激起了強烈的憤怒。修道士聲稱卡拉斯是因為兒子有心皈依天主教而將他謀殺，他們散布消息說，若是新教徒自己的子女有意改宗，他們習慣的做法就是將他處死；而他們在荒漠中舉行的那些聚會，目的就是為了挑出一個人來執行這項任務。天主教徒為這位自殺者舉行了彌撒，還展示他的屍體，並把棕櫚樹枝放在他的手心，像殉道者那樣對待他。

大眾被激怒了。一位名叫大衛的狂熱法官接手了這個案子，並下令把卡拉斯及其一家都送往監獄。土魯斯法院審訊了卡拉斯，他們用各種方法折磨這一家人，逼迫他們承認是謀殺，可他們始終沒有承認。法院開始想判處死者的母親火刑，不過最後的決定是對卡拉斯執行車裂。土魯斯議會對法院這一暴虐的判決決定予以確認，老人就在痛苦的折磨之中死去了，而且他至死仍宣稱自己無罪。家裡的其他成員則被開釋，儘管從法院的判決推斷，如果對讓．卡拉斯的指控屬實，他應當被處死，那麼他的家人必然是幫凶，也同樣應當受到懲罰。

這個幾近破碎的家庭於是離開土魯斯，前往日內瓦。當時的日內瓦，是法國南部新教徒的聚集地，而正是在這裡，讓．卡拉斯的遇害以及卡拉斯一家的不幸遭遇，引起了伏爾泰的注意。當時，他居住在距離日內瓦不遠的費內。

在迫害新教徒期間，法國自身也發生了許多非常重要的變化。儘管天主教把持了人民的教化之權達一個世紀之久，不過人民的信仰程度並未因此而提高，反而是日漸蒙昧、盲目。上層階級什麼都做，就是沒有信仰，他們多數時候都過著一種聲色犬馬的生活，不加掩飾地仿效著國王。他們樂於向宮廷宗教表示敬意，卻沒有絲毫信仰的成分。出版商可以隨意印刷誨淫誨盜的書籍，卻不能出版新教《聖經》。但在這期間，出版界推出了一部巨著，那就是達蘭貝爾和狄德羅主編，伏爾泰、盧梭及多人參與的《百科全書》(*The Encyclopedia*)。它的內容包羅萬象，主導的思想卻是對宗教的完全顛覆。

教會的濫用職權，它的專橫殘暴，它的愚民政策，神職人員的放蕩虛偽，這種種，都為人們所不齒。百科全書派的作者們只是表達了人們的這種思想，結果它的一系列叢書的出版受到了熱烈歡迎。所以，在出版商出版的淫穢圖書當中，也冒出了——在卡拉斯遇害之前——米拉波的《人類的朋友》，盧梭的《愛彌兒》(*Emile, or On Education*)、《社會契約論》(*The Social Contract*) 等等一些書，這些書否定一切形式的宗教，直指那日益逼近的、社會的全面崩潰。

卡拉斯一家來到日內瓦避難之後不久，伏爾泰就聽說了發生在他們身上的一切。另一位法國流亡者維戈博勒先生把經過告訴了他，聽完之後，伏爾泰說：「一個可怕的故事。那一家人現在怎麼樣了？」「他們 3 天前才來到日內瓦。」「在日內瓦！」伏爾泰說，「我要馬上見到他們。」很快，卡拉斯太太就來到伏爾泰這裡，把事件的整個經過告訴了他，並向他保證自己一家是清白無辜的。

伏爾泰自己對胡格諾教並無好感，他認為胡格諾教派的精神是一種共和主義的精神。在他的《路易十四時代》(*The Age of Louis XIV*) 一書中，談到廢除《南特詔書》的時候，他認為新教是國家之敵，所以，儘管他對新教徒遭遇的不幸是帶著一種同情的筆調描述，但同時也明確表示他們是罪有應得。他會對新教徒如此敵視，很可能是受耶穌會的影響。他自己是在耶穌會受教育，從小就被送到路易．勒格朗德——他是迫害胡格諾教徒的一個主凶——的耶穌會學校；此外，他能夠擺脫一切教條的束縛，還得益於他的教父沙特納夫神父、夏爾留神父等人，他們對自己受委託來教導這位學生的那些教義完全持輕蔑的態度。因此，早在伏爾泰青年時，他的一位教師萊勒神父就預言，伏爾泰必將成為法國無神論的旗手。

對瑞士的喀爾文教，伏爾泰也感到不快。他旅居洛桑和日內瓦時，曾與喀爾文教中一些最學究氣的人士打過交道，以嘲諷的語氣把日內瓦的新教議會描繪成「二十四副假髮」。那些人不同意他在日內瓦建私人劇院，於是他就決定去距離城市一英里遠、但不屬日內瓦管轄的拉夏特萊恩，在那裡自己建一座劇院。他直言，自己的目標就是要使這座「迂腐的城市」腐化變質。劇院至今仍然立在那裡，只是已改做乾草棚；伏爾泰曾在其中為自己以及其他作者的劇作歡呼的包廂，仍然保存在那裡。

儘管伏爾泰憎恨包括新教在內的一切宗教，但他也同樣憎恨不公正。所以，他一經確認卡拉斯一家實屬無辜，立刻就接手他們的案子。然而，他要推翻法官的判決，推翻土魯斯議會對卡拉斯的定罪，又談何容易？更何況，他所要為之恢復清白的是一名死者，一名遭人憎恨的胡格諾教徒。

最終，伏爾泰還是接過了案子。他寫信給法國各地的朋友、歐洲各國的君主、報社，還把情況通報給國王的國務大臣舒瓦瑟爾公爵。他向哲學家、文學家、宮廷貴婦、甚至還包括神父和主教呼籲，向他們譴責卡拉斯所受的判決 —— 他稱，一個法院在公正的名義下所能犯下的最大的罪惡，也莫過於此了。於是，來自德國、北美、英國和俄羅斯，甚至包括法國本土無數有影響力的各色人物，絡繹不絕地來到費內拜訪伏爾泰。他向所有的這些人講述卡拉斯的不幸，一刻不停，直到所有人的心裡對這起駭人聽聞的不公正判決都感到了憤怒。

最終，卡拉斯一案在法國、乃至全歐洲鬧得婦孺皆知。巴黎的出版界大肆炒作；無論是小姐的閨房，還是公開的沙龍，卡拉斯都成為討論的話題。大街上人們相遇時會互相詢問：「你知道卡拉斯嗎？」這個死去的人已經成為了一位英雄，一位殉道者。

接下來，事情發生了重要的轉折。一個特別法庭受命成立，它接手了這個案子，以重新調查整起事件。不過伏爾泰並沒有就此歇手，還是繼續參與其中，他親自起草、校閱各種紀錄，修訂辯方的全部陳辭，將它的論述變得簡短有力、不容置疑，處處閃爍著智慧、理性和辯才。重審案件的過程開始了，人們屏息以待。

最終，在西元 1766 年春天，卡拉斯被車裂處死 4 年之後，也是伏爾泰著手想推翻土魯斯法官和議會的不公正判決 4 年之後，特別法庭的法官經過仔細地審閱各種證據，宣布原先的判決不成立。

由此，原來的判決被推翻，讓．卡拉斯恢復了名譽。然而，他已經死了。不過，應審理這一案件的特別法庭的建議，政府還是給了卡拉斯的遺孀 36,000 法郎，作為他們家庭的補償。[35]

伏爾泰在這一事件中花費的精力，法國人民永遠不會忘記；無論他對道德、宗教做過什麼樣的攻擊，在這次的事件中，他確實是聽從了內心最高貴的衝動而行動的。多年以後，西元 1778 年，當伏爾泰訪問巴黎，他受到了熱烈的歡迎；無論他走到哪裡，總有無數的民眾跟隨。一次在他們經過羅耶爾橋的時候，一個人問：「大家跟著的那個人是誰呀？」「你不知道嗎？」一名婦女回答，「這就是卡拉斯的救命恩人啊！」[36] 對於伏爾泰，這一句簡單的頌揚，比所有巴黎人的膜拜都更讓他感動。

很快，人們發現，在法國還有許多人仍然遭受著神父和法官的迫害；

[35]　補充一點，在案件改判之後，最先判決卡拉斯有罪的大衛法官精神失常了，最後在一所瘋人院裡告別人世。——原注

[36]　原文為法語。

在卡拉斯死後不久，又發生了一起類似的案子。在法國，天主教徒在對待新教徒時，一個通常的做法就是把他們的孩子強制送往女修道院，在那裡接受教育。一天，土魯斯的神父拿著一封加蓋了印章的信函，來到一個叫瑟文的新教徒家裡，要把他的女兒帶走，以迫使她改宗，她於是被帶到女修道院。在那裡，她對天主教極為牴觸，為此受到了極不人道的對待。最終，她設法在夜裡逃出修道院。但在逃跑的途中，不幸失足落到井裡。在人們發現的時候，她已經死了。

此時，由於卡拉斯一案，在一些偏執的天主教徒那裡，對新教徒的偏見正有增無減。他們指責瑟文一家 —— 手法與卡拉斯一案如出一轍 —— 謀殺了自己的女兒。瑟文眼見如果不躲避，大難就要降臨，就帶著全家離開城市，前往日內瓦。在他們離開之後，瑟文被判處死刑。他們動身時正值冬天，他的妻子在途中因為嚴寒而去世。到達日內瓦之後，瑟文把他的案子告訴了伏爾泰。伏爾泰一如對待卡拉斯的案件那樣，全力以赴，接過了這起案子。第一流的辯護律師站出來，表示願意為他打這場官司，因為這個時候，輿論已經有了很大的進步。在眾人的提議下，瑟文回到土魯斯主動投案。案子重新審理，結果也與卡拉斯案件類似；辯護律師在伏爾泰的指導、幫助下，成功地說服了法官。最終法官一致判決瑟文無罪。

這之後，法國再沒有發生過胡格諾教徒被處死的情形。可是，那些在艦船上服苦役的胡格諾教徒呢？他們還在日復一日地受著比死刑還難以忍受的刑罰，他們又該如何？[37] 他們中，儘管有許多人因為疾病、飢餓和日

[37] 有些胡格諾教徒認為，他們之所以能夠擺脫艦船的苦役，要歸功於新教徒暗地用錢做了打點，一個苦役犯人價格大約在 25,000 便士。也有一些認為這得益於新教國家君主的影響。但從沒有人認為它是天主教自願的恩賜。西元 1742 年，正當法國與英國交戰，而普魯士袖手旁觀的時候，安托尼．庫爾向腓特烈大帝提出呼籲，於是，在後者與法王路易十五的交涉下，35 名苦役奴隸獲得了自由。稍後，貝勒斯的庫姆巴赫伯爵攜妻子（也是腓特烈大帝的姊姊）參觀了停泊在土侖港的軍艦，又為 7 名苦役奴隸贏得了自由。—— 原注

晒雨淋而中途死去，但也有許多人一直堅持了下來。在卡拉斯和瑟文案件終審後，這類苦役的處罰也接近了尾聲。在羅歇特牧師被絞死那年，總共只有兩個人被發配去服苦役。也就在這一年（西元 1762 年），透過一名當年獲釋的苦役犯人，苦役犯的處境為人們所知，從而最終結束了這一酷刑。

這一刑罰的廢除，不是由於天主教徒的宗教情感，不是因為他們有了更多的人道精神；也不是由於司法官員忽發善心，至於國王的命令呢？在這裡更沒有什麼作用。它的結束，竟是借助了劇院的功勞！弗諾伊勒，他是一位演員，在結束新教苦役犯人方面的作用，正如無神論者伏爾泰在結束新教徒的絞刑方面的作用一樣。而伴隨這種刑罰的終結，有一段極為奇特的歷史。

西元 1756 年 1 月 1 日，胡格諾教徒在尼姆附近舉行了一次禮拜活動。活動地點位於馬涅塔北面、一個叫萊克的地方。它非常適合舉行聚會，卻不便於逃跑。禱告的人還沒有到齊，人們就發現了士兵；他們立刻四散奔逃，那些行動敏捷的年輕人都跑到了周圍的陡岩上躲避。這些年輕人中，有一個名叫讓．法布林的，是尼姆的一名綢緞商。他逃離危險地帶後，發現自己的父親落入了士兵之手。他的父親，一位 78 歲高齡的老人，動作自然不能像別人那麼迅速，於是被士兵抓住，眼看就要被帶走。法布林清楚地意識到，父親會被押送到艦船去服苦役，他立刻下了決心，要盡可能把父親救出來，不讓可怕的命運降臨到他頭上。於是，他轉回身去找到那些士兵，要求他們讓他頂替父親。不過那些士兵並不理睬他，法布林只好一把抓住父親，將他從士兵的手裡掙脫出來，同時，堅持要求他們帶走他，然後釋放他的父親。最初，面對這位奇怪的替身，帶隊軍官仍一口回絕；可是，他禁不住這位兒子的苦苦哀求和眼淚，最終還是把老人放走，由讓．法布林頂替。

讓．法布林先被帶到尼姆。在他受監禁的期間，任何會客、包括一位年輕女子——原本很快就要成為他妻子——的探訪，都沒有獲得獄方許可。隨後，又把他轉移到蒙彼利埃接受審判；在這裡，判決結果正如所料，他被判終生苦役。現在擺在他面前的，是一幅可怕的前景，他要離開自己所愛的一切：他為之頂罪的父親、已經不抱希望還能相見的未婚妻。而且，這樣的命運對於他，又沒有絲毫解脫的可能，法布林的精神一下子崩潰了，更不幸的是又染上了重病。幸好他年輕，而且基督教所教導的順從也幫助了他，最終恢復了健康。

在尼姆乃至整個朗格多克地區，所有的新教徒都被讓．法布林的命運深深打動。他不惜犧牲自己來救護父親的英勇事蹟，很快就流傳開來。受到他的激勵，每個月都會湧現出許多志願頂罪的教友。總督看見人們的這種情緒，試圖加以利用。於是他提出，若是保羅．拉博，這位一直努力工作、不知疲倦的荒漠牧師，願意離開法國到國外定居，他願意赦免法布林以及和他一起被捕的圖爾吉。可是，無論法布林、拉博，還是一般的胡格諾教徒，絲毫不信任天主教徒會發什麼善心，他們斷然拒絕了總督的提議。

而後法布林在一隊騎兵的押送下被送往土侖港。他這時已經被當一名罪人登記在案；他的頭髮被剔光，穿著犯人的著裝，與一幫殺人犯和歹徒一起安置在一艘軍艦上。與他同鎖在一處的，又是其中罪行最重的一個。他們的正餐是大豆粥和黑麵包，起先，他碰都不想碰，寧可挨餓。他的一位朋友得知他的情況後，就給他帶來可口一些的食物；可他依然沒有胃口，仍不想吃。但到了最後，他還是習慣了環境中的一切，雖然那裡真可算得上是地獄——周圍到處都是邋裡邋遢、滿口穢語汙言的犯人。不久他又得了重病，被送往醫院救治；在醫院裡，法布林看到有不少和他一樣的胡格諾教徒，也是因為宗教信仰而成了囚犯。

法布林的親戚、朋友、新教教友，不斷地向國務卿聖弗洛朗坦呼籲，懇求釋放法布林，但毫無結果。而此時，在法布林幾年的監禁生活之後，一樁更大的不幸降臨到他身上。他的未婚妻這時有另一個愛慕者向她求婚，而她的朋友也極力促成這樁婚事。她的父親癱瘓了，再加上她們家境本來就不好，所以無法維持生活；老父親也希望女兒放棄被判終身監禁的法布林，接受這門婚事。

他們也就這件事徵詢了法布林的意見。他的內心在經過一番激烈的掙扎後，決定給未婚妻自由。既然自己沒有自由的希望，為什麼還要讓她也犧牲呢？法布林決定，不應該再讓自己的不幸成為她的束縛，應該讓她盡力去追求自己的幸福。

年輕的女子最終也妥協了，雖然不是沒有帶著疑慮。很快，婚禮的日子確定下來；但就在最後一刻，她的憐憫之心占了上風。她決定永遠忠實於那位勇敢的苦役犯人，絕不動搖她的愛情，哪怕終身不嫁，哪怕等待到死，她也願意。

很可能是因為她如此高貴的決定，法布林以及他的朋友又開始了新的一輪努力，爭取使他獲得自由。最終，在做了 6 年苦役犯之後，他想出了一個辦法，這個辦法至少是可以為他贏得暫時自由的。他的主意是，設法讓海軍大臣舒瓦瑟爾公爵了解他的案情，不必再去求助於那位國務卿，這人其實對新教徒極為仇視。那位大臣則為人正直，當初卡拉斯一案能夠得到重審、能夠推翻原先的判決，很大程度上得益於他的影響。

於是，法布林一邊坐在他划槳的凳子上，一邊向一位定居法蘭克福的法國新教徒若阿諾先生講述自己的案情，他常常會碰到這位先生。這裡提一句，那時，有許多胡格諾教徒避居國外，他們在回國訪問之時，常常會去軍艦上看望那些新教苦役犯人，為他們提供幫助，並在外面為他們呼籲。再順便說一下，若阿諾先生正是阿爾弗雷德和托尼這兩位著名的畫師、設計家的先人，這兩人曾為許多傑出的藝術作品配過插圖。

於是，若阿諾就向自己在法蘭克福見到的法國官員，講述法布林的案子。由於他的講述，這些官員對這位犯人高貴的品性、自我犧牲的精神，產生了濃厚的興趣；不久之後，舒瓦瑟爾公爵直接下令，准許法布林請假離開軍艦。這件事情使得聖弗洛朗坦極為惱火，有鑑於此，法布林獲得自由之後，還必須祕密生活；他也還不能和他的未婚妻結婚，因為此時他只是暫時獲准離開，罪名並沒有被推翻，因為聖弗洛朗坦頑固地拒絕改判。

與此同時，法布林的名字越來越為人所知。他獨自一人隱居在岡日，以織絲襪為生；至於自己的命運在法國引起了那麼多人的興趣，他對此一無所知。舒瓦瑟爾公爵的妹妹格拉蒙特女公爵，從哥哥那裡知道了這件事情，朗格多克總督博沃親王、維爾魯瓦女公爵，還有其他一些顯貴，也都被法布林的英勇事蹟折服。

在這些人的推動下，舒瓦瑟爾公爵於是找到原先逮捕法布林的那名軍官，就法布林主動頂替父親（此時已故）一事向他查證，軍官證實了這起偉大而無私的舉動。與此同時，艾利森先生在博沃親王祕書在場的情況下，詢問了 3 位目擊者，證實了軍官的陳述。結果，讓．法布林的罪名得到完全的赦免，重新贏得了自由，並最終與那位長期以來一直深愛著他的女子成親。

一天，法布林突然接到舒瓦瑟爾公爵寄來的一個包裹，他大感意外。

打開一看，原來是一部弗諾伊勒．德法爾拜爾創作的詩劇，它的題目叫《誠實的罪犯》，內容寫的竟然是自己的故事。法布林並沒有犯下任何罪行，他唯一的罪狀就是按照自己內心的驅使進行禮拜；而法國的法律把這也宣布為一項罪名，並且這樣的做法已歷時 100 多年。

這齣戲劇算不得一齣悲劇，它在維爾魯瓦女公爵的一群朋友那裡首演，獲得了熱烈的掌聲。扮演女主角的是克雷爾隆小姐。國務卿聖弗洛朗坦對這齣戲劇、包括它的作者都非常不滿，禁止它在公共場合演出。伏爾泰在自己居住的費內，瑪麗．安托瓦內特王后在凡爾賽都將它搬上了舞臺。它首次在巴黎的劇院公演是在西元 1789 年，也獲得了極大的成功。

在西元 1762 年卡拉斯的死刑之後，我們再未發現有人被送往軍艦服苦役。之所以會出現這樣的變化，原因可能在於，這時逐漸出現了一種反對的聲音，要求放棄僅僅由於觀點的不同，而施加如此殘暴刑罰的做法；還有一個原因可能是，這時多數人已不再相信教士擁有那種神力。而這後一點，長期以來正是當局把新教徒送去服苦役、乃至處死的緣由。

法布林於西元 1762 年獲釋，此後其他苦役犯人也陸陸續續獲得自由。於是，在同年，讓．阿爾比熱和讓．巴朗在被監禁 8 年之後，也都獲釋，他們原先的罪名是幫助新教徒聚會。次年，因為同樣原因被判終身監禁的莫里斯也被釋放。

回頭再說伏爾泰，他在介入卡拉斯一案期間，又向舒瓦瑟爾公爵提出要求，希望釋放一名苦役犯人。他代為求情的這名犯人，曾因參加新教徒聚會而獲罪，迄今已經關押 20 年。自然，伏爾泰並不關心這人信仰什麼，在他眼中，新教和天主教都是迷信，只是形式不同而已。犯人名叫克勞德．肖蒙，他是一名工人 —— 幾乎所有的犯人都是工人 —— 一個身材瘦小、面色黝黑的製鞋匠。他有一些朋友在日內瓦，找到伏爾泰請他出面求情，以便早日獲釋。西元 1764 年，肖蒙獲得釋放，他特意去向這位恩人表示感謝。「天啊！」第一眼看見他，伏爾泰說，「我可憐的孩子，他們把你抓到軍艦上去了？他們怎麼對待你的？只是因為用法語向神禱告，這麼一點罪行就把你們送到軍艦上服苦役，這是什麼主意啊！」伏爾泰最後給了這位身無分文的人一些錢，以便他能重新開始生活。他歡歡喜喜地離開了。

這裡我們不妨再簡單地提一提，幾個最後釋放的苦役犯人的情形。丹尼爾．比克、讓．卡波蒂耶，都於西元 1764 年獲釋。他們的罪名都是參加宗教集會，都被判終身苦役，而此前，他們已在艦船上做了 10 年。

讓．皮埃爾．埃斯皮納茲，維弗雷地方聖菲力克斯．德．沙特納夫的一名律師，他因為替一名牧師提供庇護，被判終身苦役。西元 1765 年獲釋時，他已經 67 歲，在軍艦上做了 25 年的苦役。

芳格雷的讓．雷蒙，他是 6 個孩子的父親，在做了 13 年的苦役之後，於西元 1767 年獲釋。亞歷山大．尚邦，一位勞工，他是西元 1741 年由於參加宗教集會而被判終身苦役，也是由於伏爾泰的懇請，他於西元 1769 年獲得釋放，獲釋時他已年逾八旬，在艦船上度過了 28 年。他的朋友都已經不記得他了，獲得了自由的他身無分文，處境悲慘。

西元 1772 年，又有 3 名苦役犯人獲釋。安德雷．居札爾，一個勞工，82 歲；讓．羅克、路易．特勒岡，也同樣出身勞工階級。他們 3 人都因為參加宗教集會而被判終身苦役，獲釋時已經在軍艦上待了 20 年。

最後的兩名苦役犯人於西元 1775 年，也就是路易十六登基的那年獲釋，其時距離法國革命已經不遠。他們幾乎已被人忘卻，最終是庫爾．

德．格伯蘭——他是安托尼．庫爾的兒子——發現了他們，便向海軍大臣布瓦恩先生提出，要求釋放他們。大臣答覆說軍艦上已沒有新教的苦役犯人；至少，他是這麼認為的。不久，杜爾果接替布瓦恩出任海軍大臣，庫爾又向他提出請求，杜爾果的回答是，沒有必要把這類問題提交給他，因為他們現在已經獲釋。

兩位老人得知自己獲釋的消息時，禁不住老淚縱橫，同時，對於返回那個將他們遺忘了很久的世界，又感到擔憂。兩人中一個叫安托尼．里阿爾，是多菲內地區奧斯特的裁縫，他因為「違犯了國王陛下有關宗教的法律」而被格勒諾布爾議會判處終身苦役。他此時已高齡 78 歲，做了 30 年的苦役。

還有一個叫保羅．阿夏爾，也在多菲內地區，是夏蒂隆的製鞋匠，他因為提供庇護給牧師，被格勒諾布爾議會判處終身苦役。他也已經服了 30 年的刑期。

最後一名胡格諾女教徒從艾格莫爾特的康斯坦斯城堡獲釋的確切時間，我們並不知道，估計與男教徒苦役犯的最後獲釋大約在同時。曾有一位官員在這最後釋放犯人的關頭，造訪了這座監獄，他為我們留下了一幅生動感人的畫面：「我陪同博沃親王（他在路易十六時期出任朗格多克總督）在沿海地區視察。我們到達艾格莫爾特，來到了康斯坦斯城堡。在入口處我們找到監獄總管，由他帶著我們沿著黑洞洞的石階，走進了一扇大門。門開啟時發出的聲音，讓我的心頭充滿不祥之感，門上刻了一句但丁（Dante Alighieri）的名言，『Lasciate ogni speranza voi che'ntrate.』[38]

「我無法用語言來形容眼前的情景——它對我們是如此陌生——帶

[38]　「踏入此地的人，捨棄所有的希望吧！」

給我的那種恐怖，那一切讓人震驚，也催人淚下，它讓人如此厭惡，卻反而更吸引我們的注意。眼前是一個圓形的大房間，裡面沒有新鮮空氣，也沒有光線，14 位婦女就在這裡長期忍受著各種折磨。親王費了很大力氣才克制住自己的情緒 —— 毫無疑問，對於這些不幸的人，這是她們第一次在別人的臉上看到同情、憐憫的情緒，而這感人的一幕，至今仍在我眼前浮現。她們撲倒在我們腳下，滿面淚水，一句話都說不出；許久，她們看到我們流露的同情，才敢開口講述她們遭遇的不幸。天啊！她們信奉了與亨利四世同樣的宗教，這就是她們全部的罪行。她們中間，年齡最小的女孩才剛滿 15 歲，她從 8 歲開始就因為陪伴母親去參與宗教聚會而被捕，從那時起一直被關押到今天。」

最後一批苦役犯人獲釋之後，再未發生逮捕、處罰新教徒的事情。天主教神父失去了他們往昔的權力，世俗政權不再聽從他們的安排。整個國家已經不再信任他們，他們不是被人譏笑，就是遭人憎恨。他們認為這一切，部分是由於自己過於殘暴、不容異見，部分是由於他們無視人民的貧困，過著花天酒地的生活，還有就是那些哲學家的冷嘲熱諷，這些人在法國的影響力已經超過了他們。「僅僅證明不寬容是可怕的這還不夠。」伏爾泰說，「我們還要向法國人證明它是可笑的。」

每當我們回顧《南特詔書》廢除以來，胡格諾教徒在法國遭遇的不幸，每當我們回想起他們生命中展現的那種純潔、奉獻、誠實、勤勉，他們在履行宗教義務、參加禮拜時的那種虔敬，儘管他們都是勞工、農民，我們仍不禁要把他們看作那個時代最真誠、偉大、可敬的英雄。正當法國的社會失去凝聚力，人們既不信任自己，彼此也互不信任的時候，正當作為國教的天主教已經淪落為一種特權，它唯一能夠堅持一貫的，只有它的暴虐的時候，正當國王的荒淫放縱經由貴族傳染到了人民，整個民族越來越腐化墮落的時候，這些出身貧賤的胡格諾教徒，成為了這個社會唯一堅定、誠實的一群人，唯有他們還在信守著偉大的觀念，願意為這些觀念犧牲自己的生命——他們是寧可忍受各種折磨、刑罰和苦役，也不願放棄能自由地、按照自己意願做禮拜的權利。

無論如何，迫害至此幾乎絕跡了。雖然新教仍未得到官方的許可，他們卻可以公開地做禮拜，而不會受到干預。路易十六於西元 1774 年繼承王位，在他宣誓要剷除為天主教會所斥責的異端教派的儀式上，土魯斯大主教對他說：「陛下，現在就等待您來給予您的國家的喀爾文教徒最後一擊。您需要控制新教徒，不讓他們從事分裂活動，將政府中信奉各種異端邪說的人士都一律加以驅逐，那麼，您就會為您的臣民帶來一個統一的、真正的基督教。」

然而，天主教會的這類呼籲，他們所希望的繼續在宗教上的不寬容的做法，沒有得到人們的回應。相反，西元 1787 年，路易十六頒布了一道《寬容法令》，它一方面既授予新教徒合法的地位，另一方面也指出，「只有羅馬天主教會的正教，享有在我國公開禮拜的權利。」

這一時期，人們觀念更新得異常迅速。西元 1789 年的《人權宣言》，就把妨礙新教徒出任公職的各種障礙全部清除。至於寬容，保羅·拉博之子拉博·聖艾蒂安，他在代表尼姆出席國民議會時，堅持新教徒有權利按照自己習慣的方式做禮拜。聖艾蒂安聲稱，他代表了 36 萬選民，而其中有 12 萬是新教徒；他指出，刑法中針對新教信仰的條文，從未正式廢除過。他要為 200 萬合格的公民，爭取做正當法國人的權利。他所要求的，不是寬容，而是自由。

「寬容！」他怒斥道，「忍耐！寬恕！仁慈！這些字眼本身就是對新教徒的最大歧視，如果我們還承認信仰的不同、意見的不同並非什麼罪過的話。什麼寬容，我要求禁止使用寬容這種說法，我要求把它看成一個邪惡的詞語：它實際上將我們看成了需要同情憐憫的公民，看成了是被饒恕的罪犯！」[39]

這項動議經過修改，就在議會通過，全體法國人由此可以不論宗教觀點如何，出任各種公職。4 個月後，也就是西元 1790 年 3 月 15 日，拉博，這位一直受到禁止的荒漠牧師的後代，被任命為選舉委員會的主席，接替了孟德斯鳩神父的職務。

但他的這個職位並沒有保留太久。在國民會議的鬥爭中，他站在了吉倫特派那一邊，反對處死路易十六，始終不同意山嶽派所希望的暴力。於是，他被逮捕，接受了革命法庭的審判，當天就被處死。

革命的恐怖，使得新教和天主教的活動都退居到幕後，直到幾年之後，波拿巴執政才重新顯露。波拿巴將天主教確立為國教，並付給主教、神父薪水；但同時，他也保護新教。凡是天主教團體能夠享有的好處，新教成員也同樣享有，唯一的不同就是政府補貼。

在共和國和帝國時期，法國新教徒相對而言享有了自由權利，但到了波旁王朝復辟，這一切似乎又岌岌可危。南部頑固不化的羅馬天主教會興高采烈地歡迎王室回歸，將之視為重新開始宗教迫害的先聲；他們歡呼「Un Dieu,un Roi,une Foi.」[40] 當時尼姆的市長是一位新教徒，他當眾受到了凌辱，被迫辭去職位。暴民們在街頭聚集，瘋狂地叫囂著要「用喀爾文信徒的血來做成黑布丁」。他們甚至恐嚇要再進行一次聖巴托羅繆屠殺。在這種恐嚇下，新教徒開始四處躲藏，許多人躲進了上塞文山區。他們的

[39] 《法國新教史》，德費莉絲，第五卷，第一部分。——原注
[40] 意為「一個神，一個國王，一個傻瓜」。——原注

房屋被劫掠，妻小遭凌辱，並有許多人遇害。

在加爾地區不少市鎮鄉村，也發生了同樣的情形。當局眼見新教徒遇到迫害，卻無力保護他們。新教徒最終開始拿起武器自衛；塞文山區的農民從一些隱祕的地方，找出了他們的父輩一個多世紀以前曾使用過的業已生銹的武器；一場新的卡米撒起義眼看一觸即發。

與此同時，西元 1816 年 5 月，在英國下議院，塞謬爾 · 羅米利爵士 —— 他自身就是朗格多克胡格諾教徒的後裔 —— 在一次重要的演說中，提到了在法國南部重新開始的對新教徒的迫害。儘管有關的動議沒有被政府採納，但毫無疑問，這種討論產生了它應有的效果：波旁政府從中警覺，於是很快採取了強而有力的措施，結束了對新教徒的迫害。

自此，法國新教徒相對地沒有受到什麼侵擾，可是仍不乏證據顯示，在神父這一方，並沒有完全打消這種歧視、迫害的態度。西元 1870 年，筆者在法國參觀卡米撒戰爭的遺址時，看到有檔案記載了一樁事情：一位法國議員向議會提交一個案例，案例的大致情形是，一位維爾達弗雷地方的天主教本堂神父，拒絕為一位年輕的英國女士舉行葬禮，導致她的屍體不能在公共墓地安葬。他的理由是這位女士是一位新教徒。他要人把她的屍體送到專為罪犯和自殺者準備的地方，結果，屍體在挖墓者的小屋裡放了 18 天，最後才送往塞弗雷的公共墓地安葬。

然而，法國的人民，還有它的政府，對宗教都已經普遍地感到冷漠，不會再因為它去施加任何迫害。整個國家現在的問題，甚至可能是過分冷漠了，現在的一切令人堪憂。宗教迫害已經是很久遠的事情，父輩造的孽，惡果卻是子孫承擔。路易十四和他那個時代的法國播下的種子，報應落到了法國革命那一代人身上。誰能說得出，過去幾年法國的種種遭遇，有多少要歸因於前人，歸因於他們激烈的不寬容情緒，他們墮落的歡娛，征服的渴望和對「榮耀」的企求？——而這一切恰恰是這位被歷史家標榜為「偉大君主」的統治時期最為醒目的特徵。

讀者也許注意到了，此前本書所講述的新教的復興，它主要的場景是發生在朗格多克和法國南部，胡格諾教派的勢力主要在這一地區。現在看來，這裡發生的卡米撒戰爭並非完全沒有產生影響，它所激起的一種堅決果敢的精神，時至今日仍然存在，因為一切的不幸反而淨化了人們的心靈。他們雖說沒有爭取到公民自由，卻依然過著一種勤勞、勇敢、有德行的生活。最終，當新教在歷經長久的迫害而浮出水面之後，人們突然發現，經過那麼長時間的壓制後，無論它的人數、它的道德或者智識的活力，抑或是它的創造力，都沒有衰減。

直到今天，朗格多克的新教徒依然十分珍惜，他們在荒漠中漂泊、禮拜的那段記憶，偶爾地，他們還會去那些從前常去的地方舉行聚會。前面我們提過，在距離尼姆不遠，就有幾處是這些受迫害者從前的會場；其中一處距離城市大約兩英里，在一條山澗的河床上。前來做禮拜的人沿著狹窄的山坡排開，牧師則選一塊平坦的草地，站在那裡向大家布道，他們還向臨近的山頭派出哨兵，以便敵人逼近時可以發出警報。另一處人們常去聚會的地方，是一個叫「回聲」的採石場，從前羅馬人就從這裡挖鑿石頭，來建築他們的城市。參加聚會的教友沿著四壁坐下，傳教士的位置則在通往採石場的狹長小徑上。儘管人們布置下各種警戒，但仍不斷地有許多人，包括男女老幼從這裡被帶走，送往監獄或者絞刑架。

在迫害結束後，尼姆的新教徒仍會經常來這些地方，有時人數可達五六千人，主持聖禮時，人數還要多出一倍。朗格多克的新教徒多數都屬於全國改革宗教會，不過由於這個地方的人們天性獨立，他們都以自己的方式信奉新教。正是由於這個原因，福音派教會在南部尤有勢力，同時循道宗在朗格多克地區的聖會和教友，要比法國其他地區加在一起還多。在塞文山區，還有摩拉維亞兄弟會下面的一些聖會存在。但卡米撒戰爭帶來的、最不可思議的一個結果，也許是公誼會（Society of Friends）的存在，它在這裡竟然也有分支。事實上，這是它在全法國、乃至整個歐洲大陸唯一的一處代表。

在法國新教農民拿起武器，決定以暴抗暴的時候，他們中另有一些有聲望的人拒絕參與其中。他們認為，他們所尊奉的福音並沒有許可他們拿起武器戰鬥，縱然對方是施加了種種惡行、迫害的敵人。以後，由於戰爭中的相互報復，卡米撒方面也做出了極端的行為，這些人目睹這一切，於是更加確信，叛亂者的態度與基督教並不一致。

戰爭結束後，這些人繼續聚在一起，成為反對戰爭的明證。他們拒絕立誓，只接受靜默的禱告，對任何後天習得的形式一概擯除。當時他們還不知道，在英、美都有類似的團體存在；一直到法國大革命時期，這些團體之間才有了相互的往來。

西元 1807 年，一位祖籍法國的美國公誼會教友斯蒂芬．格萊勒特來到朗格多克地區，在下塞文山區的城鎮鄉村舉行了多次宗教聚會，參與聚會的，不僅有孔格尼斯、聖伊波利特、岡日、聖吉爾、芳塔納、沃韋爾、基薩克，以及尼姆周邊一些其他地方的同門教友，而且還包括天主教和新教的居民在內。孔格尼斯在當時正如今天一樣，被視為公誼會聚居的中心，他們在那裡修建了一座很大、很寬敞的聚所用於禮拜。

在格萊勒特訪問朗格多克期間，在這批為數不多的教友中，他特意提到了路易．馬若利埃，稱他為「先驅、支柱」。[41] 這裡再提一提路易．馬若利埃的女兒似乎並不多餘。她目前在英國，是最受歡迎的一位公誼會女傳教士。

順便指出，在孚日山脈有一個非常古老的教派存在，那就是閔斯特的再洗禮派，他們的許多觀點與公誼會近似。例如，他們也認為戰爭是反基督教的，他們在任何時候都反對暴力。所以，在很多時候他們寧可忍受監禁、迫害、甚至是死刑，也不願拿起武器抵抗。西元 1793 年的共和國尊重他們的禁忌，並不強迫他們加入作戰部隊，只是讓他們從事工兵、司機一類的工作。到了拿破崙時代，他們的工作是在戰地照看傷患，維護、照管運輸車輛和救護車。[42] 直到今天，我們知道，他們受政府僱傭，做的也是類似的事情。

討論當今法國新教會的狀況，其實不屬於本書的範圍。晚近的政治變革絲毫沒有影響它的活力。一段時間以來，新教神職人員也曾得到國家的資助，但他們始終沒有機會參加公開的教會會議，一直到西元 1872 年 6 月，在間斷了兩百多年之後，情況才發生改變。而在此期間又發生了許多新的變化，理性主義滲入了福音信仰之中。倘若沒有一個教會會議，沒有一種確定的信念的話，所有的新教教會無非是許多彼此隔絕的聖會組織，只代表了個別的利益。事實上，古老的胡格諾教派需要重新組織，人們都期望最近舉行的法國新教教會 [43] 的全體會議，其所通過的事項能夠帶來一些重大變化。

至於法國天主教會，它對新教徒的立場仍一如既往，不同的是它已經

[41] 《斯蒂芬．格萊勒特傳》，第三版，倫敦，西元 1870 年。—— 原注

[42] 蜜雪兒：《孚日山脈的再洗禮派》，巴黎。西元 1862 年。—— 原注

[43] 布萊克伍德雜誌》（西元 1878 年 1 月號）對這次教會會議所通過的事項做了最好的敘述。—— 原注

沒有施行迫害的權力。教會由主張限制教宗權力的高盧主義，變為擁戴教宗的絕對權力，不過它的出發點卻不見得更友善，儘管它現在已經變成所謂的「永無錯誤」了。

這些年天主教發起的一個主要運動，就是關於童貞女的顯靈。她通常在一二個孩子面前現身，一條通往她顯靈之處的朝聖之旅，很快就布置妥當。這些天主教神父以及他們的追隨者，熱衷於這類宗教運動，以為借助它，法國便可以走向據說為童貞女所期盼的復興之路。可是朝聖並不能使人強大，若是法國希望贏得自由，她必須另謀它途。光是朝聖並不能打敗俾斯麥（Otto von Bismarck）。在日內瓦，亞森特神父曾說過一句讓人感慨的名言：「法國總是受制於兩種勢力的影響，他們或者是蒙昧迷信，或者就全無信仰。」

附錄：信仰的避難所

—— 訪問韋爾多教派

簡介

多菲內地區冷冷清清地位於法國的一個偏僻角落，這是個旅遊者很少涉足的地方。義大利與它在山麓的邊界線上接壤，但是去義大利的幾條大路中卻沒有一條經過它，每年從其他道路進入這個地區的英、美人士絡繹不絕，卻依舊沒有幾個法國人知道多菲內地區，因為這些法國人連在自己的國家都很少旅遊，更別提其他地方了。約拿先生寫了一本有關法國南部的遊記，寫得很好，於是他就獲得了發現這個地方的美譽。

其實多菲內地區是一個趣味盎然的地方。它的壯麗和廣袤幾乎可以和瑞士相媲美。偉大的阿爾卑斯山脈並沒有在薩瓦這個地方停止，而是穿過了法國的東南部，一直延伸到羅納河的入口處。多菲內地區的山比瑞士大部分的山脈更為緊簇，深幽的山谷使多菲內地區的群山綿延著波浪般的皺紋，而谷底則奔流著迅疾的小溪或者洪流。有些地方是刀削般的峭壁，有些地方則環繞著褶皺一般的小山，從這些山上可以看到遠處被白雪覆蓋的山峰，以及高聳山脊上的冰流。如果天晴，還可以從里昂看到 100 英里外的伯爾烏山峰上那 12 個塔尖，而比布蘭克山矮一點點的南方塔尖，就藏在這些大山脈之中。

從格勒諾布爾的城牆上，瞭望那從伊沙勒和德拉克的河谷中，延展過來並貫穿羅曼謝的景色，顯得巍峨壯美，北邊矗立著雄偉的查爾特勒大修道院那巨大的尖頂，南部和東部那冰雪封頂的阿爾卑斯山脈，展現出一派谷峰對立的粗礪景色，這種景象在法國一般是看不到的。不過吸引那些穿過多菲內地區河谷的旅遊者的，並不僅僅是這個地方如此壯麗的景色、地勢或者花朵，還有過去居住在這裡的人們的耐力、苦難和信仰，而這其中的大部分人依舊活著。由於多菲內地區是古代韋爾多教派或山谷教派活動的主要場所——從文字意義上來講，應該是住在山谷地區的人們——在將近 700 年的時間裡，遭受著羅馬教宗的殘酷迫害，如今，在所有的苦難結束之後，他們可以按照自己良心的命令，去自由自在地崇拜上帝了。

韋爾多教派的地域一直沒有被仔細界定過，一般被認為是從阿爾卑斯的山峰河谷延展至多菲內地區和普羅旺斯的大部分區域。阿爾卑斯的主要山脈橫亙在義大利和法國之間，從東到西的山嶺輪廓突兀，在這狹窄如帶子的放牧區、耕地區，和那位於山邊的綠色層中，居住著一個貧困、善良和勤勞的民族，長期以來，他們一直為那些少得可憐的物質奮鬥著，他們面對的是非同一般的考驗和艱難——其中最大的考驗，說起來也奇怪，來自於他們信仰的單純和質樸的品格。

有一個說法，就是那些基督教的傳教士們從義大利進入高盧時，順著羅馬人的道路穿越吉拉夫勒山，把那原始的福音傳給了沿途地區的人們。甚至還有一個假說，認為那個順著這條路從羅馬到西班牙旅遊的聖．保羅，是第一個在這裡傳授基督教義的人。有一點可以肯定的是，這附近的各個義大利區域和高盧區域，在西元 2 世紀才被基督教教化，而早期的基督徒都有一個從這些地方旅遊到羅馬的習慣，所以由此可推斷出：住在山谷裡的人們，必然受到了這些從附近地區橫穿山脈，並在做遠足旅行的傳教士們的造訪。

隨著歲月的流逝，羅馬的教堂變得越來越富有，並把那細水長流般的力量積聚在一起，但與此同時，它也越來越遠離它的本質，[44] 最終導致後來的非基督教徒對它的本質一無所知。這些非基督教徒的神，被受到尊崇

[44] 古代韋爾多教派有句諺語，為眾多國家熟知：「宗教產生了財富，女兒榨乾了母親。」還有另一句沒多少人知道的話——「當主教的木杖變成金子的時候，主教自己變成了木頭。」——原注

的道德理念代替了；維納斯和丘比特被處女和小孩代替了；家庭守護神和財神，被具體的偶像和十字架代替了。薰香、鮮花和小燭臺以及豔麗的服裝，又像過去一樣，開始成為這種新宗教儀式的基本部分。聖母瑪利亞閉上了眼而流血再次發生，就像朱諾和龐培曾經製作的塑像一樣，在預言的年代裡，石子和廢墟造就了奇蹟。

早些時候，一些主教曾經做過努力，試圖遏制這股革新的潮流。在4世紀，米蘭的主教安布羅斯和布雷斯勞（波蘭西南部城市）的主教菲拉斯特紐，最終意識到沒有什麼權威能夠高於《聖經》，於是強烈反對偶像進入教堂，為此他們被當作了異教徒。4世紀以後，都靈的主教克勞德也提出了相似的觀點，極力反對偶像崇拜，而且他始終認為這是一種邪神崇拜。而此時，單純的韋爾多教派與世隔絕，對這些革新一無所知，繼續著他們那古老的崇拜；從聖・安布羅斯的著作中可以很明顯地看到，在他那個時代，其他地方流行的迷信並沒有衝擊到他那深山裡的教區。

從普通的意義上來講，韋爾多教派教堂從來就不是個「改革」過的教堂，因為它根本沒有被敗壞過，因此也沒有「改革」的必要。不是韋爾多教派留下了這座教堂，而是羅馬教堂在膜拜偶像時遺忘了它。從他們堅持原始的信仰來看，他們從來沒有意識到教宗的顯要權威，他們從不尊崇偶像，不使用薰香，不進行集會。在這段期間，他們已經開始知道這些腐敗性的事件，並且發現西部教堂已不再是個天主教堂，反而變成了一個羅馬人的教堂，他們已經被完全孤立了，他們不再遵奉《聖經》中的福音規則，而是從自己的父輩那裡承襲信仰。

有著悠久歷史的記載，這些東西的原稿依然存在，它的內容可以證明他們理念的純潔。這些東西就像高貴的萊松一樣，以羅馬語或者普羅旺斯語記載下來，而這種費心費力的語言，可以說是近代最早的古典語——

儘管現在它們僅僅在多菲內地區、皮德蒙特、沙爾地利亞以及西班牙北部和巴尼利克·艾斯勒地區以方言的形式存在。

若是年歲可以說明一些問題的話，韋爾多教派的教堂應當是歐洲最為古老的教堂之一。韋爾多教派教堂在英格蘭被諾曼第征服前、或者在蘇格蘭的瓦倫斯和布魯斯時代前夕、甚至英國在愛爾蘭扎下根之前就已存在。它的偏僻，它的貧窮，以及它那如草芥一般的子民，在很長一段時間內使它避免了外界的煩擾，並在幾個世紀裡一直沒受到羅馬的注意。可是西方的教堂還是無處不在地將觸角伸到這裡，它不可避免地被歸一同化了，那時的人們無法忍受一個有個性的教堂的獨立性，都想把它劃歸到羅馬的專制統治之下。

然而韋爾多教派始終堅持著自己的原則和教宗的戒條。當談判失敗，教會就求助於軍隊，一系列的迫害接踵而來，持續了幾個世紀的殘酷迫害史無前例。為了鎮壓這些不歸順的信眾，羅馬運用了無法反抗的手段——盧修斯的詛咒和英諾森的殘忍手段，「基督教區的牧師」慘遭十字軍的屠殺，這種屠殺連羅穆盧斯（戰神瑪爾斯之子）和凱撒的獵鷹都會厭憎。

距宗教改革很久以前，韋爾多教派的山谷因為是所謂的異教棲息地，而被蹂躪在一片刀光劍影之中。在西元1096年初，我們可以發現教宗烏爾班二世曾提起過瓦勒·路易士（韋爾多教派的一個小鎮），他稱它傳染了「異教的氣息」。西元1170年，如火如荼的迫害席捲了整個多菲內地區，囊括法國南部的阿爾彼日萬，並延伸至里昂和土魯斯，其中最著名的烈士是里昂的皮埃爾·瓦爾多或瓦爾登斯，[45]他們在西元1180年的時候，

[45] 有一些作者估計韋爾多教派（亦稱里昂窮人派）的名字來自於這個烈士，但在他有生之年，這裡的人們就已經被當作了異教徒，很有可能人們給了他遠勝於他所做的名譽。——原注

被里昂的大主教當作異教徒處死。

在早期的迫害中，一位古代作家寫道：「西元 1243 年，教宗英諾森二世命令梅斯的主教殘酷鎮壓韋爾多教派的信徒，宣稱他們以粗俗的語言閱讀了神聖的書籍。」

隨著時間的推移，迫害不斷升級 —— 鞭笞、侮辱和武器交替使用。西元 1486 年，當路德還在搖籃裡的時候，教宗英諾森八世發布了一個消滅韋爾多教派的公告，號召所有天主教徒參加這場十字軍東征的聖戰，並允諾誰參加了這場戰爭，誰的罪行就可得到原宥，並以諾言保證：誰殺死一個異教徒，誰的罪行就可得到免除。結果，一個大型強盜集團被釋放了，他們和法國國王以及沙沃伊公爵提供的 18,000 人正規軍，一起掠奪和蹂躪了韋爾多教派和皮德蒙特山谷。

有時，這些地方處於法國國王的統治之下，有時它們又在沙沃伊公爵的統治之下，這些人的軍隊交替著鎮壓他們，但主人的變化和主教的變化，對於韋爾多教派來講並沒有什麼差異。不過有時也會發生這樣的情況：在科欣．阿爾卑斯一邊迫害會十分殘酷；而在另外一邊，就會暫時性地緩和一點。在這種情況下，法國和義大利的韋爾多教徒就會穿過山谷，到另一邊的河谷中避難。

可是正如上面所舉出的例子一樣，當國王、軍隊和強盜在兩邊同時加以鎮壓的時候，這些被困住的可憐人，其命運就會非常慘烈。他們在這種走投無路的情況下，只有爬上山頂進入人跡罕至的地域，或者和自己的家人隱匿在山洞裡，直到敵人離開。但他們也常常會被敵人追蹤到藏身之處，然後這些男人、女人和小孩都被悶死、勒死或者被射殺。後來，沿著多菲內地區山脊的這些藏匿之處沒剩下多少，但是一些地方依舊還能與這段恐怖時光連繫起來，在這裡，男人、女人和孩子被勒死，被凍死，被推到刀劍之下殺死。如果這些多菲內地區的山洞會說話，不知會說出多少淒慘的故事！

西元 1655 年，眾所周知的復活節大屠殺在歐洲引起了震動，尤其在英格蘭，這主要是因為克倫威爾在這個事件中表了態。事件的過程簡單陳述如下：不間斷的迫害持續了 400 年，韋爾多教徒既沒有受到保護也沒有遭到剷除。有一段時期，向他們發起一系列殘酷行動的是沙沃伊公爵。有時韋爾多教徒被迫起來反抗，把他的軍隊驅趕出自己的山谷，之後這個公爵的統治就會被削弱一段時間。如果公爵需要韋爾多教徒參與他經常性發動的戰爭時，就對他們做出給予保護和特權的承諾。但韋爾多教徒趕走了這種偽善的保護後，承諾就被打破了，這時公爵會突然發動攻擊，以大火和刀光掠過這片山谷。

實際上沙沃伊公爵應該是所有專制統治者中最慘無人道的暴君。儘管這些人比他的對手更常遭到打擊，他們的狂熱依舊持續不減。他們被法國人趕出了多菲內地區，被當地居民趕出了日內瓦，被農民趕出了山谷，可是他們依舊繼續擴展軍隊，發動戰爭，屠殺韋爾多教徒。西元 1655 年宣誓效忠於主教的這些人，與主教一起在都靈建立了宣揚忠誠的社團分支，而這支團隊為了消滅異教徒的共同目的，範圍拓展到皮德蒙特。在棕櫚樹主日（復活節前的星期日），也就是聖週（復活節前一週）的第一天，這個團體開始行動了。沙沃伊的軍隊突然向圖爾推進，這個行為得到不少人的默許。一個大屠殺又開始了，聳人聽聞的屠殺持續了一個多星期。許多村莊變成一片廢墟，那些沒來得及跑到高一點的山谷中的人，無一例外地倒在了劍下 —— 這就是復活節的奉獻。

這個可怕的事件傳遍了整個歐洲，引起普遍性的恐慌，尤其是英格蘭。這時克倫威爾已爬上了權力的顛峰，他在愛爾蘭為這些逃難的韋爾多教徒提供庇護，不過兩地相隔太遠，韋爾多教徒要求克倫威爾以其他方式幫助他們。他立刻簽署了一封由祕書約翰．彌爾頓[46]寫的信，寄給歐洲的當權者們，號召他們一起制止這場發生在這些無辜者身上的令人髮指的行為。

克倫威爾還為韋爾多教徒做了其他事。他從自己的錢包中掏出 2,000 英鎊給這些被驅逐者，甚至發動整個英格蘭募捐，籌措了 38,000 英鎊，另外還派遣塞謬爾．墨蘭德當他的全權大使，親自去勸告沙沃伊公爵。在與法國簽署協議之前，克倫威爾拒絕簽名，直到馬沙林主教採取行動幫他為韋爾多教徒爭取權利後，他才提起了筆。

這些具有分量的措施產生了效果。僥倖從這場大屠殺中逃脫的韋爾多教徒，按照著名的「榮耀的特許協議」回到他們被破壞的家園，可是這僅僅在克倫威爾生前得到維繫。查理二世復位後，攫取了為韋爾多教徒募集的資金，拒絕支付克倫威爾發放給他們的年金，聲稱他不會為篡位者付債。

這以後，人們對韋爾多教派的興趣只剩下了傳說，對他們的實際情況幾乎一無所知，甚至不知道是否還存在著韋爾多教派的教會。儘管英國的旅遊者們 —— 在他們當中有艾迪生、斯摩萊特和斯特恩 —— 在那個世紀末的時候穿越過這個城鎮，但他們絲毫沒有注意到這個山谷。對這個地區的忽視持續了半個世紀，直到英國的吉利博士的研究，才使得這個地區重新開始得到關注。

西元 1820 年，在一次有身分的人參加的「促進基督知識發展」的團體

[46] 也就在這個時候，彌爾頓寫了著名的十四行詩，開頭這樣寫道：「復仇，啊！上帝，被屠殺的聖徒的屍骨在阿爾卑斯的冰冷中破碎。」 —— 原注

會議中發生了一件事：委員會讀到了一封令人感動的信，署名是「普拉莫爾的主管，弗里德里克·貝拉尼」，這封信要求協會能夠提供給皮德蒙特山區的韋爾多教派一些書，他稱他們一直在貧困和壓迫中掙扎著。吉利博士對這封信很感興趣，實際上是這封信所提到的地方強烈地吸引著他，他稱這封信：「完全占據了自己的身心。」吉利博士提出應該尋找有關韋爾多教派的資訊，因為如今這一點點資料遠遠不能讓人滿意。接著他就做出探訪韋爾多教派、以親自去考察當地真實生活狀況的決定。

西元 1823 年他走上了探訪的路程，接下來的幾年裡，吉利博士發表了一《遠行在皮德蒙特山區》的報告。這本書在英格蘭和其他國家激起了很大的反響。不久之後，他發動一場運動，以實際行動幫助韋爾多教徒的信仰。委員會建立起來了，基金籌措到了 —— 俄國的皇帝，普魯士、荷蘭的國王都捐了款 —— 最為重要的是，在這個目標之下，他為圖爾和盧色恩山谷的韋爾多教徒中的老弱病殘者建立了醫院。當然，籌措到的錢遠遠無法滿足需要，不過短時間內，還是在這些地方建立了學校和學院，為牧師提供教育機會。

西元 1829 年，吉利博士第二次訪問皮德蒙特山谷，一是為了查明給予這些可憐的韋爾多教徒的幫助，有多少是有用的，二是尋求到一種最好的方式，來配置這些資源，以實現利益優化。就在這第二次訪問中，他開始意識到一個事實：韋爾多教派並不能僅僅被界定在皮德蒙特的那幾個山區，實際上還有無數個小村落，分散在法國這一邊的阿爾卑斯山區裡。因而他的旅行線路穿過了古爾·柯洛赫一直走到法國，並在好奇心的驅使下，參觀了韋爾多教派地區的瓦爾·弗萊西列爾和瓦爾·格拉斯，在以後的幾章裡，將會更為詳細地介紹。也就是在這樣的旅途中，吉利博士開始獲知優秀的菲力克斯·拉夫，他為邊遠地帶的基督徒無私奉獻的事蹟，這個人的個性和生活經歷深深打動了吉利博士，後來他甚至專門發表一篇為英國人廣為傳閱的、紀念拉夫的文章。

這段時期後，對法國的韋爾多教徒的幫助持續不斷，儘管在義大利那邊的人還是得到了大部分的好處，這其中有幾個原因。首先，法國這邊的山谷由於地理原因很難到達，而到那些最有趣味的山谷只能靠步行，連騾子都用不上。這些山區裡沒有什麼賓館設施，僅有一些小旅館，當然這倒也無關緊要。這裡的人居住得更加分散，比義大利那邊阿爾卑斯山區的人還要窮，氣候更加惡劣，韋爾多教派所在的大部分地區的海拔都比較高，讓一些雄心勃勃想在那裡定居的牧師，都被當地的嚴寒、貧窮和必需品的困乏嚇跑了。惡劣的氣候最後也催垮了菲力克斯・拉夫。

最近幾年，法國的韋爾多教派地區各方面都有了極大的改善，在這些最熱情的工作人員中，具有代表性的有弗里蒙特先生（克萊登學院的院長）、巴克斯和艾德蒙・彌爾索姆先生，以及里昂的一些知名商人。西元1851年，弗里蒙特先生第一次訪問多菲內地區的韋爾多教派地區。他在編輯一位年輕的英國牧師斯賓塞・索恩頓的論文集時，被他的文章深深吸引，斯賓塞・索恩頓在他的論文裡，著重談到了菲力克斯・拉夫，這使得弗里蒙特先生迫不及待地想去看看拉夫奮鬥的地方，繼而就發起了一個行動：在幾個最貧困的地方建立學校、教堂和牧師的住所，這個舉措給法國山區的人們帶來了深遠影響。

考察個人模範對人類生活和行為的影響是一件有趣的事。班・羅謝的奧伯勒便是個很好的例子，菲力克斯・拉夫受到了他的鼓舞，而菲力克斯・拉夫的事蹟又鼓舞了斯賓塞・索恩頓，最終又影響了弗里蒙特先生，令他投身到擴大基督教對韋爾多教派的影響。同樣，一位年輕的法國教士，波斯特先生也受到了拉夫的影響，幾年後動身訪問韋爾多教派，寫了一本與之相關的書，熟讀這本書後的彌爾索姆先生，也投身到這個年輕的日內瓦傳教士所開啟的事業中。光輝的事蹟就像星辰一般閃耀著自己的光芒，雖然最後只會有「這裡長眠著……」幾個灰禿禿的字刻在墓碑上，但他的光芒將永遠照耀著人們的心靈 —— 以理想鼓舞他們，以奮鬥激發他們 ——「燦爛的世界永遠在前方引導著人們。」

對這些零零碎碎的文章的來源，還可再補充幾句話。一個人在計劃夏季假日旅遊時，往往希望能過上一段不同尋常的日子。這樣的旅遊有一半的好處在於，可以遠離過去一成不變的生活，在陌生的環境裡呼吸著新鮮的空氣。倘若你選擇的只是一條普通的旅遊線路，這個目的就不容易達到。倫敦人到處跟著你，一群群的導遊、乞丐還有守門的人圍著你，你會在賴日碰到倫敦人，在溫根．阿爾泊也會碰到，甚至在霞慕尼還會一樣地碰到他們。有一次我到蒙特威爾音樂廳，經墨威．巴斯穿過莫赫．格拉斯時，就被追問：「嗨！朋友，離開那裡時，你知道布里奇頓的股票漲了多少？」

可是在多菲內地區，你就不會有這樣的遭遇，時光在這裡停滯了幾百年。因而，當我上面提到的朋友，邀請我和他一起訪問韋爾多教派時，我愉快地接受了這個機會。我事先就被別人警告，這裡的居住條件是如何如何的糟糕。那裡沒有什麼觀光客，道路是未經過修整的土路。沒有人講英語，巴斯的淡啤酒尚未滲透到多菲內地區，你也不會碰到一個（像你在瑞士遇過的那樣）帶著錫製淋浴器的倫敦旅遊者，你只會在格勒諾布爾（法國東南部城市）碰到詢問，問你是否需要在這些小村莊裡預定小旅舍。

有時在一條可以行走的路上，你會看到一輛負重的老式公共馬車，它載著村民趕往當地的集市，不過這些道路在很多時候會如沙漠一般寂寞。事實也是如此，一個旅遊者必須準備著過一段時間「粗糙」的生活。我被告知只能帶一個輕便的背包，一雙堅實的帶釘鞋和一小包防蟲粉。最後我發現這個小背包和鞋大有用處，是不能缺少的必備品。但我並沒有怎麼使用防蟲粉。一般來講，法國是個整潔的民族，儘管他們的床因為鋪滿了黃色的穀糠而顯得很硬，卻非常乾淨，旅館裡提供的食物迥然異於家裡。不過愉快的心情和好胃口能幫你克服這種種困難。

實際上，對於那些穿越法國的旅遊者們來講，最難忘的是：這裡的人（即使是最窮的人）準備或者提供食物的技巧。法國的女人都是精打細算的經濟學家和優秀的廚師，什麼都不會浪費。熱水壺永遠燉在鍋裡，借助於一塊麵包，一頓豐盛的飯菜就隨時可以做出來了。甚至在這些最簡陋的旅館，人煙最稀少的地區裡，其所提供的食物品質，連英國的任何公共場所、甚至我國的大部分旅館都趕不上，烹調是英國失落的藝術，如果它曾經擁有過的話。我們的民族，就像對知識的需求一樣，對食物的需求也要比其他民族多得多，但在即將建立的國家教育系統中，卻沒有把烹調作為一門學科。

對於那些打算穿過法國的旅遊者們，還有一件需要注意的事，就是禮貌。法國窮人之間的這種禮貌，能給人以美好的享受。他們有強烈的自尊，也尊敬別人。在法國所見到的一些景象，在英國是看不到的——夕陽下，年輕的工人們牽著自己老母親的手，緩緩走到「音樂廳」去聽樂隊演奏，或者就僅僅是走一圈做個戶外散步。法國對待陌生人也同樣有禮貌。若是一個陌生的婦女周遊法國的農村，她是不會受到粗魯的眼神看待的。一個陌生的男人也不會受到什麼蠻橫的語言對待。法國是個有自尊心的民族，同時這種自尊心也顯露了他們的冷靜。醉酒的現象在法國幾乎見不到，你就是橫穿整個法國，也不會看到一個醉熏熏的人。

法蘭西是一個誠實、節儉尤其是勤奮的民族，他們的工作永不停止。

雖然這有點誇張，但他們確實連星期六、星期天都不休息。在大革命以前，因為教會要求必須慶祝的聖徒節侵占了勞動時間，這就使得星期天也變成普通的工作日。當大革命廢除了聖徒節換上安息日時，星期天工作已經成為一個傳統習慣了。那些英國工人階級朋友們所追求的信念，也波及到了這裡，星期天也開放音樂廳和畫廊這些公共場所。但你卻不可能在那裡找到這些勤勞的人。他們此時正在工廠裡辛勤勞動著，那裡的煙囪一如既往，他們要麼在田間勞作，要麼修建房屋。政府部門在星期天照常辦公，鐵路依然頻繁穿梭。總之一句話，星期天是個平常天。[47]

當你星期天走過這個國家，你會看到人們在田間苦幹，直至黑夜降臨，伸手不見五指時，他們才會停止勞作。農民在這些土地上工作——那是他們自己的土地，亞瑟．揚格看到這種現象時說了一句話：「私有制的奇妙作用。」

然而，讓人擔心的是，法國的農民飽經疾病的折磨，瓦爾特爵士稱之為：「土地飢餓。」這也引致他們靈魂不潔淨的危險。不管怎樣，他們的身體永遠在無休止的勞作著，沒有得到一天時間的休整，長此以往，身體不可能不敗壞，精神也不可能不衰弱。種種影響，就使我們看到了這個民族、尤其是這裡的女人，過度勞作後未老先衰的景象。

[47] 我曾經看過一篇署名「一個砌磚技工」的文章，登在西元 1867 年 6 月 30 日的《泰晤士報》裡：我看到不少異鄉人在巴黎的各種建築物上辛勤工作，磚瓦匠被稱作「利穆贊」（limousins），他們來自於古老的地方——利穆贊，那裡有他們的家園，很多人還是地主。夏天他們到巴黎 32 作，成群結隊地在巴黎租房子，住在一起以降低租金，而到了冬天，他們不能在這裡工作時，又帶著積蓄回到家鄉等待來年的春天，這個時候待在這裡要比待在倫敦好一點。看到那麼多人在安息日裡還要工作，我覺得很奇怪，便問他們原因，他們說這是在彌補雨天或者其他原因帶來的工作日的損失。我看見有些人僅只穿著褲子和鞋子在勞作，褲子上只用一條帶子縛住腰，脊背裸露在太陽的暴晒中，呈現出染過一般的古銅色的亮澤來。我問他們老了以後是否還能精神矍鑠地勞作，他們說：「沒辦法，到了 40 歲就已經耗盡了體力。」這就是違反自然規律後的結果。我心裡在想——哦，英國的人們呵，上帝把福賜於你，讓你知道 14 條戒律，讓你知道一星期中休息日的價值。——原注

羅曼謝 —— 布里昂松山谷

從格勒諾布爾到邊境要塞布里昂松的道路，橫亙了大部分的羅曼謝山谷，這是一個遼闊而美麗的地方。夏天，小河變成一條細溜的潺潺小溪，而到了春天和秋天，它就變成一條浸沒了周圍低地，重新開出自己河道的洪流，富含岩石、雲母和滑石片的高山圍繞著它，到了冬天 —— 由於受到河水的冰凍作用影響 —— 這些岩片開始大塊大塊地分離。解凍後，一場場泥石流的可怕災難接踵而來。有時這些塊狀物堆積起來阻滯了河流，暫時性地形成了一個個湖泊，有時這種積聚起來的力量撞擊著阻礙物，形成可怕的洪流沖過山谷。在近幾個世紀中，一場這樣的洪流衝垮了羅曼謝山谷的聖洛倫湖，格勒諾布爾大部分地區被衝垮，帶走了不少人的生命。

一進羅曼謝山谷，離格勒諾布爾還有幾英里的地方，群山開始圍集，景色變得寬廣，河床上星星點點的廢墟依舊遺留著洪流的餘威。一走完這段風景如畫的狹窄小路，迎面就是一個從岩石堆中被洪水沖出來的豁口，河谷就此延展，然後古維齊勒城便展現在我們眼前 —— 這裡是勒斯迪於赫公爵最著名的城堡所在地，其為法王亨利四世和路易八世所派遣的一名行政長官。

當你進入多菲內地區，便會領略到這個偉大士兵的足跡，在格勒諾布爾有康斯坦布林宮，現在被稱為省政府，相鄰那片美麗地方的是這座城市的公園。在格勒諾布爾和維齊勒之間是一條由公爵建造的「要塞司令小路」。德拉克山谷的聖伯那特是一個排外的新教徒城，被稱為「阿爾卑斯高處的日內瓦」。在那裡，你可以看到那位行政長官出生的房子，比這個山谷稍低一點的是格萊齊爾社區，在一座可以看到德拉克全景的小山上，是這個家庭城堡的廢墟，那裡埋葬著行政長官勒斯迪於赫，社區的人想從這個家的拱頂上拿走支架，他們相信這些遺物具有很大的價值，後來「阿爾卑斯高地」的長官出面制止，才使得遺址得以在此保留下來。

在勒斯迪於赫的早期職業生涯裡，他是那瓦勒（中世紀時期位於西班牙東北部和法國西南部的王國）國王亨利最信任的官員。他所領導的胡格諾教士兵戰無不勝，占領了一個又一個城市，最後占領了整個多菲內地區，在那裡，亨利委任他為地方長官。在他的能力範圍內，勒斯迪於赫實施了很多具有重要意義的公共工程 —— 造路、建橋、建了 14 個堡壘，擴大和美化了他在格勒諾布爾的官邸和他在維齊勒的城堡。勒斯迪於赫活著的時候享有極高的聲譽，被當地人稱為「山區裡的國王」。

但他並沒有堅定的信念。在那個貴族統治的年代裡，勒斯迪於赫的宗教信仰只有皮毛深，其實信仰對於他來講，僅是個黨派的象徵 —— 一面他為之戰鬥的旗幟罷了，而不是賴以生存奮鬥的信念。所以當野心攫住他的時候，一個地方長官的指揮棒就動搖了他的信念。這使得那些老兵良心不安地放棄了年輕時為之奮鬥的事業。勒斯迪於赫非常貪婪，為了獲得獎賞，西元 1622 年在格勒諾布爾的聖安德魯教堂裡，公開放棄了自己的宗教信仰，在場的克萊格侯爵（路易八世的大臣），在授予他一級軍銜後，將地方長官的指揮棒交給了他，勒斯迪於赫如願以償。

勒斯迪於赫家族在歲月的流逝中，早已消失得無影無蹤。在那次大革命中，人們挖開這個地方長官的墓，打開他的棺材。不顧胡格諾教徒的狂怒，人們把他的紀念碑轉移到了噶普。他在維齊勒的城堡換了無數個主人，直到西元 1775 年才被皮埃爾家族固定擁有，成了凱西米爾 · 皮埃爾的財產。這個雄偉的哥德式建築是許多大事件的見證人。首先是西元 1623 年，在勒斯迪於赫獲得行政長官職位的回報後，他竭力取悅路易八世。在那次進軍義大利的取寵行動中，他的鐵蹄幾乎踏平了維齊勒地區的各個山村；到了西元 1788 年，多菲內地區人勇敢地聚集在一起，準備抗議貴族特權，要求普選權，隨即這個事件引燃了大革命；西元 1822 年也是在這裡，菲力克斯·拉夫在一個大型的公眾集會中布道，他是個細心的人，一談到維齊勒時，就以熱切的口吻稱它為「親愛的維齊勒」。世事滄桑變遷，如今這個著名的地方被印在了大手帕上。

當拉夫趕往維齊勒時，他在蒙斯歇了歇腳，這是他在多菲內工作的第一個地方，離維齊勒不算太遠，位於南部群山之間。在那場宗教戰爭中，尤其在廢除《南特詔書》之後，蒙斯變成了一個異教徒的避難地，隨即這裡的人口增加了一倍。儘管在大革命之後，是一段漫長而黑暗的宗教迫害時期，蒙斯的異教徒和附近的村莊，都不敢張揚自己的信仰，他們在自己的家中祕密地敬奉著神靈。他們一被革命解放，就建立了自己的教堂，委任自己的牧師。菲力克斯·拉夫到這裡時，正好勝任了這份工作，他的勤奮在維齊勒產生了深遠影響。

離蒙斯不遠處，是個響譽世界的地方——沙勒特，它是最近發現的一個羅馬「奇蹟」。位於大山谷德拉克邊緣的沙勒特，把格勒諾布爾與羅曼謝連接在一起，沙勒特除了一個社區外就沒有什麼小村莊了，所以有時又相宜地稱之為孤獨的沙勒特。

大約 27 年以前，也就是西元 1846 年的 9 月，阿波拉登有兩個小孩——一個是 14 歲的女孩，一個是 12 歲的男孩——他們來自於加爾戈斯山的牧區，在那裡他們飼養著一些牛，他們講了一個奇異的故事，說看到聖母瑪利亞從天堂降落，一個十字架用金鏈繫著掛在她的脖子上，還有一個鉗子和錘懸掛在鏈子上。這個形象出現在一塊大石頭上，她落淚如此淒涼，淚水甚至形成了一個個小湖泊。

這個故事隨即被廣泛傳揚，人們從四面八方趕來看這個聖母出現的地方。石頭不久就碎為齏粉，被當成遺物運走了，可是那些淚水的湖卻永遠留在了那裡，嘗起來還有一股淚水的澀味。格勒諾布爾的兩名傳教士，厭惡這種強迫他們接受的傳言，指責附近的一個年輕人拉梅麗爾小姐是這個奇蹟的偽造者，於是拉梅麗爾採取了措施反對這種詆毀，她從巴黎找來著名的於勒·琺夫勒，為她的行為辯護。但證明的結果卻有利於那兩名傳教士，這個奇蹟確實是偽造的！

儘管最後發生了這樣的事，不過這個奇蹟還是流傳了下來。揣著錢到這個地方的人越來越多。當地的傳教士最後都承認那兩個小孩所看到的奇蹟，之後羅馬也承認了。[48] 人們用旅遊者的錢在當地建立教堂，這就是拉戈尼·沙勒特教堂，每年都有大量的朝聖者湧入這裡，有的甚至跪著爬到了山上。儘管路途陡峭、困難重重，在幻影出現的紀念日裡，仍舊有4,000多名不同年齡的男男女女來爬這座山。

作為這個故事的補充，再講一個故事，不過這說的就是另外一回事了，它講述的是這個山谷裡的另外一個社區的故事，這個社區位處沙勒特和格勒諾布爾之間。西元1860年，當沙勒特的奇蹟還在傳揚中的時候，渴望信奉新教的克米爾聖母院居民，對他們的牧師很不滿意，便邀請格勒諾布爾新教徒的教會牧師福爾莫先生來為他們布道，不過這個牧師認定他

[48] 卡爾西拉·瓦爾芒提供了一份有權威的檔案給英國的讀者，是西元1853年被印成小冊子的——《沙勒特婦女協會調解手冊》。西元1869年，在我經過這個地方的時候，德國侵略了法國，法國在色當慘敗，巴黎公社也失敗了，可這個婦女協會卻更加壯大，並以它的名義建立了一座巨大的教堂。每年都有10萬多名遊客來到這裡，單單賣這瑪利亞眼淚的聖水就有12,000英鎊的收入。繼沙勒特出現這種情況後，整個法國又盛傳見到了瑪利亞。她最後一次出現是在阿爾薩斯，嚴格一點說，這是個天主教區。聖母瑪利亞通常只會在一個6歲的男孩面前出現，「穿著黑衣服，飄在雲彩中，她的雙手被鏈子縛住了」，這是一個精美的、帶著強烈宗教政治意義的暗示。當巴伐利亞第五騎兵隊在伯特維勒駐紮時，瑪利亞從此就不再出現了。——原注

們只是一時衝動，希望這些等著他做出決定的代表們再好好忖度一下。

福爾莫先生這樣子堅持了幾年，直到西元 1865 年，當地市長送給他一份由 43 個人（占這個社區十分之九人口）簽名的請願書，期望他能送給他們一個傳達福音的使者，他依舊躊躇不決，建議請願者們向主教求助，讓他幫助他們彌補這些受到抱怨的缺陷，但毫無建樹。最後，西元 1868 年初，在宗教法院的判決下，一名使者到克米爾執行新教徒敬神的初級儀式，包括洗禮和婚禮，這一年的 10 月，福爾莫牧師親自到這裡主管新教會的聖禮。

儀式在社區的公共大廳裡舉行，有不少遠近的人參加。當地的牧師都阻止不了他們。最近，當牧師到一間學校裡記錄第一次參加集會的孩子的名字時，11 歲的孩子中有 15 個人對主教的詢問回答道：「先生，我們是心靈的索爾姆斯新教徒。」這場運動在新皈依者的熱情幫助下，影響到了附近地區，不久以前可能也影響到沙勒特。

從維齊勒到羅曼謝山谷的路上群山簇擁，有一些地方甚至還有河流懸掛其上。在色西力勒，它寬闊得正好成為一個花園平臺，在這中間矗立著一座兩側有巨大尖塔的精緻城堡，在上面可以鳥瞰整個美麗的山谷。從山谷後沖出來的水，有一部分被儲蓄在水庫裡，然後流入城堡窗子下那個叫作「噴射的水柱」的圓柱形高高建築物裡。再往上，河的流域開始縮小，直到穿過洛瓦勒峽谷，這時左對岸有一條路，過去它是延河而下的，但西元 1868 年的大洪水沖垮它之後，就一直沒有被重建過。臨時搭起的橋使得右邊的老路得以繼續，我們穿越了幾個饒有趣味的小村莊之後，終於到達了躺在高山懷抱中的、人工開墾平原上的「瓦縱小鎮」。

這個小小的平原上有個湖泊，從烏德勒側翼滾下來的碎石和岩塊，圍在這個小湖的身旁，陡峭的山斜懸在河流之上，這裡的地表如一張白紙一般寸草不生，沿著山谷有一段距離，它們展現出的扭曲和錯位讓人震驚，在一次次隆起和分裂的造山運動中，大自然以它無堅不摧的力量讓你折服。法國的地質學家埃勒．波蒙，曾經仔細勘察過這個區域，據說在瓦縱山脈，他發現那嵌在石灰岩上的花崗岩，鍥進了石灰質的河床，像一座牆一樣疊在了上面。

一到達瓦縱小鎮，我們就在橋邊的小旅館 —— 米蘭旅館裡住宿，儘管不喜歡這個旅館的名字，它也僅只是個路邊旅館。不過它極為乾淨，夏天還會供給你所需要的毯子。這裡的人彬彬有禮而且關懷備至，他們的麵包極富營養，湯和紅燒肉美味無比 —— 也許就是因為這種種美好，才使得這裡的人們努力勞作。由於喜歡這種生活方式的旅遊者，一般很少來到這個地方，所以這裡實際上正好供需平衡。當旅館女老闆被問及每年是否有很多旅遊者到這裡來，她回答：「旅遊？我們很少見到觀光客。你是這個季節裡的第一個客人，或許也是最後一個。」

然而，這些山谷非常值得一去。毫無疑問地，一定的旅客流量將會像它在瑞士或其他地方產生的影響一樣，令這個地區的住宿環境得到大幅改善。國內也有不少這樣現成的設施，只需要一點錢便可使之乾淨舒服。這些人自己一般不在乎這種外在條件，所以有時需要一些「憑空的壓力」才能促使他們去做。多菲內地區的所有旅館都有一個通病，就像老闆娘所說：「確實，先生，但 —— 它還是提供了人們渴望得到的東西！」這多麼讓人妒忌，缺點變成了優點，如果生活已經沒有了什麼可以去渴求的，那它能變成什麼樣呢 —— 旅館還能是什麼樣呢？

從小橋邊的旅館看過去景色瑰麗。小河流過的山谷消失在遠方，橙木、白樺和栗子裝飾了一岸。起伏不平的山脈中落葉松在較低的位置上形成青綠色的層面，而黑松樹在較高的位置上形成另一個層面。堆積著灰色層岩的山脊上，有一些山峰甚至直衝雲霄。落日在山的對面緩緩落下，光影隨著太陽每時每刻交替變換，展現出一派綺麗的景色。在清涼宜人的夜晚，我們站在平原的田野上，觀看從山谷的亂石堆裡奔騰下來融入羅曼謝的洪流。山谷這一帶水源充足，水從高處落下，有時噴湧而出，有時緩緩淌來，從一方岩石濺躍到另一方岩石上，落到地面時只看見一團雲霧般的水星子，而從旅館旁的小橋下流過的河流，直接從泉眼裡噴湧而出，這些瀑布、溪流和泉水的源頭，都是山間的大冰塊。

雖然瓦縱小鎮並不像它的讚美歌裡所唱的那樣，如瑞士一般美麗，至少也可以和沙沃伊相媲美。山崖更加陡峭，山峰更加尖利，也更為原始。從瓦縱小鎮上看到的伯爾福爾山景色尤其壯偉莊嚴，儘管它荒無人煙。從瓦縱小鎮到布里昂松的路上，也能看到一些離奇風光，有一些地方甚至不亞於著名的維亞．瑪拉，簡直直逼斯伯拉根。瓦縱小鎮離第二天我們出發的地方大約有 3 英里。有一條路從平原出發延伸至弗勒雷峽谷，在去拉姆伯．克米列爾的路上還有一段陡坡。從這個高度上眺望，群山環繞的風景如畫壯麗。山脊上有些地方也寬得足以開耕，在這些田野中時不時冒出一兩個小村莊，而在遠處，在你和天之間，教堂的尖頂時隱時現，預示著那裡還有人煙，這個奇蹟會使仰望著它的你，對爬到那裡的人們驚奇萬分。

沿著山側用鐵鍬和炸藥開闢的道路，隨著山的起伏彎進彎出，甚至在某處這條路竟是一條 600 英尺長的、穿過懸掛在河流上的石頭走廊，而這條路以下 1,000 英尺就是穿越埃菲勒峽谷的水沫飛濺奔騰咆哮著的河流，在瑞士是看不到這種離奇的景色的。

一出弗勒雷村莊，我們就進入了另一條隘路，路如此狹窄以致有些地方除了路就是河，冬天有時河水氾濫，對各種人工建築造成極大的破壞。

羅曼謝和菲爾蘭（來自盧斯大冰山的另一條急流）匯合在這個峽谷上，在它們的會合點上豎立著一個高高的山岬，上面就是米澤恩村莊 —— 這個地方曾經因為它美麗的景色和自然的屏障，在大迫害時期成為韋爾多教徒的避難地。再往前走，我們又穿過一條在岩石中的走廊，然後穿過熊班那綠色的山谷就到達了多菲內，之後景色變得遼闊曠遠，而這個山谷（當地人稱之為貢巴．瑪拉瓦爾，意即被詛咒的山谷）多石艱險，唯一使之生氣勃勃的就是彼斯瀑布，從 600 英尺的高度墜落，形成一股噴射的激流，然後將一塊巨石一分為二，最後在地面上形成一幕水霧。

我們穿過另一道峽谷後不久，就看到最終也在羅曼謝會合的里弗特河，這裡就是伊斯勒和奧特在阿爾卑斯的交界處。更多的瀑布從 250 英尺的高度墜落，會合在斯多巴赫 —— 加上無數的小河流，像一根根銀線一般沿著山脊蜿蜒而下，最後我們到達的是戈拉弗，這個小鄉村海拔 5,000 英尺，與達布謝、巴卡維．瓦楞的大冰塊面面相對，這些冰塊幾乎懸掛在羅曼謝河流上，從壯偉的南阿育爾山（法國阿爾卑斯山脈中的最高山，海拔 13,200 英尺）的陡坡上落下。

在戈拉弗休息了兩個小時之後，我們沿著溫特龍村莊下的兩條地道繼續前進，其中一條有 650 英里長，另一條有 1,800 英尺 —— 然後我們就到了海拔 5,000 英尺的維拉爾村莊，由於巍巍的高山環繞著它，使它一年中有幾個月見不到陽光。這裡有一道緩緩的斜坡直通科爾．勞特列山頂，也正是這條路將羅曼謝山谷與吉宗列分開。沿著山脊是富饒的牧區，其間生長著多種美麗珍稀的植物，盧西隆先生稱之為：「植物的樂園。」就是在這裡，尚．雅克．盧梭欣喜地採到了不少藥物，著名的植物學家馬多勒（他曾經做過海關官員），就誕生在我們剛剛走過的荒涼的維拉爾．阿倫村莊，在這裡他被賦予了與自然親和的天性，並靠此而揚名歐洲。

這裡的溫度從山腳到山頂隨著山脊不斷變化，有一些地方完全裸露在紫外線的照射之下，有些地方則完全處於陰影之中。它得天獨厚的自然條件，促進了各種美麗獨特的植物和花朵的生長。低地山區生長著繁茂的熱帶植物，中部則生長著適宜於溫帶氣候的植物，山頂則生長著拉普蘭花和格陵蘭花。所以這裡可以說是一個山花爛漫的大花園，裡面繁殖著蘭花、十字花、各種豆類植物、薔薇、銀蓮花、穎果、百合花、虎耳草、毛茛、櫻草、各種景天屬的植物等等，有一些甚至只有此地才有。

穿過豁斯皮斯後離克爾山頂就不遠了，圍在四周的吉沙勒從這裡可以一覽無遺，遠方的山脊形成一條起伏不平的線脈，底部延伸著一條窄窄的陸地帶，其中有一些地段堆滿了泥石流從山崖上帶下來的石頭。不久我們就看到了蝸居在遠處布里昂松的城牆，冰雪封頂的維澤山矗立在遠方。在克爾和布里昂松的中間是蒙勒斯吉爾村莊，在聖徒日裡會擠滿慶祝節日的人們。這裡原來是羅馬的一個驛站，居住此地的人們依舊遺傳著他們祖先的面貌特徵 —— 黑黝黝的皮膚、頭髮、大眼睛，這些讓他們更像是義大利人而不像法國人。

蒙勒斯吉爾村莊的居民有休息日，沒有人會因為這種懶惰而責備他們。這裡從來沒有什麼人會像山谷的農民那般辛苦，那每一小塊開耕過的土地就可以說明此事。堆積在田地周圍的岩石，表明他們已經費心整理過土地。然而他們的耕作面對的不是一般意義上的艱難險阻，因為有時一夜之間，這些小農莊就會被冬天的雪災、夏天的泥石流沖得蕩然無存，這種廢墟在山谷中隨處可見。越往低處走地域越開闊，可供開墾的土地就越多，山就更加蔥綠。當我們到達布里昂松堡壘時，碉堡上的城垛如畫一般沿著山脊一個連著一個。

穿過維勒盧弗・沙勒村莊離布里昂松還有幾英里的地方，有人指給我們山對面的一條路，這條路通向克爾．勒盧阿達。幾年前，在這裡發現了一個山洞，裡面發現了大量的人類遺骨。

這就是在大迫害時期被追殺的韋爾多教徒的藏身之地。直到如今，這裡的農民依舊稱之為「羅謝．阿米」——其來源已被忘懷，名字卻永遠被傳揚！

沿著西部城牆的一條蜿蜒小路，我們進入守護義大利到法國的日內瓦山路的前沿陣地——布里昂松的城堡，這裡是個自然天塹，一邊可以俯視度蘭斯山谷，另一邊可以看到這條以義大利為起始的山路，而從深淵中咆哮而出的克勒雷河，從高處上將路從東南方向切斷。城堡中最高的地方是個據點，它建在一座古代城堡的岩頂上。毫無疑問，以前這裡是城鎮開始擴充的中心點，直到它塞滿了這一方低地平原，一直塞到那建著城垛和城牆的邊緣時，擴充才停止。

由於已經沒有空間讓這個城鎮擴展，當地的房子緊密地擠在一起，盡可能地占據著一切空的地方。街道狹窄、黑暗、鬱悶、陡峭，無法通行馬車。此地最為生動的景色，就是那股從街道中間的陰溝裡衝出來的、極為狹窄的清冽水流。這個城鎮是個能夠控制到每個地方的要塞，隨著大炮的能量和射程範圍加大，它們朝著各個方向延伸，一直延伸到相鄰的山脈側翼，以及當中的大部分山峰，讓這個過去的小城堡現在變成了一個重要的隘口。這裡的人大部分是士兵，響應拿破崙號召的所謂「文明社會」的紅褲子傳教團，在我們到來之前，曾經在這裡風行了一段時間。

然而也有另外的傳教團在這個城鎮和附近地區活動，布里昂松和維勒盧弗新教區在新教社團的贊助下剛剛建起來。以前布里昂松人口中有很多是新教徒，西元 1575 年，也就是在聖巴托羅繆大屠殺後的三年，這些新教徒增加了無數，而且很富裕，因而建了一個又一個漂亮的教堂，就緊挨著城堡，如今它依舊立在那條叫作「盧爾廟」的街道上。不過在廢除《南特詔書》之後，這個教堂被國王查封，將它變成了一個穀倉，這些新教徒也被驅逐、拘捕、或者被迫接受羅馬天主教教。

自從那個時候起，新教徒漸漸銷聲匿跡，直到最近幾年才有一個使團開始活動。一些當地有影響力的人物，開始信奉這個革新後的宗教，大學裡的一位文學教授也開始為其宣傳，但那些權威人士一獲知教授的轉變，就把他從辦公室裡驅逐了出去，不過，他後來在尼斯被任命了一個更為重要的職務。然而這個團體的人數依舊非常少，他們不得不用有限的手段，在艱難險阻中抗爭。

那麼，這些法國新教徒的前景如何呢？有很多種回答。有些人認為法國新教徒無休的紛爭，是他們前進道路上的一大阻礙，另一些則認為，這種紛爭是有意義的，因為它們正好是新生活開始的標誌，是心靈磨合的熱情象徵，不會導致進一步的行動和努力失敗。有一位年輕傳教士的話，非常值得在這裡重複：「新教的教義，」他說：「是建立在個人主義基礎之上的，它宣導的是人的心靈自由，只要心靈得到自由，紛爭便會隨之而起。而紛爭的結果便是屠殺。人們實際上也存在著普遍的懷疑，這種懷疑一般來自於天主教會的質疑。一旦這些因素被自由的詢問清除，我們的教會就會在迷信和不信的混戰後的廢墟中升起，因為人必須有宗教，一方面它與理性相一致，另一方面則是因為有牧師的引導。我並不懼怕自由的充分詢問，因為我堅信真理一定會勝利。」

有一些人則斷定，國外所展現的新教形式大部分很單調，而這種形式符合凱爾特人和拉丁人的天性。然而法國人就像義大利人和西班牙人一樣，他們摒棄了羅馬天主教，但並不拒絕自己的迷信，而是拒絕宗教本身。

他們在新教中並沒有找到什麼折衷點，反而是陷入了被外部不信任的浪潮之中。政治上也有相似的趨勢特徵，他們似乎一直在「凱撒主義」和「紅色共和主義」之間搖擺。目的並不是革命甚至也不是什麼革新，他們反對一切中庸之道。當他們實行立憲時，就破產了。所以新教徒的基督教立憲也一樣地失敗了。胡格諾教徒在法國曾經力量強大，可是政治上和宗教上蠻橫的專制，使他們遭受了種種迫害，他們被流放、有時甚至從這個世界上消失，至少也是暫時地銷聲匿跡。

新教在德國比較成功，難道是因為它比較符合德國人的天性嗎？當德國人抗議當時教會普遍存在的貪汙腐化時，他們想到的並不是去破壞它，而是如何改革它。他們在「繼續老路」的同時，想方設法地使之變得更明朗、更直接、更純潔。德國人在政治上也採取了相似的途徑。他們比鄰近的高盧鄰居更加冷靜，並不進行什麼革命而是尋求改革的途徑。在這種歷程中，英國本身就是一個值得注意的例子。

法國有個重要的新教據點，最近發現竟然是由萊茵河谷中的德裔人創建的，這個事實就可以明白無誤地證明這一點。而在西部地區，新教被勢不兩立的信奉福音主義者和理性主義者分割開來。值得注意的是，阿爾薩斯在西元 1715 年之前並不屬於法國，這個省的路德教會，在廢除《南特詔書》之前或之後，並沒有對在「舊法國」控制下的新教會，施加過什麼殘酷迫害。

在朗格多克、在多菲內地區、在南部的各個省，那些信奉新教的男男女女被吊死或者被送到苦役船，這樣的情況一直持續到上個世紀末。一名新教牧師在履行職責時，面對的是重重危險。任何形式的新教徒集會都不被允許存在，而且新教徒的祈禱往往是在祕密的情況下進行 ── 在山洞裡、在樹林裡、在小山上或者在荒蕪的地方。然而，不管怎樣，新教不僅在如此黑暗的環境下生存下來，甚至力量還有所壯大，直至最後在上個世紀結束時，終於被人們接受。它的支持者數量，令那些懷疑它是否能持續存在的人驚訝不已。

路易十四為了消滅胡格諾教徒所做的迫害，最終導致幾十萬人逃亡到國外，而幾十萬的人則在監獄裡、在絞刑架上、在苦役船上、在逃跑的過程中死亡，舊胡格諾教徒的教會阿格尼斯就創造了一個奇蹟，現在除了 500 個阿爾沙西亞的路德聖會外，它還有 1,000 個聖會，而法國的新教徒數目也已經有 200 萬。

瓦爾·路易士 ── 菲力克斯·拉夫的故事

距布里昂松南部約 8 公里，通往多菲內要塞的路上，一條發源於伯爾弗赫山冰川的吉宏小河，流進與巴稀山谷幾乎正對的度蘭斯。小河流經瓦爾·路易士，橫穿西北方向。河流的匯合附近，可以辨出一直延伸穿越度蘭斯山谷的、精心構築的城堡和戰壕的廢墟，稍低於伯修·若斯灘這條狹窄通道，顯然是用來阻礙敵軍南進的。該村居民仍然稱這些廢墟為韋爾多教派城堡 [49]，依據古老的傳說，那裡曾經發生一場壯烈的韋爾多教派戰役，不過關於這些戰爭的傳說，沒有留下更多的記載。

事實也就只有這麼多可以佐證，多菲內的韋爾多教派在歷史上幾乎不可能發生戰爭。他們人口稀少，不可能分布於層巒疊嶂的群山，稀缺而糟

[49] 在山崖豁口的左邊，接近貝西的地方，就是著名的「翰巴爾隘口」。據推測，這就是那個將軍指揮軍隊的地方。對於他的行軍路線，歷史上一直有分歧，不過更為大家接受的觀點是：他爬上易澤列，經由聖波納進入義大利。 ── 原注

糕的裝備，也無法抵禦偶爾派往山谷的大規模正規軍。他們所能做的是，從山峰的瞭望臺觀察敵軍的到來，然後躲進洞穴或溜到冰川的底部，直到敵軍通過。由於法蘭西境內的韋爾多教派處世消極被動，跟義大利境內的韋爾多教派一樣，不可能下定決心或有效組織抵制施加於自己的迫害。因此他們沒有什麼可以描述戰鬥、圍攻和勝利的英雄事蹟。他們的英雄本色體現在忍耐、堅強和長期吃苦耐勞，而非採取暴力來對抗暴力；在恐怖和暴力面前，他們時刻做好奉獻生命的準備，但絕不會屈服和褻瀆自己的信仰。

這帶山谷的先人認定這是埃姆布倫大主教的轄區，不過歷史揭示，他是一名殘酷無情的管理者。西元 1335 年，給其提供資金的埃姆布倫帳戶，就披露了其罪行：「迫害韋爾多教徒的項目，8 索爾（sol）和 30 丹尼爾金幣。」彷彿對韋爾多教派的迫害，成為公共機構日常事務的一部分。主教教區記錄了抓住韋爾多教徒後處置他們的方法：西元 1348 年公共機構的劊子手絞死 12 名瓦爾．路易士人；西元 1393 年遵照檢察官波勒利的命令，將此地的 150 名居民活埋在一起。但是最令人髮指的罪行，是在這些事件後的一個世紀，也就是西元 1488 年，那時該地留下的居民幾乎慘遭迫害，冤死在接近伯爾弗赫山腳的一個洞穴中。

羅馬教宗使節阿爾伯特．卡塔尼率領的軍隊，犯下了滔天罪行，他們製造了這一起大屠殺。軍隊被派往皮德蒙特，目的是征服或摧毀阿爾卑斯義大利一邊的韋爾多教派區。可是軍隊遭到了布里昂松的抵抗，無法實現預定目標。使節因而決定屠殺那些孤立無援、手無寸鐵的法蘭西區域的韋爾多教徒，他帶領軍隊來到弗萊西列爾和路易士山谷。無法抵抗這 20,000 人軍隊的驚恐山民，不得不拋棄居所，帶著全家、趕著牲畜匆匆奔向山林。

伯爾弗赫山腳朝上的三分之一處，是卡伯斯古爾大峽谷，在這裡曾經有一個巴爾莫．夏伯列大山洞 —— 但是現在由於山脈一側的斷裂已經看不出來了 —— 在這裡，那些卑鄙殘酷的軍隊，獵捕到了試圖尋找安身之地的人們。居民們開闢進入山洞的通道，用石頭堵住入口，他們自認為這樣就可以很安全，但事實證明這犯了一個致命的錯誤。軍隊的指揮官巴路德伯爵，看出使用暴力不可能進入山洞，就讓軍隊利用繩索登上山頂，再用繩索將人捆綁起來，從山頂吊下來到洞口，大量的士兵借助這種設備來到洞口外面，抓住指望堵住入口處石頭活命的驚恐人群，毫不留情地殺戮這些手無寸鐵的人。軍隊屠殺了他們所能抓住的居民，之後在山洞洞口堆積柴木，燃起熊熊大火，就這樣將剩餘的居民全部悶死在山洞中。

伯爾勒描述道：後來在山洞中發現 400 個被活活悶死的孩子，死去的母親懷抱著他們。至少有 3,000 人在這場殺戮中被無情地剝奪了生命。遵照羅馬教宗使節的命令，慘遭屠戮的村民的那一點點財產，由那些執行使節野蠻命令的流浪漢瓜分。當地居民慘遭消滅，幾年後路易七世成為該地的新主人，並用自己的名字命名山谷；大量「善良而正直的天主教徒」占用了當地的住所，並擁有慘遭滅頂之禍的韋爾多教徒的土地，其實這些新居民許多是腫瘤患者和白痴。有一句格言：「烈士的鮮血滋育宗教的種子。」不過可以肯定，這句格言對於瓦爾．路易士並不適用，因為那裡最初建起來的基督教堂早已銷聲匿跡。

一些具有相同信仰的居民，生活在鄰近的山谷。這一帶我們所走訪的任何地方，歷史上都曾發生過殘暴無情的迫害。但事實上，其所遭受的損害卻要小得多，因為這些居民在成為屠刀下的祭品之前，就已成功地轉移到大山中相對安全的地方，這裡敵軍不太容易接近。例如，在瓦爾．弗萊西列爾 —— 地勢比瓦爾．路易士略低，並同樣可以進入度蘭斯山谷 ——

的韋爾多教堂從未澈底消失過，一直延續到今天，仍接受大量信徒的供奉和朝拜。從一開始，當地居民就被貼上「異教徒」標籤，並且早在 14 世紀，弗萊西列爾和鄰近山谷阿爾根吉爾的 80 人 —— 願意為信仰奉獻生命，而不願變節苟且偷生的一群人 —— 因為信仰的緣故被活埋於埃姆布倫。

我們發現了關於一世紀後（西元 1483 年），埃姆布倫大主教約翰．洛德迫害那些被懷疑為瓦爾．弗萊西列爾異教徒的居民的大量資料，那些被懷疑為異教徒的人，被迫在衣服前後各配上一個十字架，這種十字架並非表示對信仰的忠貞，而是對信仰的褻瀆。歷史記載進一步顯示：被迫這麼做的居民，並不屈從去佩帶這種十字架，而是溜進山林的洞穴中躲避，一躲就是數年。

在一本拉丁語手稿中，記載了大主教接下來實施的迫害政策，下面是其中片段的翻譯：

「同樣由於上述的緣故，神學教授的修道士弗蘭西斯．斯波利勒第，被蒙迪坎斯委任為主管上述地區的檢查官。西元 1489 年 1 月 1 日，弗萊西列爾的居民重新信奉這種不名譽的異教，他們既不服從命令，也不在衣服上佩帶十字架，甚至將那些與教會合作的同族人逐出族群或者消滅，將他們送到從未有過人煙的地方，隨著異教的興盛，他們的懲罰得以中止，一旦他們的良心泯滅，就將自己交付給長久存在的宗教力量，這一切持續到 6 月 30 日；可是他們變得比以前更為冥頑不靈，以致沒有什麼希望能夠使他們甦醒，檢查官布洛克勒．菲斯克爾命令，不管怎樣，任何人沒有教會的許可，都不能進行交流，沒有更多的解釋，只能執行他的命令。」

天哪，檢查官辦公室的執行命令究竟意味著什麼！但是這種含義在埃姆布倫已經為人熟知，意指捆綁和監禁、鞭笞和火刑。這群可憐的人們上訴到法蘭西國王那裡，希冀得到幫助廢除對他們的迫害，不過一切徒勞無功。西元 1498 年，在路易七世的巴黎登基大典上，弗萊西列爾居民的問題得到他的關注。但後來他為了與來自布列塔尼的妻子安妮離婚，而尋求教宗亞歷山大六世的支援時，對他們要求同情的呼聲轉而不聞不問。相反，路易七世還肯定了教會的決定，加強對多菲內地區韋爾多教徒和都克地區瓦倫第諾教徒的迫害，作為他成功得以離婚的回報，而且他還認臭名昭彰的教宗凱撒·博爾吉亞作父。他們請求的同情宛如向老虎請求憐憫，致使他們被進一步推向了那群貪得無厭者的深淵。

山谷中居民遭受的迫害，因此沒有得到任何改善，最後只好躲進山林。在那裡，才最有可能過上沒有苦惱、沒有迫害的生活。他們來到冰川的邊緣，依靠少得可憐的蔬菜居家度日、維持生計。那裡土地貧瘠、氣候惡劣、交通極度困艱，這些自然條件保障了他們的安全。下面有關他們的描述非常真實：「他們承擔信仰和替罪羊的重負，飽受困苦、衝突和折磨的煎熬（在世人的眼中這些分文不值）；他們浪跡在沙漠和叢林之間、來往於狼穴和山洞之間。」然而這些可憐農民的品格無可指責，甚至路易七世提到他們時也說：「對上帝而言，我與這群叛離者一樣都是虔誠的信徒。」面對長達數世紀之久的持續迫害，山谷中倖存的原住民還堅守著自己的信仰，這真是個奇蹟。

經歷路易七世和凱撒·博爾吉亞的漫長統治後，西元 1556 年，一位名為德·圖的法蘭西歷史學家這樣描述瓦爾·弗萊西列爾：「令人詫異的是，這群人儘管飽受困苦，精神世界卻遠離荒漠，豐裕富足。他們當中幾乎人人都懂拉丁語，並且能夠很好地用它書寫。他們所掌握的法語也足以讓他們閱讀聖經、歌唱聖歌；甚至如果你隨便詢問一個孩子，問其韋爾多教派的宗教觀念時，他都能脫口而出，給你一個合理的解答。」

《南特詔書》頒布後，對韋爾多教徒的管制暫時放鬆，這段期間他們沒遭到什麼迫害。他們建立教堂、任命牧師、舉辦各種朝聖活動。然而這一切只持續了一小段時間，路易十四統治期間廢除了法令，迫害重新開始，無論到哪裡他們的信仰都遭到禁止。但是儘管教堂被夷為平地、牧師被驅散，羅馬天主教在山谷還是站不住腳跟，無法形成任何影響。一些牧師繼續勇敢地揭露迫害者的暴行，並且不停地來往於分散的群落之間，幫助那些處在危險中的人。為了拘捕他們，當局頒布了一種「通緝令」，在上面記錄下他們的年齡、身高和相貌特徵，他們儼然成了真正的罪犯。隨著時間推移，他們所遭到的迫害問題依然懸而未決，甚至到了西元1767年，格勒諾布爾議會還以不斷鼓動「叛離者」的聖會為由，判處博倫吉爾牧師死刑。

韋爾多教派地區宗教缺乏的現象，一直持續到最近一段時期，這裡沒有牧師也沒有教師，宗教只是一個死守不變的傳統，而不是那種發自內心的信仰。不過儘管貧窮和困乏，他們依舊堅持著傳統信念，排斥那種具有統治權的宗教。所以他們就一直這麼延續著，直到最近50年，當菲力克斯·拉夫獲知在阿爾卑斯高地中，古老的韋爾多教派地區有居民存在的事實後，就決定奉獻自己的一生去幫助他們。

人們肯定很難想到，阿爾卑斯高地的使徒，竟是一名年輕的瑞士炮兵。但事實確實如此，在拉夫的少年時代，他就已經讀過普魯塔克（希臘歷史家）的書，這位偉人的行為極大地鼓舞了他。服役時，《奧伯林論文集》引起了他的注意，熟讀之後，這本書指引了他整個人生。由於對宗教情有獨鍾，他決意當一名傳教士。服役期間，19歲的他就晉升為軍官，離開軍隊後，便一直朝著當傳教士的目標前進，學習一段時間後，通過了初級考試，他遵循日內瓦教會的風俗，應聘為一名教會志願者的見習生。憑著這種資歷，拉夫首先去了伊色勒的蒙斯，在這裡履行類似教士的職責，有時也去維齊勒，這段時期持續了兩年。

在蒙斯任職期間，這個年輕的傳教士第一次聽說了，在阿爾卑斯高地中還分散著原始的基督教徒，這就是古韋爾多教派的後代。他的心靈被渴望點燃了，決意像奧伯林幫助班德拉羅謝那些可憐的基督徒一樣幫助他們。「我一直夢想著能去阿爾卑斯高地。」他寫信給朋友說道：「我更情願待在那裡，而不是待在朗格多克的藍色天空下享受陽光。」

不過拉夫首先必須有神職授任，才能成為一名傳教士，大約在西元1823年，也就是他25歲的時候，帶著這個目的離開了蒙斯。然而，拉夫並沒有去尋求日內瓦國家教會的任命，他認為這個教會很大程度上已經不再維護新教理念，他在庫克先生和威爾克斯先生（兩個公理教會傳教士）的邀請下到了倫敦，透過他們，拉夫在布而特利的獨立教會裡被任命成為一名傳教士。

回到法國後不久，拉夫被邀請去當貧苦的阿爾卑斯高地山區的牧師，他的夢想實現了。在出發前，拉夫在遊記裡寫道：「明天，托上帝的福，我將走向阿爾卑斯，去那個風景如畫的萬澤山谷。」幾天後，這名年輕的傳教士就站在了未來將在此奮鬥的地方上，他從一個村落拜訪到另一個村落，以尋找那些分散的群落，將他們歸於自己的管理之下，並提出了擴大後的教區的工作計畫。

可是這裡不僅僅是一個教區，還包容了阿爾卑斯高地中幾個最偏遠、路途最崎嶇、也是山最多的幾個郡。儘管在拉夫的管理範圍內，人口最多也不過六七百人，而且彼此相距也很遙遠，他管理的教會有時居然在80

英里外，而且中間還被峽谷和山隘阻隔。拉夫管理範圍的其中一個方向，是從瓦斯到布里昂松；另一個方向，是從德拉克山谷的熊巴索到維澤山斜坡上的松·維朗，這裡與義大利邊境接近。他的居住地一般固定在格拉斯上的夏而普，但他在一個地方一般很少睡過 3 天以上，而他自己也過著一種近乎隔離的生活。

拉夫所費的心血是巨大的，尤其在最貧窮和最偏遠的地方，工作尤為艱難。他完全漠視這裡的酷熱嚴冬。他第一次訪問瓦爾·弗萊西列爾的多米豪斯時，時值 1 月，當時山路已經被冰雪封住，但為了使信徒從低地山村爬到高處的教堂，他和村裡的年輕人一起用斧頭在冰上開出了一路臺階。那些第一次來瓦楞斯聽他布道的人，隨身帶著一捆捆稻草，在風雪天裡點燃稻草以照亮他們的前程，而那些距離較遠者則帶著松木火炬。

從來沒有過沮喪，這個勇敢的士兵為了防止在雨天裡滑倒，經常帶著一根結實的木棒，穿著厚厚的帶釘鞋和亞麻襪子，為了趕路去看望另一座山裡的信徒，拉夫把錢包放在後背上，在一個冬天裡沿著山貓和岩羚羊走出的路跡、忍受著寒風暴雨穿越了克爾·奧西勒。他從來沒有喪失過耐心、毅力，對人永遠謙恭溫和。「哦！」有人操著山裡的方言，帶著不相信的神情說過：「你來到我們中間，就像一個女人想用一根還溼著的木頭點火一樣，她竭盡全力地吹氣，火苗就是那麼半死不活地燒著。但是這時她若放棄了，火也就滅了。」

拉夫從來沒有放棄過理想，也沒有洩氣過，更沒有動搖過他的努力。而且這些努力也沒有白費，他的熱情鼓舞了當地的山民，激起了他們的愛心，也激發了他們實現理想的熱情。當他消失一段時間，再次回到多米豪斯時，整個村莊的人都從四面八方聚集過來看望他、歡迎他。「這裡的岩石、城堡、加上這裡的冰河，」他寫信給朋友說：「都那麼生機勃勃，四處歡聲笑語。此時此刻，這個苦難的小鎮使我感到無比的愜意和親切，居住在這裡的人們就像是我的兄弟姐妹一樣。」

拉夫總是沒有休息、不知疲倦地工作著。他說服這些困苦的人在空地上建一所學校，在這裡，他採取問答式教學教這些孩子念書，他做得很成功，他教人們唱歌、讀書、祈禱。為了能夠與山民交談得更親近，他學習當地的方言，並且努力得像一個勤奮的學生一樣。他的工作就是在這個原始社會裡傳教，這些可憐的山民由於資訊長期困乏，而使得很多東西一成不變，依舊停留在原始的層面上。面對著骯髒和煙熏火燎的廚房環境，他教他們怎麼加蓋煙囪和窗戶來改善，還演示冬天如何獲得比與牛擠在一起更衛生的溫暖。他教他們禮儀，告訴他們尤其應該尊重女性，並且用他的溫文爾雅感化他們。

在戶外，他教他們如何最有效地利用土地，他改良了馬鈴薯的種植技術，使得產量翻了一番。他觀察到多米豪斯牧區在夏天因為太陽毒辣而變得乾枯時，極力說服大家建一個灌溉系統，大家一開始固執得不肯接受他的計畫，但是拉夫依舊堅持不懈，決定自己投資建一個管道，他成功地招募到一群工人，親自帶領著他們舉鎬工作，在整個建設的過程中，他事事當先，直至最後水在一片歡呼聲中成功地流進了溝渠。而在瓦楞斯，他幫人們建了一個小教堂，並與大家輪流著做泥瓦匠、鐵匠、木工。在多米豪斯需要建學校時，他教他們怎麼建，為他們畫好圖樣，自始至終參加了整個建設過程。總之一句話，他事必躬親 —— 對於這個高貴的人來講，這兩個世界的人並沒有什麼尊卑區別。

然而後來一次嚴重的事故幾乎摧垮了他。那是在一次進山的旅行中，拉夫為了繞過一大堆亂石，以避過山洪爆發的危險時，不幸降臨了，他摔了一跤，膝蓋傷得很重，一時起不來身，當他能夠移動時，為了恢復健康，準備到他母親位於日內瓦的家，而這段時間，他的消化功能也遭到了重創。當拉夫離開時，山谷的人們以為再也見不到面了而傷心不已，在嘗試布洛蒙比爾泡浴無效後，他向日內瓦出發，並在到達後不久去世，這位優秀而高貴的戰士 —— 世界上最勇敢的英雄之一 —— 在 31 歲的英年上永垂不朽！

弗萊西列爾山谷 —— 拉夫工作的主要地方 —— 在拉羅謝小村的對面與度蘭斯接壤，在那裡，我們離開了布里昂松到多菲內城堡的路，為了到達弗萊西列爾山谷，我們從一座木橋上穿過了河流，爬上一個陡峭的山坡，走上一條可以靠著騾子通行的路。弗萊西列爾山谷的海拔遠遠高於度蘭斯，前幾年，要到達這個高高的山谷，只有一條從亂石堆裡穿過的叫作石梯或者勒謝爾的艱險的路，到了冬天這裡根本無法通行。這條騾子路是最近才修好的，儘管十分陡峭，走起來也已經容易多了。

拉夫生前進入這個地區時，老路的景況及這種景況造成的障礙，可以從年輕的傳教士波斯特的敘述裡獲知一鱗半爪。17 年前也就是西元 1840 年，他到拉夫工作過的這些地方朝聖，然而波斯特比其他人更為誇大了這個山區的艱險。他沒有看到這裡美麗而壯偉的景致，僅僅看到一個隨時都會砸到旅遊者頭上的「快要坍塌的可怕山區」。他沒有看到風景如畫的溫和的拉羅謝湖，只看到了那些可憐的小村落。他住在淒涼的小旅館裡（毫無疑問，拉夫以前也這麼做過），他被那些與他分享一張床的無數小生物嚇壞了，只得從床上滾下來在地上躺了大半夜。食物很糟糕 —— 冰冷的濃咖啡、放了 18 個月的硬麵包（在吃之前還得把它放在水裡浸泡才能入口），那天的早餐就使他病了一個星期。然後他開始爬勒謝爾山，然而脆弱的意志絆住了他，導致登山失敗。而所有這些情況，從拉夫的信件或者遊記裡見不到半個字，也許是他早年的士兵生涯，使他能夠比文弱的波斯特教士更能忍受這種景況。

當我們繞著山脊走時，幾乎可以直接俯瞰到下面度蘭斯山谷中拉馬的古羅馬城，不久，巴倫小村落就映入眼底，這片「農民的巢」懸掛在岩石之間，其中有一間比較好的房子，那是新教牧師舒適的住宅，就坐落在山谷的入口處。儘管巴倫村裡農民的房子依舊破爛不堪，可是這個地方自拉夫來過之後，透過建立各個牧師住宅已經有了很大的改善。

後來那些繼任這個困苦村落的牧師職務的人，一般都適應不了這裡的艱難困苦，一個接著一個地辭離了。

為了彌補這個缺陷，西元1852年，巴克斯的克萊登院長弗里蒙特先生，在「國外幫助協會」和幾個私人朋友的幫助下，發起了一個運動，目的是為那些牧師提供居所，需要時在更加貧窮的地方建立小禮拜堂。這個運動獲得了極大的成功，它的第一個效果就是於西元1857年在巴倫建立了舒適的牧師住宅。這間大屋子也可用作禮拜堂。目前在這裡擔任職務的是受人尊敬的族長夏巴先生，他灰白的頭髮是他榮譽的桂冠——這是一位被民眾廣為愛戴的人。因為他的教區包括整個山谷，範圍有12英里，其中有里波斯、瓦楞斯、梅沙爾斯和多米豪斯4個村莊。最近幾年，其他更為偏遠的地方也有了牧師任職，包括原來由拉夫管理的那些廣為分散的地帶。

巴倫的牧師住宅的地理位置和相鄰地段風景如畫、綺麗迷人，它位於進入瓦爾·弗萊西列爾峽谷的入口處，光禿禿的岩石是它的大背景，緊鄰著一個叫作「卡第納（韋爾多教派臭名昭彰的迫害者）露營地」的山中平地。在牧師住宅前延伸出一條種植著胡桃木和其他樹木的綠色地帶，有一部分圍上了牆作為村子的墳場。在岩石之間的溪谷中奔流著巴阿斯河，從一個岩石躍向另一個岩石奔向遠方低處的度蘭斯。這條瀑布或者說奔流被名副其實地冠以「古弗蘭」，即咆哮的峽谷之意，那低沉的吼叫，夜晚在附近的度蘭斯都能清晰地聽見。當它從一塊岩石撞到另一塊岩石時的落差，有時高達 450 英尺，落到一半時，水射向一個深黑的洞裡，然後便從視野中消失。

村裡的居民勤勞艱苦，以原始的方式進行生產。巴阿斯的支流從峽谷裡沖刷而出，時不時地轉變著方向以推動一個個粗糙的小磨坊運轉，這裡的人們自己紡織做衣服的布。附近懸於古弗蘭瀑布上的一條狹窄田地裡，以古老的羅馬方式犁耕，耕牛被套上軛，拉力透過一根固定在牛前部的木條牽引。

巴倫附近的地區，就像山谷的其他地區一樣，有無數的山洞在早期曾經輪流做過藏身之地和教堂。其中有一個就是著名的「格勒西亞」或者「阿格尼斯」。它的入口處是一個可怕懸崖的頂部，不過最近幾年，它的範圍由於岩石分解的緣故而大大縮小了。拉夫曾帶著科頓上校來看過它，並在簡陋的禮拜堂裡懷著滿腔的熱情高唱著「德．德姆」聖歌。

巴倫也許是山谷中最富饒的地方，它看起來就像個沙漠中的小綠洲。「巴倫，」他在遊記裡說道：「比其他地方更富饒，甚至可以釀造出葡萄酒，結果是虔誠的情感反而減少了。」他又說道：「熊巴索的肥沃，以及靠近大路的交通位置，是它追隨信仰路途中最大的障礙。」而最高、最冷、最荒蕪的地方 —— 比如縱．瓦拉和多米豪斯 —— 他則認為最有希望。面對著前者，他說：「格拉斯山谷的村落是最高的地方，也是最虔誠的地方。」面對後者的村民，他說：「從我到來的時刻起，他們已經進入了我的心靈，我熱切期盼著能像奧伯林一樣融入他們。」

韋爾多山 —— 多米豪斯的避難所

弗萊西列爾山谷永遠不可能養活太多的人。雖然弗萊西列爾山谷的寬度大約有 12 英里，但耕地的比例非常小，土地狹長、寬窄不一地藏在谷底。零星點綴在山腰上的土地，土壤沉積在岩石的突出部，就像懸在峭壁上一樣。山谷上方，山勢傾斜而下，緊鄰比阿斯河，沒有多少墾荒的餘地。山坡多岩而險峻，除了山羊，無法放牧別的牲畜。

然而，弗萊西列爾山谷的人煙從未斷絕過，人口的多少取決於鄰近地區宗教迫害的程度。弗萊西列爾山谷封閉的環境、不宜居住的氣候、還有它的貧脊等等因素結合在一起，使其成為中世紀韋爾多教派最安全的庇護地。弗萊西列爾山谷既不容易被武裝軍隊輕易進入，也無法被其持久占領。在山頂俯視度蘭斯的偵察員，總能輕易監視到敵人的行動，在軍隊爬上險峻的勒謝爾，到達設障的狹路之前 —— 比阿斯河從多岩的古夫蘭峽谷貫穿而下，居民早就躲藏到山中的洞穴，或者逃到山谷的上部。當入侵者成功突破屏障，所能見到的僅是廢棄的村莊，村民已杳無蹤跡。入侵者只能將怒火發洩到田地和房屋上，他們破壞田地，燒毀房屋；最終當這些「強盜」做完壞事離開後，可憐的人們潛回滿目瘡痍的故土，在房屋的餘燼中祈禱，希望上帝能給予他們承受苦難的力量 —— 而這種苦難，正是為了磨練他們的良知，被上帝召喚來的。

山谷低處的村莊就這樣反覆被劫掠和破壞著。不過，沿著一條穿過懸崖正面的小路爬上去，在快到山谷頂點的地方，就是入侵者從未冒險攀登到達這裡的多米豪斯村。這個小村位於海拔 5,000 英尺山腰上幾塊岩石的突出部，幾個世紀以來，這裡是被迫害者的一個山間要塞，直到今天，仍舊是韋爾多教徒的居住地。

7 月 1 日早晨，去這個有趣的山間村落的遠足準備已經做好，在夏波牧師的引導下，我們 5 人組成的小組出發了。雖然夏季的早晨晴朗溫暖，但我們還是被提醒自備雨傘和雨衣，事實上這樣做絕非徒勞。我們還被提示，對於到高聳入雲的多米豪斯村的來訪者，留宿絕對有必要，我們還須為此做些準備。在此引用挪威旅店窗戶上的一段標語：「本旅店的來訪者，都可以得到極好的款待 —— 前提是你自帶所需！」因此，我們也自帶供給，包括許多毯子、麵包、巧克力和其他物品，它們與旅行者的背包一起，掛在毛驢背上。

進入狹路之後，我們經過山谷的一塊開闊地，在開闊地中間有一條小河，小河不寬，曲曲折折，但是從河床的寬度和四處散布的碎石來看，很明顯，到了冬天它就變成一條咆哮的洪流。向上走了一小段路，我們遇見一位老人趕著滿載著貨物的驢子，我們小組中的一人與他相識，很快便交談起來。當問及山谷中慈善事業的進展，老者的回答非常令人沮喪：「現在成長起來的一代人，太缺乏信仰、熱情和渴望，他們只熱衷於享樂，容易被世上轉眼即逝的虛榮所誤導。」年長者對於年輕人的抱怨，變成了一代又一代不斷重演的故事。當這位老人還是一個孩子時，毫無疑問，他的長輩也像這樣思索過，並對他講過類似的話，年長的一輩總以為年輕的一代在退化。

40 年以前，當拉夫來到他們中間時如此，今後 40 年仍將如此。一天，拉夫在蒙斯附近遇見一位老人，老人對他詳細講述了自己與父母面對迫害而遭受的一切：「在那時，信仰宗教的熱情比現在高得多；我的父母為了參加祕密舉行的禮拜，在最壞的天氣裡，冒著生命危險在黑夜裡穿過山脈和密林，而且都已經養成了習慣。如今，我們變懶了，宗教自由是對虔誠的致命一擊。」

經過一個小時的跋涉後，我們來到最主要的行政村落，村落的正式名稱為弗萊西列爾，現在稱為里波斯，小村位於小河左側一處樹木籠罩的高地上，村子裡的人一部分屬於羅馬天主教，另一部分則信奉新教。這裡有一座羅馬天主教堂，在山谷中位於較高處的另外兩處較新的教堂屬於新教。里波斯的主要人物是巴里登先生 —— 約瑟夫．巴里登的兒子，也是轄區的接管者，其在拉夫的敘述中經常被友好地提及到。約瑟夫．巴里登是整個山谷中以其地位和教育背景堪當「先生」頭銜的唯一一人，並且他的住所是弗萊西列爾中僅有的體面公寓。在弗里蒙特先生位於巴倫的舒適小巧的牧師住宅落成之前，牧師和來訪者就在公寓中留宿。巴里登住所中的公寓，拉夫過去稱其為「先知者的寓所」。

沿著山谷向上行進半小時，我們到達了瓦楞斯村，那裡所有的居民都是新教徒。正是在這個村落，拉夫幫助他們建立教堂，還為教堂設計了席位和講壇，西元 1824 年 8 月 29 日，在他離開去附近地區之前，教堂得以落成並開放。瓦楞斯村座落於岩石合圍的「弓貝」深淵底部。多菲內地區狹窄的山谷，像聽聞的那樣，通常被稱為弓貝（溪谷），毫無疑問都來自凱爾特人詞彙「cwm」，表示「山谷」或者「有樹木的幽谷」之思。

在瓦楞斯村之上不遠處，山谷收縮幾乎形成一條溝壑，一直延伸伴隨著我們來到悲慘的蒙沙爾村。這個小村被陡峭的岩石圍合著，全年有 9 個月不見太陽，在冬季有幾個月的時間被積雪覆蓋。小村的棚屋大多數沒有窗戶和煙囪，是用泥石堆砌而成的，這些陋屋與牛棚沒什麼兩樣。事實上，可憐的人們在冬季會與牲畜一起共用小屋的溫暖。他們如何從岩石縫裡擠出零星的土地得以生存，在半山腰的峭壁上掙扎著活下去，實在是個奇蹟。

山谷的危險之一在於，相鄰的岩石常常是不完整的，這些板岩構造的岩石經常大塊大塊地崩塌，衝向較低的地面。因此，冬季伴隨著岩石的崩落，使得山谷成為一個最危險的地帶。僅僅在幾年前，在蒙沙爾村上方不遠處，一場巨大的泥石流席捲了幾乎所有的耕地，為此許多農民不得不流浪他方。那裡曾是一片相當好的草場，如今僅是一處露著岩石與岩屑的荒蕪土地。

山谷的另一個危險因素，是它多發的水災，洪流從山上直瀉而下，常常帶來一場浩劫。有時，從洪水上方峭崖上墜落的沙石堆積在河床之上，障礙物使河水聚積成一個湖泊，湖泊溢滿後，水流直瀉山谷，衝垮了田地、橋梁、磨坊和棚屋。

即使在勒斯里貝上建築得比較牢固的巴里登先生的住宅 —— 距離從比德拉西上瀉下的山溪有 100 碼 —— 12 年以前也差點被一場洪水沖走。那年夏季，突然下了一場山間暴雨，很快小溪漲起形成一股洪流。當地的居民預期房屋將要被衝垮，放棄了努力去祈禱。夾雜著岩塊的洪流越來越近，直逼近急流旁的幾棵老胡桃樹。一塊大約 30 英尺的岩石翻滾著撞到了一棵胡桃樹上，胡桃樹很快就被壓彎了，但是它牢牢地挺住並擋住了岩石。其他碎石迅速在岩石上堆積形成一條堤壩，洪水的流向被扭轉了，房屋和居民從而得以獲救。

再講一件事來描述在弗萊西列爾山谷的日常生活中所面臨的險境，彌爾索姆先生告訴我，在山谷裡遭遇一場泥石流是再尋常不過的事。埃西勒．里貝斯．巴里登也是里貝斯家族的成員，他才思敏捷，但由於瘸腿不能從事一般的體力工作，他在瓦楞斯村的新教徒學校中謀得一個小學教師的職位。無論他走到哪裡，來自里貝斯的學生總是伴他左右。有一天，山谷突降了一場暴雨，瀉下了夾雜大量泥沙、石塊的泥石流。泥石流滾淌著橫穿山谷一直延伸到河裡。

正在瓦楞斯的學校裡的埃西勒，得知里貝斯的路被阻斷的消息後，他和孩子們只能被迫在學校裡過夜。可是一想到焦急的父母們，埃西勒還是下定決心盡可能帶領孩子平安穿過泥石流。到達泥石流邊時，埃西勒發現泥石流仍在滾動，向著小河緩緩流動形成 10 到 20 英尺的高峰。憑藉一根結實的木棒，瘸子巴里登用他的駝背背起孩子，吃力地將他們一個個安全地送到泥石流的對面。當他背著最後一個孩子淌過泥石流時，他的腳底一滑，腿被仍舊滾動的石頭撞斷了，然而，他最終擺脫了困境，帶著所有的孩子安全地回到里貝斯。

彌爾索姆先生說：「這就是埃西勒，他是一個高貴的人，他殘損的肢體中蘊藏著英勇的靈魂！」沿著這條死亡陰影籠罩下的山谷 —— 在這條山谷裡，可憐的被迫害者韋爾多教徒屢屢被驅趕 —— 我們向上行進了 10 英里，最後被一條死路堵住，看上去已經不可能再往上攀登了。險峻的山岩和山腳斜坡上的碎石被圍在山谷裡，只留下我們來時經過的極窄山道。然而，沿著小徑向上，一條山腰小道逐漸顯露在眼前 —— 那是一條懸崖面上的之字形小路 —— 我們得知這就是通往多米豪斯村的路。這條之字形小路被稱為都里格。向上的路極其漫長、陡峭，使人非常疲勞。在我們行進時，注意到峭壁上有許多土壤沉積的狹小岩石的突出部，或許這些土壤是被人運到這裡的。許多這種小塊的土地都非常狹小，寬度僅有幾碼，但是哪怕只容得下鐵鍬那麼大的地，就會留下被耕種過的痕跡 —— 這就是多米豪斯村民的農田！

沿山勢而上，小徑在高懸的瀑布前交叉，瀑布命名為比斯．多米豪斯，從峭崖的頂端直躍而下，有時會飛濺到路面上來。從這裡向山谷下方望去，比阿斯河曲曲折折像是一條山間絲帶，在梅沙爾附近的河谷裡失去了影蹤。我們已經攀得相當高，感覺空氣十分溼冷。當我們離開巴倫時，陽光明媚，甚至有些炙熱，可如今感覺氣溫就像寒冬。繼續向上走，開始下雨了，當我們爬上都里格時，天下起了凍雨。最終，當我們到達高地的山頂時，首先看到了多米豪斯的小村莊。7 月 1 日，大雪紛飛，周圍的群山被披上了冬天的外衣。

這裡就是韋爾多教派著名的山間要塞 —— 幾百年前，低處的居住地被侵擾後，他們就來到這個最後的、最不易到達的、高聳雲間的棲息地。從高山到高山，從山峰到山峰，被驅趕著的人們攀上了這個海拔 5,000 英尺的高聳山脈突出部，在生存危險中照料著他們的居住地。這裡是信仰的堡壘和庇護所，在迫害和暴政的漫漫歲月裡，他們遵循良知信仰上帝。這裡的環境實在是危險而讓人恐懼，除非迫不得已，否則它根本就不能當成隱藏地，更不用說做一個永久的居住地。沒有誰能說出，為了在這樣貧寒的山脈高處安頓下來，這些可憐的人們遭受了多少困苦。可是他們終究建成了自己的家園，習慣了艱苦生活，直到吃苦耐勞成為第二種天性。

據說，多米豪斯村已經存在了近 600 年，其間居民們始終信奉著同一種宗教，這裡的人們據稱是落難者倫巴第的後裔。不過穆斯頓先生和其他人經過細心的實地考察，能夠準確地推斷：多米豪斯村的居民是真正的韋爾多教派的後裔。在特徵、服裝、習慣、名稱、語言和宗教教義上來看，他們幾乎與今天山麓地帶的韋爾多教徒完全一致。

多米豪斯村由大約 40 間小屋組成，估計有 200 人左右。小屋座落在高處就像鷹巢，在陡峭山腰的岩石突出部上，一排排彼此上下相望。附近幾乎沒有什麼可以耕種的土地，但是村民們在山谷底部小山的斜坡上，也能搜索到小塊小塊的土地，透過耕種為家庭生計獲取一點穀物。這裡的地勢太高，又沒有什麼遮掩，有些季節甚至連黑麥都熟不了。許多草場牲畜到不了這裡，對於綿羊則更不安全。

這裡的人們主食是山羊奶和未篩過的黑麥，在秋季他們將黑麥製成麵包，這些麵包能夠享用一整年 —— 在如此潮溼的空氣中，倘若這些穀物不被烤成麵包，就極易黴變糟蹋掉。另外，燃料極其緊缺使用必須十分節省，村子裡所用的每一根木柴都必須由毛驢馱著穿過山上陡峭的山路，從 12 英里外的山下運上來。因此，感覺不適的事情是：在冬季人們採取最經濟的取暖方式過冬，牲畜與自己同住在一個小棚屋裡。大部分棚屋是由破破爛爛的石頭和泥土堆砌而成的，所以想要有新鮮的空氣、舒適和整潔，看起來是完全不可能的。不過有一個例外，這裡人們的穿著還可以，採用自產自織的粗羊毛著裝。他們的室內格局和生活方式落後於當代幾個世紀。倘若一位陌生人突然出現在這個小村，他肯定難以置信，自己此時是置身於高度文明的法國人領地。

即使是在夏季，這裡也是沉悶、冷酷和寸草難生的。的確，7 月 1 日當我們來到這裡時，天就在下雪！在這裡，嗅不到法國南方洋溢著花香的空氣。在山間的谷地裡，那裡熱得像火爐，在極高的山地，雖然有時也清新、涼爽，但是風刮起來常常形成颶風。在這裡夏季來得遲走得早。山谷裡的山花爛漫時，在多米豪斯村，你連一個花蕾和一片谷葉也見不到。在其他地方莊稼長勢喜人的季節裡，這裡的風景是一片貧瘠和荒涼，山脈的輪廓崎嶇、粗獷、面目可憎。緊鄰小村的正上方，被一條深澗隔開，格拉姆沙拔起像一堵黑牆。多米豪斯村的獵手們，沿著格拉姆沙的邊緣，勇敢敏捷地潛近羚羊。

夏季，這裡險惡得令人震驚，那麼冬季又將會如何？在村裡幾乎每一個住所都面臨著被泥石流席捲的危險。向上延伸的路被冰雪覆蓋，綴著冰柱的岩石像是一幅巨大的壁毯。都爾蒙特，也就是雪旋風，間或從山谷裡席捲而上，撕裂了小屋的房頂，將其摧毀。

拉夫的日記裡有一篇文章，生動地描述了多米豪斯村的冬季生活：

「天氣異常惡劣，降雪極其普遍，天氣變得溫和一些時，雪便會融化。在雪崩的巨響中我們唱著讚美詩，而雪崩則沿著冰川的平滑面滑行，越過一道道險坡，就像巨大的銀色奔流。」

在一月，他記道：

「自從 11 月 1 日以來，我們就被困在 4 英尺深的雪裡。此時，令人膽顫的狂風在厚重迷眼的雲中狂舞著雪花。在這樣的山谷裡行走極端困難和危險，尤其是多米豪斯村附近，因為到處都有不計其數的雪崩……一個週日夜晚，我們的信徒和許多多米豪斯村民，在瓦楞斯禮拜結束返回的路上，勉強逃過了雪崩。雪崩在兩群人之間的一個狹谷滾過，如果再早幾秒或晚幾秒，雪崩就會將我們這些蓓蕾們捲入深不可測的深谷……事實上，這裡每一塊居住地都有可能被雪崩席捲，因為在這個山谷的狹窄角落裡，沒有什麼地方可以被認為絕對安全。可是，儘管生存環境如此險惡，他們依舊感激信仰的宗教，認為上帝真實地存在於身邊。若是村子更加安全、更加容易接近，他們可能會像瓦爾·路易士的居民那樣已經滅絕。」

這就是有趣而封閉的山間小村的故事，勇敢的拉夫的傳教生涯，主要奉獻給了那些艱苦的居民。拉夫的可貴之處在於，他願為他們服務，只因為這裡居民的生活，比其他任何廣闊教區的人們都更為貧困。他離開了阿維赫的壯麗山景和夏爾普的舒適小屋來到這裡，在多米豪斯村淒涼的茅舍和荒涼的廢墟中，度過了一個又一個冬天。

當拉夫第一次來到這裡時，人們幾乎處在一個心靈匱乏的狀態。在將近 150 年的時間裡，沒有一個牧師與他們相伴。那時，他們沒有什麼學校，一代又一代的人在無知中降生又在無知中死去。然而，伴隨著他們的頑強天性，使他們拒絕屈服於宗教壓迫。他們始終隸屬於韋爾多教會，抵制羅馬教會。

在《南特詔書》廢除前，多米豪斯村可能存在過一個新教教堂，這可以透過古代韋爾多教派教堂鐘的存在得到證實。這口鐘被隱藏起來，直到近些年才被發掘出來，現在正懸在教堂的鐘樓裡。西元 1745 年，羅馬天主教企圖在此地開拓新教區，於是建起了保留至今的教堂，並留下牧師來照看。儘管當地的居民與牧師友好相處，但是從不進入他的教堂。在 20 年的時間裡，牧師一直待在那裡，據說唯一的教徒是他從國內帶來的僕人，由僕人輔助他做彌撒。

故事還記載了這名牧師從里貝斯帶來一大袋蘋果，這些水果在多米豪斯村是無法種植的 —— 他以此來誘惑村裡的孩子找他接受訓導，可是只在有蘋果時，小孩們才會來；一旦蘋果沒有了，孩子們也就也不再露面了。牧師抱怨道，在這裡傳教的整個過程中，他從未說服一個人在自己的胸前劃十字。因此，當他覺得自己在此毫無用處時，便向主教請示離開，他的請示被批准了，於是教堂也就隨之關了門。

這種狀況一直持續到法國大革命時期，那時宗教信仰自由已成社會共識。於是多米豪斯村民占領了教堂，在教堂裡發現了幾幅沾滿灰塵的肖像，盛聖水的洗手盆，聖壇的燭臺等等室內陳設，就像許多年前牧師離開他們時那樣，他們仍舊覺得他很神祕，新的教堂占領者們粉刷掉教堂內的圖畫，取下十字架，掘出舊韋爾多教派鐘，把鐘掛在鐘樓內，敲鐘召集村民們聚集在一起，又開始了舊有的宗教崇拜。他們十分需要一名專職牧師，直到拉夫與他們定居在一起。亨利．拉吉特是一位熱情年輕的布道者，在這以前曾訪問過他們幾次，受到了熱烈的歡迎，在他的最後一次演講中，亨利告訴信徒們以後不能再見面了。一位向拉夫講述這一事件的農民說：「這就像正在夜裡穿過峭壁上的小路時，一陣狂風吹滅了照亮我們前進的火炬。」然而即使是拉夫的任期，也不過持續了短短的 3 個春秋。

在拉夫去世後的幾年，羅馬天主教會又進行了一次嘗試，希望在多米豪斯成立一個傳教區。在一位來自加普的修女的陪伴下，一名牧師從里貝斯翻山來到這裡，修女被稱為「主管教區的珍珠」，她租用了一間房子用來作為啟蒙學校。為了替他們的事業增加光彩，埃姆布倫大主教親自來到這裡，身披紫色禮服，騎著白馬，許多人抬著巨大的十字架跟在背後，大主教督促著將十字架立在村口。

然而，當大主教到來時，全村沒有一個居民走出來相迎。此時，全村的村民正聚集在教堂裡舉行禮拜，禮拜儀式在大主教來訪的整個過程中始終持續著。大主教能做的事只有豎立起巨大的紅十字，此後，他就下山回到都里格去了；不久之後，牧師和修女看到自己實在沒有什麼用武之地，於是也離開了村子。不知出於什麼原因，被豎立起來的紅十字架後來也神祕地失蹤了，沒人知曉究竟流落何處。近來，為紀念大主教來訪一事，有人提議應在當年立紅十字架的地點修建一座方尖碑，由克萊登的弗里蒙特牧師提供碑文。不過，當他得知一個資訊後，就取消了紀念碑的工程。原來在冬季，該地會處於山上下落的雪崩衝擊處，這種衝擊會使紀念碑轉眼就被捲得無影無蹤。

在如此記述小村和它的歷史之後，我們這個來自巴倫的旅行小組的訪問，仍須寫上幾句話。當我們到達大主教曾經豎立十字架的制高點時，村落的全景盡現眼前。沿著山腰而下不遠處，根據小小的鐘擺，我們分辨出小村的教堂。在我們的右側，是瑞士風格的懸垂屋頂的木屋 —— 在多米豪斯村，拉夫和巴勒登・威都爾一家人曾住過那裡，這個小屋現被稱為「菲力克斯・拉夫公寓」；我們向下艱難地走過一條陡峭石徑，朝臨近教堂的小學校旁走去，在學校前面有一棵巨大的樹，枝葉繁盛，遮住了教堂和校舍，這樹是拉夫親手種下的。到達校舍後，我們在那裡安營紮寨度過了一個夜晚。陳設著長凳和課桌的教室是我們的起居室，鋪著我們從山下帶來的毯子的臥室，則設在鄰近的一個小房間裡。

夜裡 8 點鐘，教堂裡的鐘聲響了，這是召喚的鐘聲，村民們都期待著這次的來訪，表現出極大的熱情。9 點，當鐘聲最後敲響時，教堂裡的人們一直擠到門口，教堂裡座無虛席 —— 男人坐在一邊，女人則坐在另一邊。禮拜儀式由來自里昂的傳教士米爾索姆先生主持，他以祈禱開始，然後分發了二十三行讚美詩，並在管風琴的伴奏下演唱，接下來朗誦了《新約》中的一章，祈禱在講演者勸人行善的教誨中結束。在他訓誡的過程中，他說：「不要因為你們的努力如此微不足道而洩氣，繼續堅持不要灰心，上帝會賦予你們勇氣。牧師、老師和神職人員也經常感到沮喪，因為成果並非像他們看到的那樣容易成熟。

「但是最好的果實總是長得最慢，正如最初的傳教者付出的那樣，他們都是窮人，卻具有勇敢的心；在自己播下的種子生長成熟之前，他們就已永遠安息。懷著耐心和期望努力工作，相信上帝最終會幫助你們。」彌爾索姆先生致辭之後，另一個牧師也講了話，然後是祈禱和讚美詩，禮拜結束後，村民們在 10 點過後不久就分散回到各自的家中。雪已經停了，天空仍然陰暗，夜晚冷清而晦暗，不像 7 月反而更像是 2 月。

可是，奇怪的是，生存在雲端的必要性不存在之後，多米豪斯村的居民仍舊堅持生活在鷹巢一般的山中 —— 這裡是他們的家鄉，他們熱愛故土，樂於在此生長安息。他們不會住在其他地方，而是像他們中的一些人那樣，在清晨步行十二英里去度蘭斯山谷工作，晚上再步行十二英里回家，回到他們在岩石上的棲息地。

他們以自己山間的故土為榮，不會用最風光明媚的平原葡萄園交換。他們就像一個山間的家庭 —— 所有的巴里登、蜜雪兒、奧勒列、波特隆、阿諾德 —— 都以自己是古韋爾多教派的後代而引以為榮。他們聲稱羅馬天主教在他們中間不占任何位置。有一次，一名青年牧師從山谷來到山頂布道，他與村裡的一個少女相愛，「留下」就是他的回答，在這種形勢下，他只好加入韋爾多教派教會。他與女孩結婚後，在多米豪斯村結束了一生。[50]

第二天早晨，天完全放晴了，太陽在小村正上方的格拉姆沙曲折的岩面上照耀，顯得它更加險峻。在下面，羊絨般的雲彩仍然在山腰上流動，或者在山谷低處太陽映照下消散。景色豪邁而壯觀，展現了多米豪斯村最雄偉壯麗的一面。

在返回巴倫的途中，我們沿著多米豪斯村所在的山脈側面下行，經過多米豪斯村右側陡峭的石徑，向比阿斯河形成的瀑布走去。回首望去，整個村子在我們上方，小屋層層疊疊，以多岩的群山為背景。

緊鄰著村子的正下方，在兩邊岩石圍繞的山谷裡，比阿斯河瀑布從狹谷裡飛流而下。瀑布從大約 100 英尺的最高處飛瀉，在較低處被一塊岩石分成兩部。激流的水流，直落入 150 英尺的深淵。即使在瑞士，這也是極其壯觀的景色，然而在這人跡罕至的地方，除了村民其他人很少見到，在這裡水流瀑布隨處可見。

在這裡，我們得知大約 80 年前，有一場泥石流從高山上沖向我們所

[50] 在我們訪問的那一天，我們得到了一個悲慘的消息：一場厄運降臨在這個名叫讓．約瑟夫．拉吉爾的年輕牧師身上，這也進一步說明了生活在多米豪斯村所面臨的危險。在西元 1869 年 10 月的一天，當他在梅沙爾懸崖的峭壁邊緣拾柴時，突然從懸崖上滑了下去，當場身亡，留下了一個遺孀和一大家子的人。他是一位有著非凡品行的人，此前他曾被選作附近地區的神職人員。—— 原注

在的地點，摧毀了多米豪斯村將近一半的房屋；每年泥石流都在同一地點氾濫，泥石流散布的巨石和瓦礫遠遠地延伸到山谷。

在圖里格的底部，我們與夏波特先生會合，毛驢滿載著毯子、背包，我們和他一起走向山谷底部，他那位在巴倫的舒適牧師住宅。

我們待在法國的最後一晚，是在阿波尼斯這個淒涼的小城裡度過的，這座小城位於阿爾卑斯山脈的腳下，阿爾卑斯山在那裡隔開了法國和義大利。到達這裡的賓館後，確切地講應該是旅社，我們發現所有的床位都被占滿了，我們掃了一眼入口處灰暗而骯髒的廚房，心裡暗自慶幸沒在這家小旅館棲身，我們重新轉到陰溼的街上，希望能找到一個更好的地方，後來在一條深巷的一所破房子裡，終於找到了住的地方，不過這裡的情形也好不到哪裡去，我們就在一頓糟糕的晚餐中、在攪擾不休的睡眠中，度過了最後一晚……

透過這次訪問，我們真正地了解到韋爾多教徒長期以來一直在艱難困境中掙扎著，他們生存和信仰的權利不斷地遭到剝奪。

但他們始終在這種流逝無休的困苦中耐心等待著，終於等到了這一天。西元 1848 年，解放他們已經成為北部義大利面臨的最大問題，皮德蒙特的先進人物首先提出了這個問題並四處遊說。呈給查理斯．阿爾伯特的請願書，短短幾天內就簽上了眾多著名的愛國人士的名字，其中有巴爾波、卡弗爾和達澤格利奧。韋爾多教徒終於獲得了解放，得到了與其他人一樣的權利和自由。

如今的韋爾多教會已經不僅僅限於山谷這一小塊地方，它的範圍延伸至整個義大利 —— 米蘭、佛羅倫斯、布雷斯勞、維羅納、熱那亞、里沃納、那不勒斯、巴勒莫、卡塔尼亞、威尼斯、甚至於羅馬都有了它的蹤影，這些地方除了教會外，大多數還有全日學校和週日學校。威尼斯的新教會就坐落在卡瓦尼宮，看起來非常成功，每個星期天都有三四百人來做彌撒，而在都靈、里沃納、那不勒斯、卡塔尼亞的那些與教會有關的全日學校，也同樣獲得了成功。在這短短的幾年時間裡，在義大利的各個地方總共建立了 33 個韋爾多教會和 33 間學校，有傳教士報告說，他們所面臨的最大困難，依舊來自於天主教教會不共戴天的質疑和冷漠，儘管如此，這個工作還是取得了長足進步 —— 信念的種子已經播下，在上帝的恩澤中茁壯成長。

山谷的人民頑強盡責地死守著自己的信仰，不顧它所帶來的重重困難，在幾百年的時間裡虔誠地追隨它，皮德蒙特的人民就是其中一個光輝的榜樣，他們的努力最終使得義大利建起了權利和自由的根基。

韋爾多教派：約西元 1170 年出現於法國南部的一個基督教派別，16 世紀時曾參加宗教改革運動。

信仰之旅——被抹去的歷史，胡格諾教徒的苦難與自由：

他們在火刑中侍奉上帝，而我們在陽光明媚的日子向他們表達敬意，塞謬爾．斯邁爾斯談信仰力量

作　　者：[英] 塞謬爾．斯邁爾斯（Samuel Smiles）
翻　　譯：孔繁秋
發 行 人：黃振庭
出 版 者：崧燁文化事業有限公司
發 行 者：崧燁文化事業有限公司
E-mail：sonbookservice@gmail.com
粉 絲 頁：https://www.facebook.com/sonbookss/
網　　址：https://sonbook.net/
地　　址：台北市中正區重慶南路一段六十一號八樓 815 室
Rm. 815, 8F., No.61, Sec. 1, Chongqing S. Rd., Zhongzheng Dist., Taipei City 100, Taiwan
電　　話：(02)2370-3310
傳　　真：(02)2388-1990
印　　刷：京峯數位服務有限公司
律師顧問：廣華律師事務所 張珮琪律師

定　　價：399 元
發行日期：2023 年 10 月第一版
◎本書以 POD 印製
Design Assets from Freepik.com

國家圖書館出版品預行編目資料

信仰之旅——被抹去的歷史，胡格諾教徒的苦難與自由：他們在火刑中侍奉上帝，而我們在陽光明媚的日子向他們表達敬意，塞謬爾．斯邁爾斯談信仰力量 / [英] 塞謬爾．斯邁爾斯 (Samuel Smiles) 著，孔繁秋 譯 . -- 第一版 . -- 臺北市：崧燁文化事業有限公司, 2023.10
面；　公分
POD 版
譯　自：Huguenots in France : with memoirs Of distinguished Huguenot refugees and a visit to the country Of the Vaudois
ISBN 978-626-357-640-7(平裝)
1.CST: 胡格諾教派 2.CST: 宗教改革 3.CST: 宗教迫害 4.CST: 基督教史 5.CST: 法國
248.16　112014117

電子書購買　臉書

爽讀 APP